1천만 원부터
진짜 재테크

1천만 원부터 진짜 재테크

인생을 바꿀 작지만 큰돈 1천만 원으로 투자하기

한태봉 지음

VegaBooks

글로벌 1등 기업의 해외 주식을 직구하라

'재테크'라는 용어가 한국에서 유행한 지도 오래됐다. 우리는 모두 일을 하고 돈을 번다. 그 돈을 차곡차곡 모아 결혼도 하고, 내 집 마련도 하고, 자녀들도 키우고, 노후 준비도 한다. 단순히 돈을 모으기만 하는 사람도 있고, 적절한 투자로 돈이 돈을 벌게 하여 더 빠르게 재산을 축적하는 사람도 있다. 내 경험으로 본다면 사회 초년생은 생전 처음 1천만 원을 모았을 때부터 본격적으로 재테크 고민을 시작한다. 중·장년층의 경우에도 여유자금 1천만 원이 생기면 그때부터 어떻게 자금을 운영할지 고민하기 시작한다.

이 책은 소중히 모은 1천만 원으로 어디서부터 투자하면 좋을지 고민하는 독자들을 위해 쓴 책이다. 이 책의 독자 범위는 금융지식이 높지 않은 20대 사회 초년생부터 40-50대 중·장년층까지 다양하다. 독자들이 좀 더 쉽게 덜 고민하면서 재테크를 할 수 있도록, 쉽게 쓰려고 노력했다. 그러나 워낙 새로운 회사들과 새로운 용어들이 많아 의도와 다르게 어렵게 느껴질 수도 있다.

세상은 숨 가쁘게 변하고 기술은 나날이 발전한다. 이런 변화를 받아들이고 활용하지 못하면 뒤처진다. 반대로 조금만 노력하면 세상이 어떻게 돌아가는지 큰 그림을 그려 볼 수 있다. 이 책이 급변하는 세상을 좀 더 쉽게 이해할 수 있도록 도와줄 거라 확신한다.

현대사회에서 기술의 발전을 이야기할 때 가장 극적인 변화로 꼽히는 두 가지가 있다. 바로 휴대폰과 인터넷이다. 가령 한국에서 휴대폰이 대중화되기 전의 생활을 상상해 보자. 옛날 영화를 보면 만나기로 약속한 연인들 중의 한 사람이 사정상 오지 못하게 되었으나 상대에게 연락할 방법이 없어서 헤어지게 되는 이야기가 종종 나온다. 지금 젊은이들이라면 어이없다고 생각할지 모른다. 휴대폰이 보급되며 삶의 모든 것이 달라졌다. 허망하게 헤어지는 영화 속 연인들의 안타까움은 사라졌다. 내가 언제 어디에 있건, 원하는 모든 사람과 통화할 수 있는 마법 같은 세상이 열렸다.

인터넷의 보급 또한 세상을 뒤집어 놓았다. 지구 반대편에 있는 친구에게 이메일 한

통으로 책 한 권의 자료를 10초 만에 보낼 수 있다. 구글이나 네이버에 물어보면 세상의 모든 지식을 1초 만에 알려 준다. 집에서 인터넷으로 물건을 주문해 놓기만 하면 알아서 누군가가 집까지 배달해 준다. 급기야 무선인터넷이 등장하는가 싶더니, 휴대폰과 무선인터넷이 결합된 스마트폰이 세상에 나왔다. 스티브 잡스의 아이폰은 아예 삶의 방식을 바꿔 버렸다.

지금 우리 주변에서 가장 사용빈도가 높은 제품은 무엇인가? 당연히 스마트폰이다. 스마트폰 하나로 뭐든 다 할 수 있는 세상이다. 이 변화에 대응하지 못한 모든 기업들은 생존을 위협받고 있다. 반대로 이 새로운 기회를 적극적으로 받아들인 기업들은 엄청난 속도로 성장하고 큰 부를 가져가는 승자독식 시대가 됐다.

2019년 설 명절, 나는 필리핀 보라카이에 왔다. 항공권은 당연히 스마트폰으로 예약했다. 여기서 난 삼성전자 스마트폰 '갤럭시노트8'을 꺼낸다. 해외에서도 스마트폰을 편안히 사용하기 위해 통신사의 '해외 데이터 무제한' 서비스를 받아 두었다. 호텔에서는 무료 와이파이도 연결된다.

나는 해외에 있지만 스마트폰을 열고 국내 포털 사이트인 네이버에 접속한다. 한국의 최신 뉴스들이 보인다. 가족들에게는 카카오톡으로 안부 인사를 전한다. 그리고 무게가 1킬로그램도 안 되는 LG 노트북을 펼친다. 가벼워서 좋다. 노트북에선 마이크로소프트의 윈도우-10이 날 반갑게 맞아 준다.

넷플릭스를 통해 보고 싶었던 한국 영화를 한 편 골라 보라카이 화이트비치에 누워 편안하게 감상한다. 유튜브로 경제 관련 최신 동영상도 감상한다. 늘 손목에 차고 다니는 샤오미의 '미밴드3'를 스마트폰과 연결해 수면시간을 체크하며 건강을 관리한다.

점심을 먹으러 맛집으로 이동할 때는 스마트폰으로 구글 맵을 불러낸다. 여행할 때 구글 맵은 신이다. 모르는 게 없다. 내 주변 맛집을 소개해 준다. 식당이 결정되면 GPS를 이용해 지도도 없는 나를 정확히 목적지까지 안내해 준다.

식당의 메뉴판은 영어로 되어 있지만 무슨 걱정이랴? 구글의 번역 앱을 불러내 카메라로 비추기만 하면 자동으로 한국어로 번역되는 걸. 동남아에서 움직일 때는 택시 앱 '그랩'을 활용하면 된다. 역시 GPS를 통해 내 위치와 도착 예상시간까지 정확히 안내해 준다.

지금 우리는 스마트폰으로 차 시동을 걸고 스마트폰으로 집안의 가전제품을 컨트롤하고 있다. 머지않은 미래에는 '자율주행차'의 등장으로 내가 운전하지 않는 세상이 온다. 이런 미래 기술을 주도하는 글로벌 1등 기업들만이 앞으로도 막대한 이익을 내며 소비자 곁에 남아 있을 것이다.

불과 2, 30년 전만 해도 이런 삶을 꿈에라도 상상할 수 있었을까? 그러다가 문득 이런 생각이 든다. 그런데 지금 내가 사용하고 있는 이 편리한 기술을 만든 기업들은 돈을 얼마나 많이 벌었을까? 나는 왜 이런 엄청난 기업들에 투자하지 않고 있는 걸까? 투자를 시작하려면 우리는 얼마나 많은 공부를 해야 할까? 어떤 기업에 투자하는 경우, 그 기업을 얼마나 잘 알아야 할까? 전문 투자자들도 특정 기업에 대해 완벽하게 아는 것은 불가능한데 하물며 일반투자자들이 그 기업을 공부한다고 속속들이 완벽하게 알 수 있을까?

좀 더 쉽게 투자하는 방법은 없을까? 물론 있다. 지금 나로 하여금 시시때때로 돈을 쓰지 않고서는 견디지 못하게 만드는 기업들이 주변에 널려 있다. 그들은 무시로 돈을 쓰라고 유혹하고 있다. 그런 기업들 중에서 글로벌 1등 기업을 골라내 투자하면 확실하지 않을까? 역설적이게도 지금보다 투자가 쉬웠던 적은 없었다.

한국의 1등 기업에 투자하라는 게 아니다. 그것은 과거에나 옳은 방법이었다. 지금의 글로벌 시대에는 어울리지 않는다. 한국에서 1등이 글로벌 1등 되기는 어렵다. 현실을 직시해야 한다. 세계는 이미 평평해졌다. '글로벌 1등' 기업에 투자해야 한다. 그중에서도 가장 좋은 업종인 플랫폼 기업들을 고르자. 플랫폼 기업이 승자독식 시대의 주인공이니까. 약간 과장하면 단 하나의 회사가 모든 것을 다 가져간다. 이 단 하나의 회사에 투자해야 한다.

1등 기업은 압도적인 자금력과 시장점유율 때문에 쉽게 흔들리지 않는다. 기업은 생물과 같다. 어떤 기업을 아무리 잘 분석해도 그것은 현재만을 반영할 뿐, 미래를 예측할 순 없다. 경영진이 변화에 능동적으로 잘 대처할 수 있는가를 확인하는 게 더 중요하다.

글로벌 시장의 현재 트렌드는 일자리 대량파괴다. 아마존의 물류 자동화와 전자상거래 활성화는 어떤 변화를 일으킬까? 물류센터 및 오프라인 매장 근로자의 대량 해고를 의미한다. 자동화, 기계화, 로봇화가 진전될수록 제조업에서도 일자리가 대량 파괴된다.

자율주행차의 성공으로 일자리를 잃는 사람들은 누구일까? 택시, 버스, 자가용 등의 운전기사와 대리운전기사들이다. 자율주행차의 도입은 생각보다 멀지 않다. 이런 일자리의 파괴도 멀지 않았다. 기술 발전에 따른 일자리 파괴는 한국만의 문제가 아니라 전 세계 공통의 문제다. 근로자들은 지금 당장 투자소득을 높이기 위해 노력해야 한다. 일자리를 파괴하고 있는 핵심 기업들은 일자리를 파괴하는 만큼 이익을 가져간다. 그 기업의 주식을 보유한 투자자들만이 그 이익을 같이 즐길 수 있다.

일자리가 파괴될수록 근로소득은 줄어든다. 투자를 통해 소득을 보충해야 한다. 투자가 생존에 필수인 세상이 오고 있다. 글로벌 최고 기업에 투자하라. 그게 바로 생존력을 높이는 지름길이다.

해외 유명 기업들을 분석한 번역서들은 이미 차고 넘친다. 그럼에도 불구하고 내가 부족한 지식과 경험으로나마 이 책을 집필한 데는 이유가 있다. 해외기업이라도 한국인의 시각으로 한국적인 관점에서 분석해야 독자들이 이해하기 쉽기 때문이다. 혼자서 방대한 기업들을 분석하다 보니 완벽하지 않은 내용이나 수치가 포함됐을 수 있다. 제한된 기간에 집필해야 했던 어려움을 헤아려 여러분들이 너그러이 양해하시기 바란다.

보너스로 '1천만 원으로 시작하는 그림투자'를 가볍게 써 봤다. 일종의 대체 투자다. 전통적인 방식의 그림투자 전략은 아니다. 그저 하나의 흥미로운 아이디어로 읽어 주시면 좋겠다.

끝으로 이 책이 완성되는 데 물심양면으로 도움을 준 박찬규 부지점장, 황상필 선임 매니저, 곽지원 업무팀장, 강예린 대리에게 고마움을 전한다.

주의사항

1. 이 책의 모든 내용은 저자의 개인적인 의견일 뿐, 저자가 재직하고 있는 미래에셋대우의 공식 의견이 아닙니다. 이 점을 특히 주의해 주시기 바랍니다.
2. 해외주식과 국내주식 및 미술품은 모두 원금보장상품이 아닙니다. 투자의 판단 및 투자 결과에 대한 모든 책임은 투자자 자신에게 있습니다.

CONTENTS

CHAPTER Ⅲ. 글로벌 1등 플랫폼 기업을 품어라

CHAPTER Ⅳ. 삼성전자도 공격당할 수 있다

CHAPTER Ⅴ. 중국에 투자해도 될까?

CHAPTER 1.
1천만 원으로
투기하기?

01 투자하지 말고 투기해라?

우리에게 '1천만 원'은 어떤 의미일까?

동의하지 않는 사람도 있겠지만, 성인이 되면 가장 흔하게 쓰는 돈의 단위 중 하나가 바로 '1천만 원'이다. 또한 의미 있는 투자가 가능한 최소 금액이라는 느낌도 든다. 그래도 사회초년생 입장에서는 굉장히 큰돈이다. 취업에 성공한 경우, 이 악물고 1년이면 충분히 모을 수 있는 돈이기도 하지만.

2019년 기준 최저임금은 시간당 8,350원. 월급으로 치면 175만 원, 연봉으로는 2천1백만 원 정도다. 물론 연봉을 한 푼도 쓰지 않고 다 모을 수는 없다. 단지 의지만 있다면 '1천만 원'은 사회초년생이라도 충분히 모을 수 있는 돈이라는 걸 강조하고 싶을 뿐이다.

중년 이상의 독자들에게 '1천만 원'은 어떤 의미일까? 재산이 많은 일부 중년들에게는 큰 의미 없는 소소한 돈일 수 있다. 하지만 나이가 많다고 해서 '1천만 원'이란 돈을 쉽게 생각할 수 있는 건 절대 아니다. 소수의 '자산가'를 제외한 대부분의 '중년'들에게는 내 집 마련과 부채상환, 자녀들의 양육비와 교육비, 가족들의 생활비 등을 모두 해결하며 힘겹게 모은 1천만 원일 수 있다. 저자는 회사에서 신입사원들보다도 더 적은 용돈으로 견뎌 내는 중년들을 많이 봐 왔다.

어쨌든 이 모든 고난과 역경을 뚫고 드디어 당신에게 소중한 '1천만 원'이 생긴 걸 먼저 축하드린다. 아직 '1천만 원'이 생긴 건 아니지만 앞으로 '1천만 원'이 생길 예정이라면 그것도 미리 축하하도록 하자. 이 '1천만 원'은 당신이 하루하루 성실하게 일해서 모은 소중한 돈이다.

그 소중한 '1천만 원'을 어딘가에 투자해 늘리고 싶다. 과연 어떤 상품에 투자해야 할까? 주식, 부동산, 채권, 그림, 외화, 원자재, 와인? 이렇게 행복한 고민을 하고 있을 당신에게 알쏭달쏭한 한 마디를 드리려 한다.

"투자하지 말고 투기하라."

도대체 이게 무슨 말일까? 먼저 이 말에서 핵심이 되는 두 개의 용어를 사전적인 의미로 구분해 보자.

투자 이익을 얻을 목적으로 자금을 대거나 정성을 쏟음.

투기 기회를 엿보아 큰 이익을 보려는 것, 그러니까, 불확실한 이익을 예상하여 행하는 사행적 행위.

'투기'라는 단어의 어감은 썩 좋지 않다. '투자'라는 표현보다 왠지 불량한 느낌이 든다. 사전적으로 정의한 이 두 단어 사이에는 미묘한 차이가 있다. 투기의 뜻에는 '사행적 행위'라는 단어가 나온다. 사행은 '요행을 바라는 행위'다. 따라서 '투자'와 달리 '투기'에는 결과를 운에 맡기는 요소가 더 강하다.

그러나 내가 이 챕터의 제목에 '투기하기'라는 표현을 굳이 포함시킨 이유는 재테크는 '변동성이 매우 크다'는 사실을 강조하기 위해서다. 투자보다 투기가 '변동성이 더 크다'는 느낌을 주지 않는가. 은행에 돈을 넣어 두지 않는 한 모든 투자에는 변동성 또는 리스크가 따른다. 특히 주식투자의 경우 변동성이 매우 높다. 제 아무리 초우량 주식이라도 예외는 없다.

'투자'한다는 마음가짐으로 재테크를 시작했다가 높은 변동성을 견디지 못하고 중간에 포기하는 투자자들을 나는 많이 봤다. 사실 평범한 투자자들은 내가 산 가격에서 10%만 하락해도 굉장히 괴로워한다. 하지만 10% 하락뿐이겠는가? 투자하다 보면 시장상황에 따라 50%가 넘게 하락하는 경우조차 없지 않다. 내가 산 초우량 주식이 50%나 곤두박질친다면 아무리 멘털이 강한 투자자라도 자괴감에 빠지게 된다. 우울하고, 슬프고, 분노하고 결국 마지막에는 자책하며 나락에 빠진다.

다시 한 번 강조하지만 그 어떤 초우량 주식이라도 상황에 따라 허무하게 하락할 수 있다. 그럴 수 있다는 사실을 미리 알고 투자하는 사람과 모르고 투자하는 사람의 멘털이 같을 수는 없다. 하지만 이런 어려움이 있기 때문에 초우량 주식에 투자하는 투자자들은 장기적으로 예금만 하는 사람들보다 당연히 훨씬 높은 수익률을 얻는다.

유럽의 전설적인 투자자 앙드레 코스톨라니André Kostolany는 이 같은 투자의 어려움을 이렇게 표현했다. "투자에서 얻은 돈은 고통의 대가로 받은 돈, 즉 고통의 결과다."

아무리 훌륭한 세계 최고의 회사 주식이라도 그 가격의 변동성은 매우 높다. 그렇기에 애초 시작할 때부터 '투기'한다는 느낌으로 높은 변동성을 각오하고 재테크를 시작해야만 어려운 상황이 와도 버텨 낼 것이라는 기대감으로 이 책을 시작한다.

이 책이 망라하는 내용은 주식투자에만 한정되지 않는다. 1천만 원 정도로 할 수 있는 여러 가지 투자를 언급한다. 하지만 중요한 것은 투자든 투기든 운도 많이 좌우한다는 사실이다. 동일한 종목에서도 누군가는 수익을 보고 누군가는 손실을 본다. 타이밍이나 운도 무시할 수 없는 성공의 요인이다. 소제목을 '투자하기'가 아니라 '투기하기'라고 지은 두 번째 이유이기도 하다.

투자하지 않는 돈을 보관하는 곳은 은행이다. 은행에 현금을 보관하면 세후로 대략 연 2%의 수익을 얻을 수 있다. 연간 물가상승률을 감안하면 은행 보관은 당연히 손해다. 그러나 투자를 한다면 투자기간과 목표수익률을 얼마로 잡아야 할까? 내가 생각하는 이상적인 투자기간은 5년, 목표수익률은 5년 누적 기준 100% 이상이다.

하지만 독자들은 무엇보다 5년의 투자기간이 너무 길다는 생각이 먼저 들 것이다. 그러나 변동성이 높은 자산일수록 투자기간은 다소 길게 계획해야 한다. 내 경험상 5년이 적당하다. 둘째로는 100%라는 수익률이 가능할지, 의구심이 들 것이다. 하기야 100%의 수익률조차 너무 적다고 생각하는 독자도 있을 수 있겠지만.

일단 5년의 기간에 100%라는 목표수익률은 실현 가능한 수치다. 다만 이 정도의 수익률을 추구한다면, 투자할 때 분명한 원칙을 세워야 한다. 무엇보다 가장 중요한 원칙은 세계 최고의 1등 기업에 투자해야 한다는 것이다. 명심하라, 국내 최고가 아니라 '세계 최고'의 기업이다. 이런 기업은 성장기에는 폭발적으로 상승하고, 성숙기에도 안정적으로 5년에 100% 정도의 수익은 어렵지 않게 올릴 수 있는 좋은 투자대상이기 때문이다.

10,000,001 DIGEST

1 2019년 기준 최저임금은 시간당 8,350원. 월급으로 치면 175만 원, 연봉으로는 2천1백만 원.

2 1천만 원은 당신이 하루하루 성실하게 일해서 모은 소중한 돈.

3 동일한 종목에서도 누군가는 수익을 보고 누군가는 손실을 본다. 타이밍이나 운도 무시할 수 없는 성공의 요인.

4 이상적인 투자기간은 5년, 목표수익률은 5년 누적 기준 100% 이상.

02 1천만 원이면
재테크도,
인생도
다 바꾼다

자, 이처럼 소중한 돈으로 과연 어떤 상품에 투자해야 할까? 우리가 익히 잘 알고 있는 주식이나 부동산? 다소 생경하게 느껴지는 채권이나 외화? 아니면 아득하고 이색적인 대상인 그림이나 와인, 혹은 우표? 단돈 1천만 원으로 무엇에 투자할 수 있을까?

1천만 원으로 30층짜리 빌딩을 살 수는 없는 노릇이다. 눈높이를 낮춰서 한강이 내려다보이는 강남 아파트는 살 수 있을까? 당연히 못 산다. 미국 현대미술의 대가 앤디 워홀Andy Warhol의 그림도 1천만 원으로는 못 산다. 어림도 없다. 약간 눈높이를 낮춰 요즘 '뜨고 있다'는 일본 작가 구사마 야요이草間彌生의 호박 그림도 당연히 살 수 없다.

하지만 1천만 원이면 세계 최고 기업의 주식들은 당당하게 살 수 있다.

되풀이하자, 세계 최고의 기업들은 모두 1천만 원이면 얼마든지 산다.

한번 상상해 보자. 지금 당신에게 1천만 원이 있다. 이 돈으로 단 하나의 기업에만 투자할 수 있다. 일단 투자한 뒤에는 5년간 변경할 수도 없고 현금화해서 빼내 쓸 수도 없다. 그렇다면 당신은 과연 어떤 투자를 선택할 것인가?

일단 5년간 절대 망하지 않을 기업을 골라내야 한다. 투자한 기업이 망해 버리면 모든 게 수포로 돌아가니까. 투자한 돈은 휴지가 되니까. 그래서 절대 망하지 않을 글로벌 1등 기업에 투자하는 게 최선의 방법이다.

1천만 원은 큰돈인가 작은 돈인가? 관점에 따라 다르지만, 정말 잘 투자할 경우 목돈을 손에 쥘 수 있는 최소한의 종잣돈이다. 좋은 회사에 투자할 경우 5년 뒤에는 흔히 2배 이상 오를 수 있다. 10년 사이에 주가가 10배나 오르는 회사도 그리 드물지 않다.

잘 투자한다는 것은 무슨 뜻일까? 어떤 사례가 있을까?

애플의 CEO 스티브 잡스Steve Jobs가 주머니에서 아이폰을 꺼내 세상을 바꿨던 게 2008년이다. 한국에서는 글로벌 시장보다 1년 늦은 2009년 8월경 아이폰이 본격 출시되었다. 2009년 말까지 애플의 주가는 10~20달러 사이에서 움직였다. 그러나 2018년 말 현재 애플 주가는 200달러 안팎을 오르내리고 있다. 한국에 사는 사람이 2009년 말에 아이폰을 구매했다가 완전히 만족하고 매료되어서 애플 주식에 1천만 원을 투자했다면 어떻게 되었을까? 지금쯤은 투자금의 10배인 1억 원이 되어 있을 것이다.

물론 순진하기 짝이 없는 결과론이라고 할 수도 있다. 게다가 애플은 글로벌 최고의 혁신기업이었으니 애플을 예로 드는 건 일반론을 거스르는 반칙일 수도 있다. 그렇다면 전통적인 미국의 1등 기업은 어디일까? 바로 마이크로소프트다. 이 회사를 예로 들어 보자.

10년 전의 마이크로소프트는 애플처럼 떠오르는 기업이 아니었다. 모르는 사람이 없으리만치 유명한 미국 최고의 부자 빌 게이츠[Bill Gates]와 '윈도우'로 대표되는 초우량 기업이었을 뿐이다. 이 1등 기업 마이크로소프트는 10년 전인 2009년에 주가가 15~20달러 사이를 오르내렸고, 10년이 지난 2018년 말 주가는 100달러 전후를 기록하고 있다. 그러니까 2009년 말에 이 1등 주식에다 1천만 원을 투자했다면 지금은 그 5배인 5천만 원이 되어 있을 거란 얘기다.

마이크로소프트 로고

주식이 아닌 다른 투자 대상을 예로 들어 볼까. 가령 미술품에 투자한 경우를 상상해 보자. 구사마 야요이 같은 유명작가의 대표 호박 그림은 작품에 따라 다르지만 10년 사이에 10배 이상 오른 경우도 많다.

물론 누구나 모든 사례에 동의하기는 어려울 것이다. 시간이 흐르고 드러난 결과를 바탕으로 구축한 이야기이기 때문이다. 지나고 보면 너무나 쉽지만 애초에 5~10배 이상 오를 걸 예상하고 애플, 마이크로소프트, 혹은 구사마 야요이 그림을 살 수는 없지 않겠는가?

그렇다면 지금 이 시점에서 10년에 10배는 아니더라도 5년에 2배 정도나마 기대할 만한 겸손한 투자상품은 없는 것일까? 이 정도 수익을 내기 위해서 세상의 모든 주식을 하나하나 일일이 분석해야 할까? 또는 비상장 주식을 깊이 있게 공부하여 거기에서 좋은 것을 골라내야 할까? 비상장 주식에 투자하는 게 접근성 측면에서 좋은 방법일까? 전문투자자가 아니라 일반인 기준으로 1천만 원을 투자하기 위해 아주 깊이 있게 공부한다는 건 쉬운 일이 아니다.

투자의 용이성, 투자의 접근성이 좋으면서도 5년에 2배 정도의 수익을 기대할 투자방법은 전혀 없는 것인가? 물론 있다. 세계에서 가장 유망한 1등 기업에 투자하는 것이다. 다시 강조하자, 국내 1등이 아니라 세계 1등이다.

내가 주장하려는 요지는 영리하게, 스마트하게 투자하라는 것이다. '투자금'이 적다는 강박관념 때문에 원금 손실 가능성이 매우 큰 자산에 도박을 하는 짓은 어리석은 '투기'다. 내가 열정적으로 권유하고 싶은 재테크는 투자 금액이 적어도 좋으니 장기투자 시 원금 손실 가능성이 낮은 세계 최고의 기업에 투자해 수익률을 높이는 것이다.

내 투자의 대상으로 세계 최고의 기업을 찾아내야 한다. 얼핏 느끼는 것처럼 어려운 일은 아니다. 아니, 사실은 굉장히 쉽다. 최고의 투자 후보는 많지 않기 때문이다. 승자독식 시장이 무서운 건 1등이 모든 걸 다 가져간다는 점이다. 소수의 승리자에게 돌아가는 보상이 막대해졌다는 얘기다.

1천만 원을 투자해서 5년 뒤 100% 오른 2천만 원이 된다고 해서 우리 인생이 바뀌지는 않는다. 그러나 이런 식의 성공적인 투자를 계속할 수 있다면 어떻게 될까? 당신은 슬기로운 재테크로 편안하고 여유로운 노후를 보내게 될 것이다.

10,000,002 DIGEST

1 5년간 절대 망하지 않을 기업을 골라낼 것.

2 10년 사이에 주가가 10배나 오르는 회사도 그리 드물지 않다.

3 구사마 야요이의 호박 그림은 10년 사이에 10배 이상 올랐다.

4 투자의 용이성, 투자의 접근성이 좋으면서도 5년에 2배 정도의 수익을 기대할 투자방법? 세계에서 가장 유망한 1등 기업에 투자하는 것.

03 거대한 인플레이션이 닥쳐온다
– 최근 8년간 자산별 상승률 들여다보기

2008년 지구촌을 휩쓴 금융위기 이후 지난 10년간 세계 각국의 중앙은행은 엄청나게 많은 돈을 시장에 풀었다. 미국은 제로금리 정책까지 쓰면서 시장에 유동성 폭탄을 퍼부었다. 그뿐인가, 제로금리로도 모자라 교과서에서나 나오던 양적완화정책까지 동원해 유동성을 공중 살포했다. 유럽, 중국, 일본도 이에 뒤질세라 경쟁하듯이 제로금리와 양적완화정책을 썼다. 그 결과는 무엇이었을까? 당연히 거대한 인플레이션이다. 지난 8년간 글로벌 자산 가격은 폭등했다. 이런 노력으로 세계 경기는 꾸준히 회복세를 보이고 있다.

2010년 말부터 2018년 말까지 8년간 주요 자산의 수익률을 정리해 보자. 2008년의 자산 가격 대폭락과 2009년의 가파른 반등은 착시효과를 일으킬 수 있어서 데이터에서 제외했다. 10년 전인 2008년도의 대폭락 상태를 기준으로 수익률을 계산한다면 과대 계상될 소지가 있다고 판단했기 때문이다.

■ 주요 자산 투자수익률 (2010년 말~2018년 말)

구분	2010년 말	2018년 말	8년 누적수익률	연평균수익률
미국 나스닥	2,652포인트	6,635포인트	150%	18.7%
미국 S&P500	1,257포인트	2,506포인트	99%	12.4%
미국 부동산(실러)	143.0	214.0	50%	6.3%
서울아파트	79.3	120.0	51%	6.4%
1년 정기예금	4.1%	2.0%	20%	2.5%
코스피지수	2,051포인트	2,041포인트	0%	0%

출처 : 각 증권거래소, 케이스-실러 지수, 한국감정평가원 지수, 한국은행 통계 등

지난 8년간 세계 증시의 대장격인 미국 S&P지수는 100% 상승했다. 연평균수익률도 12%가 넘는다. 세계 최고의 플랫폼 기업들이 대거 상장되어 있는 미국 나스닥지수는 8년간 150% 상승했다. 연평균수익률은 무려 19%다. 이렇게 미국 증시는 막대한 유동성 공급의 수혜를 받으며 초호황을 기록했던 것이다.

미국 케이스-실러 주택가격 지수Case-Shiller Home Price Index에 의하면 미국 부동산 역시 동일 기간 중 50% 상승하며 호황을 기록했다. 연평균 6.3%의 수익률이다. 하지만 미국의 경우 부동산시장 상승률은 주식시장 상승률보다는 현저하게 낮다. 서울의 아파트 가격도 글로벌 유동성 공급의 수혜를 봤다. 미국 S&P지수나 나스닥지수에는 훨씬 못 미치지만 51%라는 높은 수익률을 기록했다. 연평균 6.4%의 양호한 수익률이다. 특히 부동산의 경우 '레버리지(지

렛대) 효과'까지 있어 이를 감안하면 실제 수익률은 더 높아진다.

이렇게 지난 8년간 엄청난 유동성의 공급으로 모든 자산들의 가격이 상승했지만 희한하게도 한국의 코스피지수만 상승하지 못했다. 이 기간 중 코스피지수의 누적수익률은 0%다. 한 마디로 충격적인 수익률이다. 사실 여기엔 억울한 면이 없지 않다. 한국 기업들의 이익이 줄어든 건 결코 아니기 때문이다. 아니, 그들의 이익은 소폭이긴 해도 오히려 증가했다. 그럼에도 불구하고 한국 기업 주가가 오르지 못한 이유는 크게 두 가지로 해석할 수 있을 것이다.

첫째로, 한국 기업의 전체 이익이 증가한 건 사실이지만, 그 이익이 삼성전자와 SK하이닉스로 대표되는 반도체 기업에 집중됐다. 특정 산업으로의 쏠림 현상이 극심했다는 의미다. 나머지 기업들의 이익은 정체되거나 감소된 경우가 많았다.

둘째로, 한국 기업들이 과거와 달리 새로운 산업에 대한 경쟁력이 높지 않다는 점이다. 글로벌 트렌드는 이제 4차산업으로 넘어가고 있다. 이 4차산업의 핵심은 글로벌 플랫폼, 빅 데이터, 인공지능, 사물인터넷, 자율주행, 로봇기술 등인데, 한국 기업들은 이런 핵심 분야에 있어서 기술경쟁력이 낮다.

이런 이유로 한국 기업들의 향후 성장성에 대한 기대감이 급격히 낮아지면서 주식시장도 그 영향을 받고 있다. 반면에 4차산업을 주도하는 미국 플랫폼 기업들의 주가는 지난 8년간 지속적으로 올랐다. 승승장구해 왔다는 표현이 지나치지 않다. 결론은 명확하다. 전 세계에 걸쳐 혁명적인 산업 변화가 진행되고 있는 것이다. 주저하지 말고 지금 세계 최고의 글로벌 1등 플랫폼 기업 주식에 투자하라.

10,000,003 DIGEST

1 한국 기업 주가가 오르지 못한 이유
– 특정 산업으로의 쏠림 현상이 극심했다.
– 새로운 산업에 대한 경쟁력이 높지 않다.

2 지금 세계 최고의 글로벌 1등 플랫폼 기업 주식에 투자하라.

CHAPTER II.
내 집 한 채만 남겨 놓고
세계로 떠나라

01 한국 경제, 한국 기업, 왜 어려울까?

    쉽지 않은 질문이다. 무슨 근본적인 이유가 있기에 한국 경제와 한국 기업이 어려운 것일까? 가장 먼저 생각해 볼 수 있는 이유는 내수시장의 규모가 크지 않다는 것이다. 한국에는 중국처럼 14억 명 인구나 미국처럼 3억 3천 명의 인구가 떠받쳐 주는 내수시장이 없다는 얘기다. 그래서 우리 경제의 형태는 반드시 수출로 돌파구를 찾아야 하는 개방경제다. 이런 개방경제 구조 하에서 한국이 탁월한 경쟁력을 보이려면 높은 기술력을 바탕으로 수출을 통해 성장해야 한다.

■ 한국의 수출·수입 및 무역수지 (최근 5년)　　　　　　　　　　　단위 : 달러

년도	수출		수입		무역수지
	금액	증감률	금액	증감률	
2018년	6,051억	5.5%	5,351억	11.8%	699억
2017년	5,736억	15.8%	4,784억	17.8%	952억
2016년	4,954억	−5.9%	4,061억	−6.9%	892억
2015년	5,267억	−8.0%	4,364억	−16.9%	902억
2014년	5,726억	2.3%	5,255억	1.9%	471억

출처 : 한국은행 경제통계시스템

　최근 5년간의 수출 현황은 얼핏 보기엔 양호한 것처럼 느껴진다. 그러나 데이터를 자세히 살펴보면 2015년~2016년의 2년간 수출 증가율이 마이너스였음을 알 수 있다. 이어진 2017년~2018년 2년간의 수출 증가율은 양호했지만, 이는 반도체 수출의 호조로 인한 착시효과다. 수출에서 반도체가 차지하는 비중은 2016년 13%, 2017년 17%, 2018년 21%로 매년 큰 폭으로 증가했다. 대신 반도체를 제외한 나머지 대부분의 업종에서는 수출이 감소했다. 2018년에는 무역수지마저 큰 폭의 감소를 기록했다.

　현재 한국 경제가 어려운 이유는 주요 업종의 수출경쟁력이 약화되고 반도체 섹터에의 쏠림 현상이 일어나면서 체감 성장률이 둔화되고 있기 때문이다. 결국 과거와 달리 기술경쟁력 및 국가경쟁력 자체가 점점 낮아지면서 성장이 정체된 게 가장 큰 원인이다. 특히 향후 성장에 대한 기대감이 급격히 낮아진 심리적인 요인도 무시할 수 없다.

　현재 시점에서 한국 경제의 성장이 정체된 원인을 크게 두 가지로 정리

하면 '중국'과 '혁신'이라는 키워드로 요약할 수 있다.

가장 큰 영향을 미친 나라는 역시 중국이다. 중국은 14억 명이 살고 있는 어마어마한 인구대국이자 소비대국이다. 한국은 과거 우수한 제조업 기술력을 바탕으로 중국에 완제품이나 중간재를 수출함으로써 중국 경제성장의 과실을 그들과 함께 누려 왔다. 2000년대는 중국 시장 덕분에 한국 경제가 지속 성장한 기간이라 해도 과언이 아니다. 한국의 총 수출에서 중국이 차지한 비중은 무려 26%에 달했다.

그러나 이제 중국의 제조업 기술력은 상당히 많은 분야에서 한국을 뛰어넘었다. 게다가 중국의 가격경쟁력은 한국보다 월등히 좋다. 이런 이유로 이제 중국과 한국은 글로벌 수출시장에서 치열하게 경쟁하는 강력한 경쟁자 관계로 변했다.

당연한 일이겠지만, 이제 중국은 한국에서 수입하기를 원치 않는다. 물론 아직은 계속 수입하고 있다. 그러나 궁극적으로는 자기들이 필요로 하는 물건들을 모두 자국 기업들이 생산해 주기를 원한다. 중국에는 거대한 내수 소비인구 14억 명이 버티고 있는 데다, 중국 기업들은 그 동안 쌓아온 막대한 여유자금을 보유하고 있다. 이 나라에 부족한 것이 있다면 단지 첨단기술뿐이다.

첨단기술의 부족이란 문제점을 인식한 중국은 장기적인 관점에서 새로운 정책을 만들었다. 이것이 바로 '제조 2025'라는 정책으로 반도체, 바이오, 항공우주 등 10개 핵심 사업에 있어서 국산화 비율을 2025년까지 70%로 끌어올리겠다는 노골적인 정책이다. 이 정책 때문에 지금 미국과 중국이 치열한 무역분쟁을 벌이고 있다. 한국도 당연히 이 영향으로부터 자유로울 수가 없다.

중국은 2000년대부터 외국 기업들이 중국에 공장을 만들면 어떤 방법을 써서든 첨단기술을 전수 받기 위해 온갖 노력을 다해 왔다. 합법적으로 기술을 이전 받기도 하고, 다양한 방법으로 기술을 탈취하기도 한다. 심지어 한국의 LCD나 반도체 분야 기술자들을 '연봉 5배' 같은 유혹으로 무자비하게 스카우트하는 모습을 우리는 보고 있지 않은가.

이제 중국의 첨단기술력은 반도체를 제외하고 대부분의 업종에서 한국을 뛰어넘었다. 바로 이것이 한국 경제와 한국 기업들을 어렵게 만드는 본질적인 이유다. 그리고 이 본질적인 문제는 앞으로도 개선되기 어렵다. 우리 경제와 기업들이 상당기간 고전할 수밖에 없는 상황이다.

한 가지만 덧붙이자면 한국의 혁신성이 크게 낮아졌다는 점을 들 수 있다. 여러 가지 복잡한 규제와 사회의 인식 변화 속에 과거 한국 경제의 기적을 이뤄 냈던 기업들의 도전정신이 사라진 것이다. 그 결과 '4차산업'으로 통칭되는 최신의 글로벌 트렌드를 우리 기업들이 못 따라가고 있다. 이렇듯 '실종된 혁신'이야말로 한국 경제가 어려워진 또 하나의 원인이라 할 수 있다.

엎친 데 덮친 격으로 5천만 명에도 못 미치는 우리네 작은 내수시장마저 글로벌 1등 플랫폼 기업들에게 뺏기는 산업이 늘어날 것으로 보여 걱정스럽기 짝이 없다. 반도체, 자동차, 스마트폰, 기계, 조선, 철강 같은 전통 제조업은 중국이 바짝 추격하고 있다. 엔터테인먼트 분야는 넷플릭스, 유튜브 등 글로벌 1등 플랫폼 기업들의 공세를 막아 낼 수 있을지 회의적이다.

한국은 근본적으로 수출로 먹고 살아야 하는 나라다. 내수 소비인구는 고작 5천만 명 미만이다. 이런 한국의 수출이 타격을 받는다면 한국 경제와 한국 기업, 한국 국민들까지 모두 어려움에 처하게 될 것이다.

문제는 우리 경제가 아직은 본격적으로 어려워진 게 아니라는 사실이다. 한국은 아직도 변함없이 수출의 26% 이상을 중국으로 보내고 있다. 그러나 수출 품목들을 들여다보면 LCD나 자동차 혹은 스마트폰의 수출액은 크게 감소했고, 반도체만 최근 몇 년간의 호황으로 수출이 큰 폭 늘어났다. 한국 반도체 산업의 경쟁력은 일각의 우려와는 달리 상당히 강력하다. 하지만 반도체는 경기(사이클)를 타는 업종이다. 반도체 사이클이 하강하는 시점에 한국 수출의 어려움은 가중될 수 있다.

10,000,010 DIGEST

1 한국에는 억 단위 인구의 내수시장이 없다.

2 한국 경제의 성장이 정체된 원인 두 가지 키워드, '중국'과 '혁신'.

3 한국의 혁신성이 크게 낮아졌다.

4 문제는 우리 경제가 아직은 본격적으로 어려워진 게 아니라는 사실.

02 승리의 아파트, 그러나 2019년부터 쉬어간다

아파트를 '1천만 원'으로 살 수는 없다. 따라서 이 책의 주제인 '1천만 원으로 투자하기'와 한국 부동산투자는 썩 궁합이 맞지 않는다. 그러나 재테크를 언급하면서 한국 부동산을 언급하지 않는다는 것은 어불성설이다. 그래서 간략하게 자산으로서 우리나라의 부동산 가격은 어떻게 변해 왔는지를 정리해 본다.

지난 8년간 한국에서 재테크 최고의 승자는 부동산 투자자였다. 투자금액이 많으면 많을수록, 대출비율이 많으면 많을수록, 투자한 주택 수가 많으면 많을수록, 더욱 큰 승리의 기쁨을 맛봤다. 이 내용은 공신력 있는 데이터에 의해 곧바로 증명할 수 있다.

■ 서울 아파트 가격 변동 지수 (2010년 말~2018년 말)

년도	2011	2012	2013	2014	2015	2016	2017	2018	8년 누계	연평균
기준지수	76.9	71.3	73.5	76.8	83.8	90.8	101	120	–	–
상승률	△3.0%	△7.3%	3.1%	4.5%	9.1%	8.4%	11.2%	18.8%	51%	6.4%

출처 : 한국감정원 부동산통계 시스템. 서울아파트 실거래가격 지수(2018년 11월 말 기준)

이 데이터를 보면 지난 8년간 서울아파트 매매가격 상승률은 연평균 6.4%로 은행 정기예금 연평균 금리 2.5%보다 2.5배 이상 높은 수익률을 보였다. 그런가 하면, 같은 기간 중 코스피지수의 연평균수익률은 0%다. 결과적으로 서울 아파트에 투자해 8년간 평균적으로 매년 6.4% 이상 수익을 본 투자자들이 한국 증시에 투자한 사람들보다 훨씬 현명한 투자를 했다고 볼 수 있다.

그뿐이 아니다. 부동산 투자의 경우엔 3% 안팎의 저금리로 대출이 가능했기 때문에 레버리지까지 감안한 수익률은 훨씬 더 높아진다. 8년 전인 2010년 말에 자기돈 3억 원에 대출 받은 3억 원(3% 금리)을 더해 6억 원에 서울에 아파트를 샀다면 2018년 말 기준으로 어떻게 됐을까?

■ 2010년 말 6억 원(대출 3억 원) 투자한 서울아파트 수익

투자 구분	원금 및 수익금	비고
본인자금	3억 원	
대출자금 (금리 3%)	3억 원	
8년간 대출이자 (총 24%)	△7천2백만 원	
투자수익 연 6.4% (총 50%)	3억 원	
대출이자 차감 후 투자수익	2억 2천8백만 원	
원금 3억 원 대비 투자수익률 연 9.5% (총 76%)	누적 76% 수익	
6억 원에 매수한 아파트의 기말 평균 시세	9억 원	3억 원 상승
월세 100만 원 가정 시 추가 수익 (총 32%)	9천6백만 원	
월세 반영 최종 총수익 연 13.5% (총 108%)	3억 2천4백만 원	최종 연 13.5%

주석 : 실제 누적상승률은 51%지만 계산 편의상 50% 상승률로 계산함.

총 3억 2천4백만 원 수익 발생(108%)

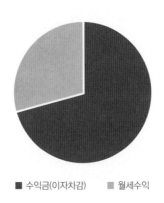

■ 수익금(이자차감)　　■ 월세수익

　　2010년에서 2012년까지의 3년 동안 서울아파트 시장은 사실 마이너
스 구간이었다. 그럼에도 불구하고 8년간의 연평균수익률은 6.4%를 기록했

다. 같은 기간 누적수익률을 따지면 무려 51%다. 대출 3억을 포함해서 모두 6억 원을 투자했다고 가정하면, 수익금은 3억 원이다. 여기에서 8년간의 대출이자 7천2백만 원을 차감하더라도 실제 수익금은 2억 2천8백만 원에 이른다. 원금 3억 원과 대비할 때 누적수익률은 무려 76%나 된다. 연평균 9.5%의 높은 수익률이란 얘기다.

이 수익률은 아파트 가격 상승만 따진 수익률이다. 만약 월세를 줬거나, 본인이 직접 거주한 경우 '거주비용'을 수익금에 더해 줘야 하니 수익률은 한층 더 올라간다. 월세를 100만 원으로 가정할 경우 원금 3억 원 대비 누적수익률이 108%가 된다. 연평균 13.5%의 놀라운 수익률이라는 뜻이다.

위의 결과에서 보듯이 우리 부동산시장은 최근 5년간 활황이었다. 이에 따라 부동산시장으로의 자금 쏠림 현상도 2018년 가을까지 착실하게 지속됐다. 2018년 9월 13일에 소위 '9.13 대책'이 나오고서야 시장은 비로소 약간 진정됐다. 결과적으로 서울 부동산에 투자한 투자자들은 재테크시장에서 승리했다.

한국 부동산시장이 꾸준히 상승한 이유는 무엇일까? 두 가지로 정리해볼 수 있다.

첫째, 글로벌 부동산 시장의 동반 상승이다. 글로벌 금융위기 이후 침체되었던 글로벌 부동산시장은 모두 급격한 회복세를 보이고 있다. 유독 한국만 혼자 부동산시장이 상승한 게 아니다. 풍부한 유동성과 낮은 금리를 바탕으로 전 세계적 부동산시장이 모두 올랐다. 이 흐름에서 한국만 벗어나는 건애초에 불가능했다.

둘째, 강력한 대출완화 정책이다. 글로벌 부동산시장이 상승흐름을 탈

때 오히려 대출규제를 완화해 폭등에 불을 지폈다. 박근혜 정부 시절인 2014년에 최경환 장관은 서울 기준 대출한도를 DTI는 50% → 70%로 완화시켰으며, LTV는 50% → 60%로 완화시켰다. 이 정책은 부동산시장 상승에 확실한 영향을 미쳤다.

그러나 나는 한국 부동산시장이 2019년을 기점으로 2~3년 쉬어 갈 수 있다고 전망한다. 자, 그러한 전망의 근거는 뭘까? 역시 두 가지로 정리해 볼 수 있다.

첫 번째 이유는 정부의 강력한 부동산 규제책이다. 정부의 '9.13 대책'이 나옴에 따라 서울 아파트의 상승 행진은 2~3년간 진정될 것으로 예상한다. 조금 더 파고들어 정부의 부동산 대책 핵심을 정리해 보자.

■ 한눈으로 보는 문재인 정부의 부동산 안정 대책

정 책	내 용	비 고
DTI-LTV 대출한도 원상복귀	60% → 40%로 강화	
2주택자 이상 대출 금지	투기과열지구 대출 금지	
2주택자 이상 전세대출 보증 금지	3대 보증회사 공통 적용	
종부세 강화	최고 2% → 3.2%로 인상	
공시가격 점진적 인상	시세의 90% 목표	

문재인 정부의 부동산 대책 중 중기적으로 가장 효과가 높으리라고 생각되는 것은 역시 LTV, DTI 등 대출한도의 강화다. 서울 기준으로 대출한도는 DTI가 70% → 40%로 강화, LTV가 60% → 40%로 강화되었다. 게다가 투기과

열지구의 경우 2주택자부터는 아예 대출이 금지된 것도 효과적이라 생각된다. 추가로 종부세 최고과세율을 3.2%로 기존보다 1.2% 인상한 것도 심리적인 효과가 클 것으로 예상된다.

두 번째 이유는 서울아파트 가격이 단기간에 너무 급등해 피로감이 누적돼 있기 때문이다. 서울아파트 가격은 2018년 1년 동안에만 무려 20% 가까이 급등했다. 주식시장이든 부동산시장이든 단기간의 가파른 상승은 언제든 조정으로 이어질 수 있는 가장 강력한 모티브가 된다.

1 한국 부동산시장이 꾸준히 상승한 이유는?
첫째, 글로벌 부동산 시장의 동반 상승.
둘째, 강력한 대출완화 정책.

2 한국 부동산시장의 침체 전망 근거는?
첫째, 정부의 강력한 부동산 규제책.
둘째, 단기간에 급등한 가격의 피로감 누적.

03 내가 살 곳은 한국; 한국 부동산 한 채는 사야

　우선 한 가지는 분명히 해 두자. 2018년 말 현재 우리나라의 부동산 가격은 비싸다. 특히 2018년의 폭등으로 대부분의 아파트 가격이 적정 가치를 넘어섰다. 최근 5년 연속 상승한 피로감과 정부의 본격적인 부동산 규제 정책의 영향으로 한국 부동산에는 하락 압력이 만만찮다. 따라서 2019년부터 2~3년 정도 부동산 시장은 하향 안정화될 것으로 전망한다.

　그럼에도 불구하고 이는 단기 전망이다. 중 · 장기적으로 생각한다면 무주택자는 적절한 가격으로 좋은 입지에 자기 집 한 채를 마련하는 것이 바람직하다. 이는 재테크 차원을 넘어 가족과의 행복하고 평안한 생활을 위해 꼭 필요하다. 따라서 구매력이 된다면 향후 2~3년간의 가격 조정기에 좋은 입지를 택해 본인이 살 아파트 한 채를 장만하라고 추천하고 싶다. 한국을 떠나지 않는 한 내가 살 1주택을 매수하는 건 재테크의 기본이다. 주거가 안정되면 심리적인 안정감 또한 높을 테니까.

"주식에 투자하더라도 내 집은 마련하고 투자하라."

미국에서 13년간 연평균 29.2%라는 경이적인 수익률을 기록한 '마젤란 펀드'의 주인공 피터 린치Peter Lynch가 했던 말이다. 린치는 주식투자의 귀재였지만 그래도 최소한 자기 집 한 채는 가지고 여윳돈으로 주식투자를 해야 한다는 원칙은 가지고 있었다.

내 집을 사야 할지 고민이라고? 당연히 사야지!

결혼을 앞둔 시점이나 전세 만기 시점에 집을 장만해야 할지 내게 물어보는 후배들이 더러 있었다. 내 대답은 한결같았다. 1주택이면서 적절한 가격이고 입지까지 좋다면 아주 작은 평수의 아파트라도 무조건 사는 게 좋다고. 이런 후배들 중에는 내 말을 듣고 집을 산 경우도 있고 다시 전세를 연장한 경우도 있다.

하지만 끝까지 집을 사지 않고 전세를 세 번씩 연장한 어떤 후배는 부동산 가격 폭등으로 결국 크게 후회했다. 한밤중에 나한테 전화를 걸어 부동산 폭등을 한탄한 적도 있었다. 그렇다, 집은 투자자산 중에 가장 사용가치가 뛰어난 자산이다.

다주택자를 제외하면 사람들은 일차적으로 직접 거주하기 위해서 집을 산다. 사지 않는다면 거주하기 위해 전세나 월세 비용을 낼 수밖에 없다. 이런 사용가치를 감안한다면 집값이 대폭락하지 않는 한 무조건 사서 시작하는 것이 당연히 유리하다.

나 또한 결혼 전에 집을 사서 시작할지 전세로 시작할지, 많이 망설였다. 고민 끝에 서울 한 구석 끄트머리에 17평짜리 집을 사서 시작했다. 결과는 물론 대만족이었다. 무주택자가 적정한 가격에 1주택을 장만하는 건 세 가지 측면에서 유리하다.

첫 번째는 주거의 안정성 측면이다. 프랑스, 영국, 태국, 베트남, 필리핀, 한국 등 어디에 사는 사람이든, 미국 주식에 투자하기 위해 자기 나라를 버리고 미국으로 이민 갈 필요는 없다. 미국에 살지 않아도 미국 주식에 자유롭게 투자할 수 있으니까. 하지만 이 지구 위 어디에 살더라도 일자리를 감안하여 자신이 거주할 집만큼은 반드시 있어야 한다. 내 소유의 집이 없으면 임대라도 해야 한다. 주거의 안정성 측면에서 여력이 된다면 자기 집 한 채는 꼭 필요하다. 그래야 심리적 안정감도 얻을 수 있다.

두 번째로 재테크 측면을 생각해 볼 수 있다. 역사적으로 부동산 가격은 물가상승률 이상으로 꾸준히 상승해 왔다. 만약 내 집이 없다면 물가상승률만큼 손해를 봤다는 얘기나 마찬가지다. 혹은 상대적으로 손해라고 할 수 있는 임대료를 내었거나. 전세를 선택한 경우엔 집값이 횡보하거나 하락하면 이득이겠지만, 입지 좋은 곳의 부동산 가격은 과거의 전례에 비춰 보아도 꾸준히, 최소한의 물가상승률만큼은 상승해 왔다.

세 번째는 세금의 측면이다. 정부의 부동산 규제책은 1주택자보다는 다주택자 증세에 초점이 맞춰져 있다. 일정 기준에 맞는 1주택자의 경우 대출이자의 최대 1천8백만 원까지 소득공제를 해 주는 등 혜택이 많다. 9억 원을 초과하지 않는 1주택자는 양도차익에 대해서도 비과세이며 보유세도 낮은 수준이다.

사실 한국의 세금 체계는 근로소득자보다 오히려 불로소득자에게 더 유리한 측면이 많았다. 한국 근로소득자의 최고 과세율은 무려 46.2%다. 그러나 다주택자라도 임대사업자로 등록하면 세금의 상당 부분을 감면받았다. 특히 2018년 이전에 임대사업자로 등록한 경우엔 절세 혜택이 컸다.

9.13 대책으로 다주택자들에 대한 세금정책이 일부 강화된 것은 공평과세 차원에서 의미가 있다. 특히 2019년 중 도입을 검토하고 있다는 '전·월세 거래 신고제' 역시 공평과세 차원에서 바람직하다고 생각된다. 어쨌거나 1주택자가 세금 문제를 걱정할 필요는 없다.

내가 생각하는 이상적인 부동산 가격상승률은 '소비자물가지수' 상승률 수준이다. 부동산 가격이 하락하면 디플레이션 우려가 있고, 거꾸로 폭등하면 사회 문제가 된다. 꾸준히 '소비자물가지수' 정도로만 상승한다면 큰 무리 없이 다양한 주거 선택이 가능하다고 생각한다.

■ 한국의 소비자물가지수 (2010년 말~2018년 말)

년도	2011	2012	2013	2014	2015	2016	2017	2018	누계	연평균
상승률	4.0%	2.2%	1.3%	1.3%	0.7%	1.0%	1.9%	1.5%	14.7%	1.8%

출처 : 한국은행 경제통계시스템 및 저자 환산

그러나 과거 8년간 부동산 가격의 상승률은 연평균 6.5%로 소비자물가지수 상승률 1.8%의 3.5배 이상 폭등하면서 사회 문제가 됐다. 결론적으로 무주택자들의 경우 향후 부동산 상승률이 소비자물가지수만 따라간다고 해도 1주택자가 되는 게 여러 가지로 유리하다. 물론 앞으로는 서울 지역 아파트도 조정받을 수 있다. 그래도 무주택자가 실제 거주할 수 있는 적당한 아파트를 향후 2~3년 동안 싸게 살 수 있는 기회가 온다면 매수하는 게 합리적이라 생각된다.

최고의 입지? 의견이야 각양각색

입지 이야기를 좀 더 해 보자. 중 · 장기적으로 서울의 최고 입지는 어디일까? 2018년 여름에 한강이 조망되는 반포 아크로리버파크 아파트가 드디어 30억이 됐다는 뉴스가 나왔다. 33평 기준 평당 1억 원짜리가 정확히 33억이니, 아크로리버파크의 가격은 거의 평당 1억에 다가선 셈이었다.

이 기사가 나오고 나서 많은 이야기들이 오갔다. 고평가 논란, 허수 호가 논란 등의 설왕설래 가운데 결국 너무 비싸다는 의견이 주를 이루었다. 정말 그럴까? 나는 그렇게 생각하지 않는다. 내가 생각하는 최고의 입지가 바로 한강변 아파트다. 내 나름으로는 한강변 아파트의 적정가격을 평당 1억 원 이상으로 본다.

세계적인 트렌드를 보더라도 '랜드마크'가 될 수 있는 지역은 도심을 흐르는 강이 보이는 강변 지역이다. 강이 보이는 강변 아파트는 몇 채나 될까? 철저히 공급이 제한된 시장이다. 그만큼 희소성이 높다는 뜻이다.

해외여행을 다니면서도 도심의 강가를 주의 깊게 보아 온 나의 결론은 한강변 투자다. 세계 어느 나라를 막론하고 강가는 국가에서 상당히 신경 써서 관리한다. 상하이 푸동浦东 지구, 싱가포르 보트 키Boat Quay와 클라크 키Clark Quay를 위시해서, 호치민, 방콕, 마닐라, 빈, 프라하, 부다페스트, 파리, 런던, 뉴욕 등 도심의 강변 지역을 유심히 보라. 각국 정부가 정비와 유지에 상당히 신경 쓰고 있는 핵심 구역이다. 유독 우리 서울만 한강변이 많이 방치되어 있는 실정이다. 역설적으로 말하자면 그래서 더 희소가치가 있다!

현재 서울의 한강변 관리 정책을 크게 둘로 요약하자면, '개발 제한'과 '15층 이상 건축 금지'다. 지금 정부의 정책대로 한강변 아파트를 15층 이하로 제한한다고 해서 가격 상승을 저지할 수 있을까? 그럴 것 같지 않다. 그럼, 반대로 공급론자들이 주장하는 것처럼 한강변에 재건축 층수 제한을 풀어 준다면 가격이 크게 떨어질까? 나는 그렇게 생각하지 않는다. 어떤 정책을 써도 가격이 많이 내려가기는 쉽지 않다는 것이 나의 결론이다. 한강변 아파트는 그야말로 '희소'하기 때문이다. 사람들이 원하는데 공급은 많지 않으니 가격이 쉽게 떨어지겠는가?

한강이 보이는 서울 아파트

한강변에는 아파트가 많지 않다. 그중에서도 한강이 제대로 조망되는 곳은 더더욱 드물다. 개발 제한으로 인해 새 아파트는 거의 없다. 만약 규제를 완화해 한강변에 멋진 아파트나 빌딩이 들어선다면 어떨까? 무엇보다 훌륭한 관광자원이 될 수 있다. 그로 인해 한강변 경치가 더 멋지게 변한다면 큰 틀에서 좋은 관광자원이 개발되는 셈이고 대한민국의 국부가 상승하는 일이다.

사실 세계적으로 볼 때 서울의 한강변처럼 도심 강변이 낡은 아파트와 오래된 주택들로 방치된 곳도 없을 터. 서울에는 우리가 얼핏 생각하기보다 관광자원이 부족하다. 서울의 최대 강점인 한강과 한강변을 잘 개발했으면 한다. 그리고 한강변에 투자하는 투자자들은 장차 좋은 결과를 누리리라고 믿는다.

향후 정부의 부동산 규제정책 영향으로 '똘똘한 1채'에 대한 수요는 지속될 것이다. 주택 수요자의 생애 주기별 구매력이란 측면에서 보면 어떨까? 1단계로 경기 역세권이나 서울 외곽, 2단계로 서울 중심부, 3단계로 서울 강남, 4단계 최종 종착지로 한강변 아파트 순서로 그 수요가 변할 것으로 보인다. 물론 자금력에 차이가 있어 모든 사람들이 이렇게 움직일 수는 없지만 말이다.

만약 자금 여력이 된다면 지금이라도 한강변 아파트를 사야 한다. 단, 한강의 경관이 잘 보여야 한다. 이 점이 중요하다. 단순히 가깝기만 하다면 2% 부족하다. 아파트를 높게 짓는 이유는 한강 조망권을 확보하기 위해서다. 그게 아니라면 일반주택이 아니라 굳이 아파트로 지을 이유가 무엇이겠는가? 궁극적으로 대한민국 부동산의 상위 0.1%는 서울 핵심 박스권의 한강변 아파트가 될 것이다. 한강이 제대로 조망되는 새 아파트는 거의 없다. 따라서 희소성이 높다.

이 책은 부동산 투자를 안내하는 책이 아니므로 부동산 이야기는 이 정도로 하겠다. 하지만 자기가 살 집 한 채를 일단 마련하는 것이 재테크의 가장 기본 요건이라는 점은 강조해 두고 싶다.

10,000,030 DIGEST

1 주식에 투자하더라도 내 집은 마련하고 투자하라.

2 무주택자의 1주택 장만이 유리한 측면은?
– 주거의 안정성 측면
– 재테크 측면
– 세금의 측면

3 만약 자금 여력이 된다면 지금이라도 한강변 아파트를 사라.

04 8년간 상승률 0%, 증시에서 손해 본 건 누구 잘못?

대단히 놀랍게 들릴지도 모른다. 지난 8년간 우리나라 코스피지수 누적 수익률은 마이너스 0.5%다. 8년이라는 긴 세월을 기다렸음에도 불구하고 허탈한 결과다. 그 동안 연평균수익률이 0%라니 황당할 뿐이다. 이런 한국 증시 상황에서 수익을 낸 사람을 찾기란 하늘의 별 따기 아니겠는가. 그저 본전이나마 건졌다면 다행인 투자자들이 대부분이다.

■ 한국 코스피지수 추이와 수익률 (2010년 말~2018년 말)

2010년 말 코스피지수	2018년 말 코스피지수	누적수익률	연평균수익률
2,051포인트	2,041포인트	△0.5%	0%

증권사 영업점 현장에서는 다양한 고객들을 만날 수 있다. 재야의 고수들, 단순 투자자들, 증권사의 조언을 받아 투자하는 고객들 등등. 최근 영업점에서 가장 어려움을 겪는 건 국내 주식에 장기간 투자했지만 수익이 없거나 심지어 마이너스가 난 수많은 고객들과 상담하는 일이다.

그때마다 고객들에게 해 주는 이야기의 핵심은 한국 증시에서 손해 본 건 투자자의 잘못이 아니라는 점이다. 왜 한국 증시는 이렇게 어려워졌을까? 한 마디로 주식시장에 상장된 한국기업들의 경쟁력과 성장성이 약해졌기 때문이다. 이 때문에 주가가 약세라는 것은 누군가의 추측이나 주장이 아니라 객관적인 사실이다. 이것이 한국 주식에 투자한 투자자들의 잘못은 아니지 않은가?

이렇듯 밭이 안 좋은 한국 증시 상황에서는 아무리 뛰어난 기업분석 능력을 갖췄다고 해도 투자에 성공하기가 쉽지 않다. 좋은 씨를 뿌려도 좋은 열매를 맺기가 어렵다는 얘기다. 원금이 보장되는 은행예금에만 넣어 뒀어도 최소한 연간 2.5%의 (세전) 이자는 받을 수 있었을 텐데! 결국 지난 8년간 재테크 목적으로 한국 증시에 투자한 건 좋은 방법이 아니었다.

한국 증시의 구조적인 변화는 한층 더 극적이다. 2010년 말과 8년 후인 2018년 말의 삼성전자 주가를 비교하면 18,980원에서 38,700원으로 2배 이상 상승했다. 삼성전자의 시가총액(시총)은 코스피에 상장된 기업들 시총 총액의 20%가 넘는다. 그런 비중의 삼성전자 시총이 2배 이상 올랐음에도 불구하고, 코스피지수가 8년 동안 제자리걸음이었다는 사실은 다른 회사들의 주가가 대부분 하락했음을 뜻한다.

■ 한국 시가총액 상위 5개사 (2018년 말 기준)   단위 : 원

순위	기업명	시가총액	영업이익(E)	자본총계(E)
1위	삼성전자	257조	59조	248조
2위	SK하이닉스	44조	21조	47조
3위	현대차	30조	3조	75조
4위	셀트리온	28조	0.4조	3조
5위	삼성바이오로직스	25조	0.1조	4조

주석 : 삼성전자와 현대차는 우선주 합산 계산

일례로 8년 전 삼성전자에 이어 시총 2위였던 현대차는 현재 한 계단 하락한 3위다. 현대차, 현대모비스, 기아차 3개사의 시가총액은 8년 전인 2011년 사상 최고가 대비 40조 원 이상 줄어들었다. 자동차 산업의 성장성에 대한 기대치가 낮아졌기 때문으로 추정된다.

걱정되는 것은 자동차 회사는 엄청난 수의 협력업체를 거느리고 있어서 이들의 침체는 한국 전체의 고용률에도 심각한 영향을 미친다는 점이다. 현대차는 여전히 한국에서 명실상부한 1등 자동차 회사다. 그러나 내수시장에서는 수입차 점유율이 지속적으로 높아지고 있으며 글로벌 시장으로의 수출은 정체되고 있다.

■ 2018년 자동차 생산국 순위

순위	국가	생산 대수	증감률	비고
1	중국	2,780만 대	△4.2%	
2	미국	1,130만 대	+1.0%	
3	일본	972만 대	+0.4%	
4	독일	563만 대	△8.7%	
5	인도	517만 대	+8.3%	
6	멕시코	411만 대	+1.0%	7위 ⇒ 6위로 상승
7	**한국**	**402만 대**	**△2.1%**	**6위 ⇒ 7위로 하락**

출처 : 자동차산업협회

위 표에서 추측할 수 있듯이, 글로벌 자동차시장은 지금 정체 상태다. 패러다임의 변화로 전 세계 주요 자동차 회사들은 전기차와 자율주행차 쪽으로의 방향 전환에 공을 들이고 있다. 전통의 자동차 회사들은 국적을 막론하고 모두 매출 정체로 고민이 크다.

한국은 2018년 자동차 생산국 순위에서 전년도보다 한 계단 하락한 7위를 기록했다. 현대차는 미래전략으로 수소차에 집중하고 있다. 한 발 앞서 수소차 양산에 성공한다면 현대차가 시장을 선도할 수 있을 것으로 보인다. 그러나 경쟁은 치열할 것이다. 현대차가 미래의 패러다임 변화를 성공적으로 주도해 나가기를 한국 국민의 입장에서 응원한다.

또 하나의 예로 LCD산업은 어떨까? 한국의 LCD 시장 점유율도 2018년 들어 한 계단 하락해 2위로 떨어졌다. 우리 주력 수출품들의 점유율이 전반적으로 하락하고 있는 상황이다.

■ LCD 시장 점유율 (2016년~2018년)

국가	2016년	2017년	2018년 3분기까지	비 고
한국	33.7%	32.4%	30.6%	2위로 하락
중국	29.8%	27.2%	31.9%	1위로 상승

출처 : IHS 마킷

삼성전자와 SK하이닉스를 제외한 한국의 주력 기업들은 대부분 고전을 면치 못하고 있다. 가장 큰 이유는 무엇일까? 지금은 한국 1등이라는 이유만으로 생존을 보장받기 어렵기 때문이다. 세상이 변했다는 얘기다. 토머스 프리드먼의 말마따나 세계가 온통 '평평해졌기' 때문이다. 글로벌화에 속도가 붙으면서 하나뿐인 글로벌 1등 기업이 모든 걸 다 가져가는 승자독식의 세상이 됐다.

한국 기업들 중에 글로벌 1등으로 성장할 후보 기업들은 많지 않은 것 같다. 이 논리를 믿는다면, 앞으로도 한국 기업의 주가가 큰 폭으로 오르기는 어렵다고 예상할 수밖에 없다. 자, 그렇다면 이런 상황에서 우리는 재테크를 어떻게 해야 할까?

지금이라도 문제점을 인식하고 투자대상을 바꾸려는 노력이 필요하다. 어려울 것이 뻔히 예상되는 한국 기업들보다 훨씬 압도적인 경쟁력을 가지고 있는 글로벌 1등 기업에 투자하는 방법이 있다.

10,000,040 DIGEST

1 한국 증시가 약해진 이유는 상장된 한국기업들의 경쟁력과 성장성이 약해졌기 때문.

2 한국 1등이라는 이유만으로 생존을 보장받기 어렵다. 글로벌 1등 기업이 모든 걸 다 가져가는 승자독식의 세상이 됐다.

05 가차 없는 승자독식 시대, 글로벌 1등과 천재에 베팅하라

1천만 원으로 강남의 한강변 아파트를 살 수는 없다. 1천만 원으로 피카소의 그림을 살 수도 없다. 하지만 1천만 원으로 세계 최고의 기업에 투자하는 것은 가능하다. 번듯한 목돈이 없어도 글로벌 1등 기업에 투자하는 데에는 아무런 제약도 없다. 이거야말로 주식투자자만이 누릴 수 있는 최고의 특권이 아니겠는가.

한국에는 시가총액 기준으로 글로벌 10위 안에 들어가는 기업이 없다. 현재 글로벌 10대 기업 리스트는 미국 기업 8개와 중국 기업 2개로 구성돼 있다. 세계 최고의 거대 기업들이 대부분 미국과 중국에 있다는 뜻이다. 한국 기업 중에는 삼성전자가 유일하게 20위권에 랭크되어 있다. 삼성전자를 제외하면 한국 기업들은 가까운 장래에 글로벌 10위 진입을 꿈꿀 수 있는 후보조차 없다.

■ 전 세계 시가총액 상위 7개사 (2018년 말 기준)   단위 : 원

순위	기업명	시가총액	영업이익(E)	매출액(E)	자본총계(E)
1위	마이크로소프트	858조	38조	121조	91조
2위	애플	823조	78조	292조	118조
3위	아마존	808조	14조	256조	48조
4위	알파벳(구글)	742조	35조	151조	195조
5위	버크셔해서웨이	553조	35조	273조	384조
6위	텐센트	433조	13조	54조	54조
7위	알리바바	391조	12조	42조	64조
20위권	삼성전자	257조	59조	244조	248조

주석1) 2018년 12월말 주가 기준, 달러 1,100원, 홍콩달러 145원, 위안화 165원 원화 환산.
주석2) 3/ 6/ 9/ 12월 결산법인은 각 결산 월별 확정치임.
주석3) 삼성전자는 우선주 합산, 알파벳은 A주/ C주 합산, 버크셔해서웨이는 A주/ B주 합산.
주석4) 버크셔해서웨이는 2018년 4분기 28조 원의 순손실, 2018년 순이익 5조 원으로 대폭 감소.
주석5) 사우디아라비아의 '아람코'가 세계 1등이지만 비상장 국영기업이므로 제외함.

그렇다면 미국과 중국에 살지 않는 우리는 이런 우량기업에의 투자를 포기해야 하는가? 다행히도 그렇지는 않다. 한국에 살면서도 해외주식에는 얼마든지 자유롭게 투자할 수 있다. 내가 거주할 집은 한국에 마련하고 주식 투자는 성장성이 높은 글로벌 1등 기업에 하자.

재미있는 건 이 글로벌 10대 기업들에 천재적인 기업가들이 포진해 있다는 점이다. 마이크로소프트의 빌게이츠, 애플의 고 스티브 잡스, 아마존의 제프 베이조스, 버크셔해서웨이의 워런 버핏, 구글의 래리 페이지와 세르게이 브린, 페이스북의 마크 저커버그, 알리바바의 마윈 등이 모두 이의를 달 수 없는 천재들이다.

이런 천재들이 만든 글로벌 1등 회사에 베팅한다면 매력적인 수익을 얻

을 가능성도 높다고 생각되지 않는가? 게다가 '강남아파트'나 '피카소의 그림'에 투자할 때처럼 엄청난 투자금도 필요 없다. 단돈 '1천만 원'만 있으면 이런 초일류 세계 1등 기업의 '주인'이 될 수 있다.

■ 미국 나스닥지수 수익률 (2010년 말~2018년 말)

2010년 말	2018년 말	8년 누적수익률	연평균수익률
2,652포인트	6,635포인트	150%	19%

나스닥지수는 지난 8년간 연평균 19% 상승했다. 세계 최고의 플랫폼 기업들이 대부분 나스닥에 상장되어 있는 탓이다. 동일 기간 코스피 상승률 0%와는 비교조차 할 수 없는 높은 수익률이다.

세계 최강의 나라에서 태어난 미국 국민들은 축복받았다고 느낄 수도 있지만, 과연 미국인들 모두가 미국 주식에 투자했을까? 한국 사람들이 모두 삼성전자에 투자하진 않았듯이 미국사람들도 마찬가지일 것이다. 반면 한국인들 중에서 미국 주식에 투자한 사람은 얼마나 많았을까?

투자를 결정할 때는 우리 주변의 실생활에서 많은 아이디어를 얻을 수 있다. 일상의 여러 측면을 조금만 투자와 연결 지어 관심을 기울이면 투자 기회는 도처에 있다.

나는 2012년 여름휴가 때 태국 방콕에서 현지인들과 어울릴 기회가 있었다. 당시 한국에서는 매우 생소했던 네이버의 '라인'이 태국에서는 일상화되어 있었다. 나는 태국 친구들의 강요에 못 이겨 라인 앱을 깔았다. 놀랍게도 서로 핸드폰을 흔들어대는 것만으로 '친구연결'이 되는 기능까지 있었다. 대부분의 한국 사람들보다 훨씬 일찍 라인의 가능성을 접했던 것이다. 태국에선 라인이 한국의 카카오톡에 비견될 '국민 채팅 앱'이라는 소중한 정보를 그 친구들이 일찌감치 알려준 셈이다.

하지만 한국으로 돌아온 나는 그 정보를 갖고서 아무것도 하지 않았다. 그리고 얼마 뒤, 아니나 다를까, 네이버의 주가는 자회사 라인의 가치 때문에 폭등했고, 라인은 일본 증시에도 화려하게 상장했다. 이처럼 우리 주변에서 무심히 지나치는 것들에도 좋은 투자기회가 널려 있다.

혹시 당신은 요즘 스타벅스에서 근사하게 맥북이나 아이패드를 꺼내 전원을 켜고 넷플릭스로 영화를 보고 있지 않은가? 혹은 인기 드라마를? 만약 그렇다면 왜 넷플릭스 주식을 살 생각을 하지 않는가? 아니면 스타벅스 주식이라도? 지금 당신 주머니에 넣어둔 스마트폰은 애플이 아닌가? 혹시 당신이 손목에 차고 있는 그것은 애플 워치? 그렇다면 왜 애플 주식을 사지 않는가?

스티브 잡스는 펩시콜라를 이끌고 있던 존 스컬리를 애플 CEO로 영입하면서 이런 이야기를 했다. "평생 설탕물이나 팔 것인가? 아니면 나와 함께 세상을 바꿀 것인가?" 나는 독자들에게 이렇게 묻고 싶다. "평범한 소비자가 될 것인가? 아니면 세계 최고 회사의 근사한 주주가 될 것인가?"

우리는 애플 아이폰을 쓰고, 구글 안드로이드를 쓰고, 마이크로소프트의 윈도우를 쓴다. 그리고 우리는 유튜브와 넷플릭스에 가입해 다양한 영화와 드라마를 즐기고 있거나 곧 가입해서 즐기게 될 것이다.

그뿐인가. 우리는 곧 전기차를 타게 될 것이고, 몇 년 전만 해도 상상조차 못했던 자율주행차라는 혁명의 산물에 몸을 싣게 될 것이다. 이런 최첨단 기술들을 만끽하는 소비자로만 남을 것인지, 아니면 이런 세계 최고 회사들의 주인인 주주가 될 것인지, 곰곰이 생각해 볼 시간이다.

1 글로벌 10대 기업 리스트는 미국 기업 8개와 중국 기업 2개.

2 글로벌 10대 기업들에는 천재적인 기업가들이 포진.

3 단돈 '1천만 원'만 있으면 초일류 세계 1등 기업의 '주인'이 될 수 있다.

4 평범한 소비자가 될 것인가? 아니면 세계 최고 회사의 근사한 주주가 될 것인가?

CHAPTER III.
글로벌 1등 플랫폼 기업을 품어라

01 넷플릭스 ; 온라인 유료 동영상 플랫폼을 휩쓸다

마닐라에서 본 〈알함브라 궁전의 추억〉

2018년 12월 말, 나는 서울의 살기등등한 추위를 피해 멀리 필리핀 마닐라로 잠시 도피했다. 집집마다 tvN 채널에서 〈알함브라 궁전의 추억〉이 한창 인기를 끌고 있을 때였다. 나도 서울에 있었더라면 회당 1,650원을 내고 오래 전에 가입해둔 IPTV로 이 드라마를 시청했을 테지만, 그때 나는 마닐라의 호텔에 있었다.

하지만 나는 다행히도 넷플릭스에 가입돼 있는 상태였다. 덕분에 난 노트북을 켜고 클릭 몇 번 만으로 추가요금 없이 〈알함브라 궁전의 추억〉 9회, 10회를 연속으로 봤다. 이역만리 마닐라에서 무료로! 이 드라마를 소위 '본방 사수'했던 나는 여행 떠나기 전에 사실 이 점이 못내 걱정스러웠다. 혹시라도 드라마를 못 보는 게 아닌지, 조바심이 났다. 그러나 넷플릭스는 날 배신하지 않았다.

〈알함브라 궁전의 추억〉을 정주행한 후, 이번엔 놀라운 알고리즘 방식을 거쳐 넷플릭스가 추천한 영화 〈추격자〉에 눈길이 갔다. 오래 전 영화지만 왠지 구미가 당겼다. 결국 넷플릭스의 추천에 굴복했다. 물론 무료였다. 만약 IPTV로 이 영화를 봤다면 2,000원쯤의 비용을 지불했을 것이다. 물론 넷플릭스도 월간 1만2천 원의 비용을 징수하지만 한국의 IPTV처럼 콘텐트마다 추가요금을 부과하진 않는다. 넷플릭스의 최대 강점이다.

넷플릭스에서 서비스한 한국 드라마 〈알함브라 궁전의 추억〉의 주요 무대였던 스페인의 알함브라 궁전 전경

가끔 집에서 TV앞에 앉아 있을 때면 멍하게 채널을 계속 돌리는 나를 발견할 수 있다. 사실 뭘 보고 싶은지 나 자신도 모르는 순간이다. 그렇게 채널을 1번에서 100번까지 돌리다 보면 짜증이 난다. 그런데 넷플릭스는 나보다

더 나를 잘 안다! 내가 좋아할 만한 영화나 드라마를 정리해서 제시해 주니 말이다. 추천해 주는 콘텐트를 따라가다 보면 결국 마음에 드는 게 나온다. 하긴 여전히 IPTV보다 콘텐트의 다양성이 부족하다는 것은 단점이지만. 그래도 한국의 IPTV들이 개별 콘텐트 가격을 공격적으로 올리는 걸 보면 넷플릭스의 저렴한 가격이 매력적으로 느껴질 수밖에 없다.

넷플릭스는 월정액 1만2천 원만 내면 모든 콘텐트를 무료로 누릴 수 있다. 최근에 한국 영화와 드라마들이 계속해서 업데이트되고 있어 볼 것도 많아지고 있다. IPTV의 살인적인 가격에 시달리다 보니 넷플릭스에서 1편만 무료로 봐도 흐뭇해질 지경이다.

소위 '오리지널 제작'을 늘리자는 넷플릭스의 전략도 가입자 확보에 긍정적이다. 넷플릭스가 첫 번째로 투자한 한국 영화 〈옥자〉의 경우 550억 원을 투자했지만 가입자 증대에는 큰 영향을 미치지 못했다. 그러나 120억 원을 투자해 제작한 6부작 드라마 〈킹덤〉은 다르다. 2019년 1월에 넷플릭스 독점 방식인 '오리지널' 형태로 제공되면서 가입자가 눈에 띄게 늘어났다.

이제 2019년은 넷플릭스가 본격적으로 한국 시장을 공격하는 원년이라 할 수 있다. IPTV 3위 사업자인 LG유플러스와 손잡고 한국 공략에 본격적으로 나서게 된다. 그렇잖아도 이미 한국에서 150만 명의 가입자를 확보한 넷플릭스 아닌가. 이제부터 그들의 야망을 살펴보기로 하자.

가입자 수에 집착? IPTV를 보면 이유를 알 수 있다

넷플릭스는 글로벌 시장에서 가입자를 늘리기 위해 공격적으로 드라마-영화 콘텐트를 확보하는 중이다. 그들의 기본 전략은 적자가 나더라도 공격적으로 투자해서 가입자를 지속적으로 확대하는 것이다. 그러기 위해서 콘텐트 확보에 엄청난 돈을 쏟아 붓는다. 일명 '캐시 버닝cash burning' 전략이다. 돈을 그냥 태워 버린다.

넷플릭스가 이렇게까지 하면서 필사적으로 가입자를 많이 확보하려는 이유는 뭘까? 한국 IPTV 역사를 들여다보면 어떤 의도인지 쉽게 짐작할 수 있다. 지금부터 한국 IPTV의 10년간의 발전상을 보며 넷플릭스의 궁극적인 전략을 짚어 보자.

내가 더 젊었을 때 나라가 어려워 잠깐 '백수'가 된 시절이 있었다. 그 당시 주머니 텅 빈 백수가 시간을 보내는 가장 저렴하고 '가성비' 좋은 방법이 바로 비디오를 빌려와 보는 것이었다. 오래된 비디오는 300원, 최신 비디오는 2,000원에 빌릴 수 있었다. 하지만 일일이 비디오를 반납하는 것은 언제나 정말 귀찮은 일이었다. 그때 IPTV나 넷플릭스가 있었다면 정말 편리했을 텐데! 백수 안 해 본 사람들은 잘 모르겠지만, 세상 바쁜 게 백수의 일과다. 그러니 비디오 반납은 참으로 귀찮은 노릇이었다.

그런데 지금으로부터 10년 전인 2009년 1월 한국에서 IPTV라는 혁신적인 상품이 나왔다. 드라마를 본방 사수하거나 비디오를 반납하는 귀찮은 일이 말끔히 없어졌다. 물론 그 후폭풍으로 수많은 DVD 대여점이 모두 문을 닫긴 했지만.

드라마를 본방 사수하지 않고 언제든 원하는 시간에 볼 수 있다는 점은 엄청난 혁신이었다. 그 동안 강압적으로 시청자의 시간을 지배해 왔던 방송국이 그 권력을 내려놓고 시청자가 자신의 시간을 관리하는, 권력이동이 일어난 일대 사건이었다.

만약 내가 백수였을 때 IPTV가 있었더라면 훨씬 저렴한 가격으로 백수 생활을 향유했을 것이다. 2009년 당시 IPTV의 월 구독료는 1만 원 수준이었고, 드라마 다시보기 가격은 500원이었다. 게다가 예전 비디오 시절보다 콘텐츠는 백배, 천배 다양해진 느낌이었다. 방송사는 MBC, KBS, SBS 외에 여러 종편까지 추가됐고 여기서 쏟아지는 드라마가 일단 엄청났다. 최신 드라마는 돈을 받지만 종영된 드라마는 6개월 이상 무료라 이 드라마들만 '정주행'해도 밤새는 줄 모르게 콘텐츠가 넘쳐났다. 가히 드라마의 천국이라 할 수 있었다.

그렇다면 2009년에 서비스를 시작한 IPTV는 이처럼 콘텐츠를 퍼 주고도 돈이 남았을까? 당연히 아니다. KT, SK브로드밴드, LG유플러스 등 3개 IPTV는 초기에 엄청난 적자를 봤다. 서비스 첫해 이들의 매출액 합계는 2,204억 원에 불과했다. 적자를 감수하고 2~4천억 원에 달하는 막대한 자금을 초기에 집중 투자했다. 왜였을까? 월정액 요금을 내는 유료고객을 확보하기 위해서다. 유료고객은 한번 확보되면 3년 약정 때문에 최소 3년간 이탈하지 않았다. 그 사이 IPTV의 편리함에 익숙해지며 평생고객이 될 거라는 전략이다.

한국의 경우 IPTV 요금과 인터넷 요금이 결합된 상품이 대세였다. 심지어 여기에다 아예 핸드폰 요금까지 함께 아울러서 패키지로 파는 상품도 많았다. 약정기간인 3년이 끝날 때 즈음이면 어디서 어떻게 알았는지 정체 모를 문자와 전화가 쇄도했다. KT, SK브로드밴드, LG유플러스가 비공식적으로 30~50만 원을 현금으로 보상해 주며 경쟁사 고객들을 빼내 오기 위해 치열하게 경쟁했다. 하지만 그것도 완전 경쟁시장은 아니고 3개 사만 경쟁하는 과점시장이라 그만큼 마진도 컸다.

과거 10년간 IPTV 매출추이

단위 : 억 원

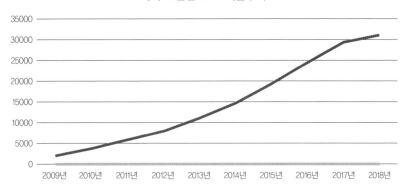

출처 : 각 서비스 제공사 발표 자료 (2018년 9월 말 기준)

IPTV 시장은 지난 10년간 매출이 급격하게 증가하여, 지금은 각 통신사들에게 효자 노릇을 하고 있다. 2018년 9월에는 드디어 IPTV 연매출이 3조 원을 돌파했다. 초기에는 케이블 TV와의 경쟁으로 콘텐트 확보에 어려움이 있었지만, 통신사들은 초고속 인터넷과 무선전화를 IPTV와 결합해 판매하는 방식으로 빠르게 시장을 장악했다.

■ IPTV 가입자 수 변화 (매년 6월 말 기준)

단위 : 명

구분	2018년	2017년	2016년	2015년
KT	671만	607만	547만	506만
SK브로드밴드	454만	407만	364만	319만
LG유플러스	376만	317만	274만	239만
합계	1,502만	1,331만	1,185만	1,064만
전체 증가율	12%	12%	11%	9%

출처 : 과학기술정보통신부 공고 및 보도자료 (2018년 6월 말 기준)

IPTV의 매출 급증은 물론 가입자가 꾸준히 늘어나고 있는 덕분이다. 가입자 수는 2018년 6월 말에 드디어 1,500만 명을 돌파했다. KT의 IPTV 가입자는 671만 명, SK브로드밴드는 454만 명, LG유플러스는 376만 명의 가입자를 각각 기록했다.

반면 케이블 TV 시장은 2018년 6월 말 현재 1,394만 명으로 가입자 수가 감소하면서 IPTV 시장에 역전당하는 어려운 상황을 맞이했다. 이렇게 IPTV는 케이블 TV 시장까지 잠식하기 시작한 것이다.

결론적으로 가입자가 1천만 명을 돌파한 2015년부터 IPTV 시장의 매출과 수익은 안정적으로 커 왔다는 의미다. 막대한 손실을 감수하고 가입자 수를 늘리는 전략은 오픈 5년 만에 드디어 황금알을 낳는 거위가 돼서 돌아온 것이다.

IPTV, 과점이 완성되면서 급격한 가격인상도 시작

그러나 그 이면에는 과연 어떤 일이 있었을까? 한국의 IPTV들은 어떤 가격 정책을 썼을까? 1천만 명의 고객들을 확보한 이후로는 당연히 가격을 계속 올리는 정책을 썼다. 이미 과점시장이 형성되었기 때문에 크게 눈치 볼 일이 없었다. 소비자들은 대안이 없기 때문에 완만한 가격인상에 크게 저항하지 않았다.

이렇게 3개 사가 목표 가입자를 확보한 뒤부터는 과점 형태가 유지되면서 콘텐트 가격이 무지막지하게 올라가기 시작했다. 특히 방영 중인 드라마나 최신 영화 콘텐트의 경우 꽤 비싼 가격을 '별도로' 받는다는 점이 한국

IPTV의 단점으로 지적된다. 단적인 예로 2009년 초기에 드라마 '다시보기' 가격은 500원에서 2018년 말 현재 1,650원으로 무려 230% 인상됐다. 최신 영화 '다시보기' 또한 2,500원에서 11,000원으로 340% 인상됐다. 동일기간 영화관에서 보는 영화가 6,000원에서 10,000원으로 불과 67% 인상된 것과 비교하면 정말 무자비한 인상폭이다.

물론 이런 폭발적인 가격인상에도 불구하고 한국의 IPTV 가격은 미국 케이블 TV에 비하면 매우 저렴한 편이다. 2018년 말 기준 IPTV 월정액은 부가적인 것을 다 포함해도 2만 원을 넘지 않는다. 그러나 미국 케이블 TV의 경우 기본 월정액만도 10만 원을 넘어간다고 생각하면 된다.

한국의 경우 일단 소비자들은 IPTV 가격이 정확히 얼마인지 파악하지 못하고 헷갈리기 일쑤다. 인터넷과 IPTV를 결합해 요금을 책정하기 때문에 정확히 얼마를 내고 IPTV 서비스를 누리고 있는지, 어리둥절한 사람이 많다. 가령 우리 집은 TV 2대에 IPTV를 연결해 쓰고 있는데 그 2대의 요금을 각각 따로 내는 것도 매우 불만이다. 심지어 그 2대는 서로 연동도 되지 않는다.

2018년 12월 기준 가격을 확인해 보기 위해 어떤 유명 IPTV 홈페이지에 접속해 봤다. 제일 싼 게 월 13,200원이다. 또 다른 곳은 12,100원을 받는다. 셋톱박스 대여료가 월 5천 원 안팎이니 이것저것 계산하면 2만 원에 조금 못 미치는 가격이다. 분명 미국 케이블 TV보다는 훨씬 싸지만 넷플릭스보다는 비싸다. 넷플릭스는 이 틈새를 놓치지 않고 2019년부터 한국 시장에 대공세를 퍼붓기 시작했다.

넷플릭스, 미국을 평정하다

"Netflix and chill?"

미국에서 데이트하는 남녀들이 종종 주고받는 말이라고 한다. 굳이 한국식으로 풀이하자면 "라면 먹고 갈래?" 하는 말과 거의 같은 의미라 하겠다. 당연히 이들은 '넷플릭스'만 볼 것이다. '라면'만 먹듯이 말이다. 설마 다른 뜻이 있겠는가?

어쨌든 넷플릭스가 이렇게 동사처럼 쓰일 정도로 미국에서 폭발적인 인기를 끈 이유는 뭘까? 저렴한 가격 때문이다. 미국의 TV 시장은 한국보다 가격이 훨씬 비싸다. 미국의 케이블 TV는 '타임워너 케이블'과 '컴캐스트'라는 2개 회사가 양분해 독점하고 있었다. 한국보다 훨씬 심각한 상황이었다. 볼 만한 몇 개 채널만 추가하면 월정액으로 10만 원 이상 내야 하는 건 일상다반사였다.

그런데 2009년부터 넷플릭스가 본격적으로 스트리밍 서비스를 시작했다. 기존 케이블 TV 가격의 10분의 1인 1만 원대의 파격적인 가격으로! 게다가 제공하는 콘텐트까지 좋으니 폭발적인 인기를 얻게 된 것이다. 그래서 신조어까지 생겨났다. 바로 'cord-cutting'이다. 기존 케이블 TV 이용자들이 아예 '코드를 끊어 버렸다'는 얘기다. 미국에선 넷플릭스에 가입하고 케이블 TV를 해지하는 현상이 지금도 지속되고 있다.

미국 내 넷플릭스 가입자 수는 얼마나 될까? 2018말 기준으로 약 6천만 명이다. 넷플릭스는 한 명의 가입자가 2~4개의 계정을 공유할 수 있다. 그래서 한 명의 가입자를 한 가구로 계산하는 게 더 합리적이니, 미국의 6천만 가구가 넷플릭스 회원인 셈이다. 미국의 인구는 약 3억 3천만 명이지만 가구 수는 약 1억 2천만으로 알려져 있다. 전체 가구 수의 절반 가까이가 넷플릭스를 이용하는 것으로 추정할 수 있다.

미국 가구의 절반 정도가 이용하는 넷플릭스 서비스

네트워크 트래픽 분석업체인 샌드바인^{Sandvine Corp.}은 2018년 발표한 글로벌 인터넷 현상보고서에서 미국 황금시간대 인터넷 트래픽의 절반을 넷플릭스와 유튜브가 차지했다고 밝혔다. 그 절반의 63%는 넷플릭스, 37%는 유튜브다. 유튜브의 2배 가까운 시간을 넷플릭스가 점유하고 있는 것이다.

넷플릭스, 3위 업체와의 제휴로 유럽을 점령하다

미국을 제패한 넷플릭스는 이어 빠른 속도로 세계시장에 진출했다. 경쟁사들이 미처 해외 진출을 준비하지 못하고 있을 때 선수를 치려는 영리한 전략이었다. 플랫폼 기업의 경우 초기에 선점한 회사가 압도적인 1등이 될 수 있다는 기본에 충실한 전략이기도 했고.

2010년 캐나다를 시작으로 2011년 남미 43개국, 2012년에는 영국, 아일랜드, 덴마크, 핀란드, 노르웨이, 스웨덴 등 스칸디나비아 지역으로 진출했다. 2013년 네덜란드, 2014년에는 프랑스, 독일, 오스트리아, 스위스, 벨기에, 룩셈부르크 등 유럽 각국으로 진격했다.

그런데 미국이 아닌 다른 나라에 진출할 때 넷플릭스는 어떤 현지 전략을 쓸까? 이 전략을 이해하려면 먼저 넷플릭스의 원대한 꿈부터 생각해 봐야한다. 넷플릭스의 시작은 '온라인 동영상 서비스' 업체였다. 이미 '유료 동영상' 업체로는 세계에서 압도적인 1등이다. 넷플릭스는 휴대폰, 노트북, PC 등에서 다 볼 수 있다. 그러나 넷플릭스의 목표는 '온라인 동영상 서비스' 1등이아니다. 그럼, 그들의 궁극적인 목표는 뭘까? 바로 세계 방송시장을 장악하려는 게 목표다.

각 나라의 방송시장을 장악하려면 상징적으로 반드시 리모컨으로 조작하는 TV를 장악해야 한다. 그럼 TV에서 넷플릭스가 나오게 하려면 어떻게 해야 할까? 스마트TV가 있으면 된다. 그런데 스마트TV의 전반적인 가정 보급률은 아직 높지 않다.

스마트TV가 없는 경우에는 반드시 '셋톱박스'를 설치해야 한다. 이 셋톱박스 설치를 넷플릭스가 독자적으로 진행하는 데에는 한계가 있다. 현지에 강력한 서비스 조직이 있는 유료방송사들의 인력과 인프라를 활용하는 게 더 효율적이다. 이 때문에 넷플릭스가 외국에 진출할 때는 현지 '유료방송 사업자'와의 제휴를 필수로 여긴다.

그런데 흥미롭게도 현지에서 유료방송사와 제휴할 때는 1위 업체를 택하지 않는다. 2위나 3위 업체와 제휴하는 전략을 즐겨 썼다. 왜일까? 뒤처진 점유율을 끌어올리려는 2~3위 업체의 강한 의지와 이를 활용해 결국 1위 업체까지 굴복시키려는 넷플릭스의 이해관계가 맞아떨어지기 때문이다.

넷플릭스는 2012년 영국에 신규 진출할 당시, 2위 케이블 TV 업체 버진 미디어Virgin Media와 제휴하며 서비스를 시작했다. 2014년 프랑스 진출 시에는 통신업계 3위인 부이그 텔레콤Bouygues Telecom과 제휴했다. 2015년 스페인 진출 당시에도 유료방송업계 2위인 보다폰Vodafone España과 제휴했다.

이런 방식으로 해당 지역에서 빠르게 점유율을 확보한 뒤 결국 1위 사업자까지 제휴하게 만드는 능력을 발휘했다. 그 결과 넷플릭스의 유럽시장 점유율은 50%를 훌쩍 넘어 지금도 여전히 점유율을 늘려가고 있는 상황이다.

유럽 주요국가 OTT 중 넷플릭스 이용자 비율

출처 : eMarketer 2018년 7월 기준

아시아 공략으로 압도적인 글로벌 1위를

2018년 11월 8일 싱가포르 마리나베이 호텔이 술렁였다. 〈See What's Next: Asia〉란 주제로 넷플릭스가 아시아 지역에서 처음으로 대규모 행사를 가졌기 때문이다. 그 동안 넷플릭스는 아시아 쪽에는 크게 관심을 두지 않았었다. 그러나 인구구조상 넷플릭스 꿈의 목표인 '가입자 5억 명'을 확보하려면 아시아 시장 공략은 필수다.

넷플릭스 창업자인 리드 헤이스팅즈^{Reed Hastings, Jr.}는 이날 기조연설을 통해 이렇게 공언했다. "우리는 한국을 비롯한 아시아, 전 세계의 뛰어난 이야기와 위대한 이야기꾼들을 찾아내 투자하고 있다." 아시아 시장 공략의 첫걸음은 아시아 콘텐트에 대한 대대적인 투자다. 아시아 콘텐트가 쌓여갈수록 아시아 가입자도 급증하기 때문이다.

특히 아시아 지역의 경우 한류 콘텐트를 통해 가입자를 증대시키려는 목적도 있다. 넷플릭스는 한국 6부작 드라마 〈킹덤〉에 120억 원, 24부작 드라마 〈미스터 션샤인〉 구매에 300억 원 정도를 투자한 것으로 알려졌다.

한국 드라마의 평균 제작 비용은 1회당 4~5억 원 내외다. 그런데 넷플릭스는 과감하게 1회당 20억 원을 쏟아 붓는다. 높은 제작비가 반드시 성공을 보증해 주지는 않지만 성공 확률을 높여 주는 건 사실이기 때문이다. 이처럼 돈을 많이 주면서 좋은 감독, 좋은 작가, 좋은 배우들을 다 빼간다면 한국의 제작사들은 장기적으로 넷플릭스와 경쟁할 수 있을까?

2019년에는 추가로 〈좋아하면 울리는〉〈첫사랑은 처음이라서〉〈범인은 바로 너! 시즌 2〉 등 다양한 오리지널 콘텐트 라인업을 선보일 예정이다. 한국형 콘텐트로 한국 시장을 본격 공략하겠다는 의도다.

그렇다면 현재 넷플릭스의 전 세계 가입자 수는 도대체 몇 명일까? 2018년 말 기준으로 약 1억 4천만 명이다. 게다가 가입자는 계속 급증하는 추세다. 한국의 IPTV 가입자 수는 1천5백만 명에 불과하다. 넷플릭스 가입자 수는 무려 한국의 10배다. 전 세계 인구가 75억 명인 점을 감안하면 아직 절대적으로 많은 숫자는 아니다. 그러나 넷플릭스가 세계 190여 국가에 진출해 계속 가입자 수를 늘려 나가고 있다는 점에 주목해야 한다.

게다가 한국 IPTV 시장은 이미 포화상태라 추가적인 가입자 수의 대폭 증가를 기대하긴 어렵다. 그러나 넷플릭스의 경우 아직까지는 여력이 많다. 궁극적인 글로벌 가입자 수 목표는 5억 명 이상이라는 추측도 있다. 현재 1억 4천만 명이지만 가입자 수의 증가 속도와 글로벌 상황을 보면 5억 명이 불가능한 것도 아니다. 단일 엔터테인먼트 방송 기업이 5억 명의 글로벌 유료 가입자를 확보한 일이 있었는가? 아직까지는 한 번도 없었다. 넷플릭스의 새로운 도전이 위대한 이유다.

■ 넷플릭스 연간 가입자 증가 추이   단위 : 명

구 분	2018년도	2017년도	2016년도	2015년도
글로벌 신규 가입자	2,126만	2,000만	2,324만	1,737만
글로벌 누적 가입자	1억 3,926만	1억 1,800만	9,800만	7,476만
전년 대비 증가율	18%	20%	31%	30%

출처 : 넷플릭스 발표 자료

플랫폼만으로는 부족해, '오리지널 콘텐트'가 있어야 진짜

넷플릭스는 기존 TV를 대체하는 글로벌 1등 방송 플랫폼을 지향한다. 지구촌에서 유일한 '원 채널'이 되는 게 목표다. 그러나 그 꿈을 이루려면 반드시 독자적인 강력한 콘텐트가 있어야 한다. 경쟁사인 디즈니는 넷플릭스와 유사한 서비스인 '디즈니 플러스'를 출범하면서 넷플릭스에 그동안 제공해 왔던 중요한 콘텐트들의 계약을 해지해 버렸다.

미키 마우스, 스타워즈, 슈렉, 아이언 맨, 어벤저스……, 디즈니가 보유하고 있는 콘텐트를 몇 개만 살펴봐도 이런 막강한 이름들이 등장한다. 글로벌 영화시장의 점유율이 25%에 달하는 디즈니 콘텐트를 공급받지 못한다는 건 넷플릭스에게 엄청난 타격이다. 그러나 넷플릭스는 이미 이런 상황을 예상하고 있었다. 그래서 2012년부터 넷플릭스에서만 독점으로 공개하는 오리지널 드라마와 영화를 직접 만들어 온 것이다.

넷플릭스가 만든 독점 오리지널 드라마 가운데 처음으로 대박이 난 게 바로 〈하우스 오브 카드House of Cards〉다. 이 정치드라마는 웹 드라마 사상 최초로 에미상 9개 부문에 노미네이트됐다. 그리고 그중 감독상, 촬영상, 캐스팅상 등 3개 부문을 석권했다.

이를 계기로 넷플릭스는 꾸준히 오리지널 드라마와 영화 제작에 박차를 가하고 있다. 그들이 영화를 직접 제작한 초기에는 일부 영화인들의 강한 반발도 있었다. 영화관을 거치지 않고 바로 웹에서 만든 영화를 공개하는 전략을 썼기 때문이다. 그러나 시간이 지나면서 점차 유명 영화제에서도 넷플릭스 영화의 작품성을 인정하기 시작했다.

2018년 말 넷플릭스가 독점 공개한 오리지널 영화 〈로마〉는 유명 영화제에서 상을 휩쓸었다. 베니스 영화제 황금사자상, 골든 글로브 감독상 및 외국어영화상을 수상했다. 2019년도 아카데미 시상식에서는 감독상, 촬영상, 외국어영화상을 휩쓸며 사상 최초로 3관왕을 달성하는 기염을 토하기도 했다.

넷플릭스에서 자체적으로 제작하여 서비스하는 드라마 중 하나인 〈오렌지 이즈 더 뉴 블랙〉

넷플릭스는 특정 장르뿐 아니라 다양한 콘텐트 확보에 돈을 쏟아 붓고 있다. 넷플릭스가 2018년 한 해 동안 콘텐트 제작과 판권 확보에 투자한 금액은 무려 13조 원(120억 달러)에 달한다. 할리우드 영화 제작사나 드라마 제작업체의 투자금액은 이제 시쳇말로 '껌값'으로 느껴지는 수준이다. 돈을 버는 족족 다 태워 버린다. 말 그대로 '캐시 버닝' 전략이다.

넷플릭스가 콘텐트 개발에 돈을 쏟아 붓는 이유는 당연히 가입자 유치를 위해서다. 넷플릭스에서만 볼 수 있는 재미있는 콘텐트가 많다는 인식을 주면서 많은 가입자를 모으고 있다. 이를 바탕으로 할리우드 영화사 같은 콘텐트 제공업자들과의 협상에서 말발을 높일 수 있었다.

물론 공격적 투자로 인해 넷플릭스의 부채 또한 기하급수적으로 늘어서, 2018년 말 언론 보도에 따르면 300억 달러(33조9,510억 원)에 이르렀다고 한다. 그러나 글로벌 1등 플랫폼 기업으로 안착하기 위해서는 당연한 투자다. 넷플릭스의 비즈니스 모델을 정리하면 다음의 세 가지로 압축된다. 첫째, 계속된 가입자 유치로 구독료 원천을 증가시킨다. 둘째, 이미 가입한 구독자가 계속 가입을 유지할 수 있도록 한다. 셋째, 구독자들의 1인당 구독 비용을 높인다.

한국 시장 점령, 3위 사업자 LG유플러스와 손잡고

2019년 들어 넷플릭스는 드디어 한국 시장 대공세를 시작했다. 한국 시장 공략의 핵심 전략은 국내 3위 IPTV 사업자 LG유플러스와 손을 잡는 것. 앞서 말한 것처럼 해외시장에 진출할 때마다 써 왔던 전략이다. 기존의 방식을 그대로 따르면서 한국 공략에 성공할지 두고 볼 일이다.

넷플릭스가 내수 5천만 명에 불과한 한국 시장을 본격 공략하는 이유는 뭘까? 넷플릭스의 아시아 공략 시 전략적 요충지가 바로 한국이라고 판단한 듯하다. 넷플릭스는 이미 미국과 유럽에서는 높은 점유율을 보유하고 있다. 그들의 원대한 꿈인 가입자 5억 명 달성을 위해서는 중국과 아시아 공략이 필연적이다.

그런데 중국은 여러 가지 제약이 많아서 공략이 쉽지 않다. 하지만 한국의 경우 한류를 바탕으로 하는 강력한 콘텐트 경쟁력이 있는 나라다. 한국의 콘텐트와 한국 가입자들을 모두 잡아 전략적으로 유리한 위치를 차지하려는 생각이다. 넷플릭스는 2018년 11월의 싱가포르 선언에서도 아시아를 본격 공략하겠다는 의지를 숨기지 않았다.

그렇다면 LG유플러스는 넷플릭스와 손잡은 뒤 과연 가시적인 가입자 증가 효과를 누렸을까? 실질적인 서비스 개시는 2018년 11월에 시작됐다. LG 유플러스는 2019년 1월 말 공식 컨퍼런스 콜에서 이렇게 발표했다. "드라마 〈킹덤〉 오픈 이후 LG유플러스 일일 유치고객이 3배 이상 증가하고 있다." 우리는 여기서 힌트를 얻을 수 있다. LG유플러스가 발표한 자료에 따르면 2018년 12월 기준으로 드디어 LG유플러스 IPTV 가입자가 4백만 명을 넘었다고 한다. 게다가 2019년 2월에는 CJ헬로 케이블 TV의 인수까지 확정지으며 단숨에 유료방송시장 점유율 2위로 올라선다. 넷플릭스와의 전격 제휴와 CJ헬로 인수까지 숨 가쁘게 질주하는 LG유플러스의 공격적인 행보 또한 흥미롭다.

넷플릭스의 한국 공략은 성공적인가? 그걸 평가하기엔 아직 이르다. 2019년 기준 한국 가입자 수는 이미 임계점인 150만 명을 넘어섰다. 나는 2019년 중 한국 내 가입자 수가 폭발적으로 증가할 것이라고 예측한다. 아직은 한국 시장에서 성공했다고 단언하기에는 부족하다. 하지만 앞으로 성공할 가능성은 높다고 판단된다.

한국에서 넷플릭스에 가입하는 두 가지 방법

넷플릭스에 가입하는 첫째 방법은 앞에서 설명했듯이 그들과 제휴를 맺고 있는 'LG유플러스'를 통하는 것이다. 이 경우의 장점은 TV로도 넷플릭스를 볼 수 있다는 점이다. 두 번째 방법은 넷플릭스 홈페이지를 통해 직접 가입하는 것이다.

나는 첫 번째 방법을 이용해 동시접속 2명이 가능하고 HD 화질인 스탠더드 12,000원 요금제로 가입했다. 굉장히 깔끔한 요금부과 방식이다. 특히 가장 마음에 드는 건 콘텐트별 추가 요금이 없다는 사실이다. 이렇게 가입해 놓으면 스마트폰, 아이패드, 노트북, PC에서 자유롭게 넷플릭스 프로그램을 감상할 수 있다. 스마트TV를 쓰는 경우 TV에서도 넷플릭스를 볼 수 있다.

■ 넷플릭스 요금제

구 분	월정 금액	동시접속 인원	화질
모바일 요금제	6,500원	1명	스마트폰, 태블릿 전용
베이식 요금제	9,500원	1명	일반 화질
스탠더드 요금제	12,000원	2명	HD 화질
프리미엄 요금제	14,500원	4명	UHD 화질

물론 넷플릭스의 콘텐트에는 한국 IPTV의 최신 드라마가 부족하기 때문에 한국 IPTV와 단순 비교할 대상은 아니다. 그러나 한국 IPTV에서 최신 영화 한 편을 보는 가격은 무려 11,000원이다. 이는 넷플릭스 월정액요금 수준이니 IPTV의 가성비가 떨어진다고 할 수밖에 없다.

게다가 이제는 넷플릭스도 콘텐트에 많은 투자를 해서 넷플릭스 가입자만 볼 수 있는 오리지널 시리즈가 계속 증가하고 있기 때문에, 넷플릭스에 추가로 가입할 유인 요인은 점점 늘어나는 셈이다. 한국 넷플릭스 가입자들의 특징은 한국의 IPTV는 그대로 보면서 넷플릭스에 추가로 가입하는 형태가 많다는 점이다.

넷플릭스의 장점 중 하나는 내 취향을 알아서 파악하고 수억 개의 콘텐트 중에서 나에게 잘 맞을 것 같은 콘텐트를 간추려서 제안해 준다는 것이다. 나의 경우, 한국 IPTV에서 가장 많이 보는 건 역시 한국드라마다. 고르기가 어렵지 않다. 그러나 글로벌 영화로 콘텐트를 넓혀 보면 너무나 많은 종류의 콘텐트 중에서 도대체 어떤 걸 먼저 볼지, 고민하게 된다. 검색으로는 한계가 있는 '콘텐트 고르기'라는 귀찮음을 알아서 해결해 주는 넷플릭스, 역시 센스가 있다. 회원의 취향에 맞는 스토리라면 추천 알고리즘을 바탕으로 적절한 콘텐트를 회원 앞에 가져다준다.

■ 넷플릭스 최근 5년간 수익률 차트 (2014년 1월~2018년 12월)

출처 : 미래에셋대우 홈트레이딩 시스템 해외주식 차트

■ 넷플릭스 주가 및 연간 수익률 단위 : 달러

구분	2014년	2015년	2016년	2017년	2018년	5년 누적수익률	연평균수익률
주가	50	114	124	192	268	–	–
수익률	–4%	128%	9%	55%	40%	415%	83%

넷플릭스 투자 포인트

넷플릭스의 시가총액은 2018년 말 기준 130조 원 수준이다. 엄청난 규모이긴 하지만 아직은 글로벌 30위권에도 들지 못한다. 그러나 성장 속도로만 따지면 글로벌 최고 수준이라 해도 과언이 아닌, 역량 있는 기업이다.

■ 넷플릭스 영업이익

구분	2017년	영업이익률	2018년	영업이익률
넷플릭스	9천억 원	7%	1조7천억 원	10%

자료 : 넷플릭스 (환율 1USD당 1,100원으로 저자 환산)

절대 금액으로 본다면 넷플릭스의 영업이익은 아직 적은 규모다. 그러나 그 성장 속도는 가파르다. 2018년에는 전년 대비 무려 90% 증가한 1조7천억 원을 달성했다. 넷플릭스는 2019년 1월에 가장 보편적인 스탠더드 요금 기준으로 월 구독료를 11달러에서 13달러로 18% 인상했다. 이 인상분을 감안하면 넷플릭스의 2019년 영업이익은 더 좋아질 것으로 예상된다.

이런 엄청난 기업에 대한 설명을 들었을 때 혹시 당신은 넷플릭스에 가입하고 싶은 마음이 드는가? 혹은 이미 가입한 상태인가? 매월 꼬박꼬박 12,000원씩 넷플릭스에 내고 있는가? 그렇다면 왜 넷플릭스 주식에 투자하지 않는가? 넷플릭스 주식에 투자해 주인이 되어 볼 동기로서 충분하지 않은가. 글로벌 1등 방송회사의 주인이 되는 것이니까.

물론 넷플릭스에게도 많은 도전자들이 있다. 미국의 '디즈니플러스', '아마존비디오', '애플TV플러스'가 야심차게 도전을 선포했다. 그중 가장 강력한 도전자인 '디즈니플러스'는 월 6.99달러라는 파격적인 구독료 정책을 내세우며 2019년 11월에 정식 오픈하겠다고 선언했다. '애플TV플러스'도 비슷한 시기에 오픈하겠다며 전의를 불태우고 있다.

그러나 세계 시장에서 이미 빠른 선점효과로 진격하고 있는 넷플릭스가 쉽게 따라잡힐 거라고 생각되진 않는다. 플랫폼 기업에게 가장 중요한 건 누가 먼저 시작해서 압도적인 가입자를 확보했느냐로 승부가 갈리는 경우가 많기 때문이다. 결국 이 시장은 넷플릭스가 1등을 선점한 후 상위 3개 업체 정도가 강력한 과점시장을 형성할 것으로 예상된다. 따라서 경쟁 심화에 대한 걱정보다는 전체 시장의 폭발적인 성장성에 주목하는 긍정적인 생각이 더 현명해 보인다.

넷플릭스의 글로벌 가입자는 급증하고 있다. 2018년 12월 말 기준 무려 1억4천만 명이다. 그리고 이 숫자는 폭발적으로 계속 늘어나고 있다. 그들이 글로벌 시장에서 만족할 만큼 가입자를 확보하고 난 뒤에 한국의 IPTV 업체들처럼 공격적으로 가격을 인상한다면 어떻게 될까?

가입자를 5억 명 이상 확보한 상태에서 서비스 가격을 공격적으로 올린다면 그 이익은 상상을 초월할 것이다. 5억 명에게 매월 1만 원씩 받는다고 가정해 보라. 5조 원이란 막대한 현금이 들어온다. 1년이면 60조 원의 현금이 확보된다는 얘기다. 만약 공격적으로 월 구독료를 2배 인상한다면 어떤 일이 생길지 상상이 되는가?

이런 시장의 흐름을 보면서 당신은 그저 넷플릭스에 가입해 콘텐트만 즐기는 소비자로 남을 것인가? 아니면 높은 인기를 얻고 있는 대세 넷플릭스에 소중한 내 돈을 투자해 회사의 성장을 같이 즐기는 주주가 될 것인가? 그건 오롯이 당신이 판단할 몫이다. 넷플릭스의 주주가 되어 행복한 상상을 해보자.

1 2019년은 넷플릭스가 본격적으로 한국 시장을 공격하는 원년.

2 고객을 확보한 이후로는 가격 인상 정책.

3 미국의 1억 2천만 가구 중 6천만 가구가 넷플릭스 회원.

4 넷플릭스는 현지에서 유료방송사와 제휴할 때는 2위나 3위 업체와 제휴.

5 넷플릭스 꿈의 목표인 가입자 5억 명을 확보하려면 아시아 시장 공략은 필수.

02 마이크로 소프트; 굴뚝기업 이었다고?

컴퓨터 살 때마다 느끼는 윈도우의 존재감

한국인들에게 '마이크로소프트'는 어떤 이미지일까?

애플, 구글, 아마존, 페이스북……. 허다한 신흥 IT 강자들이 생겨나 주목받으면서 마이크로소프트는 오히려 굴뚝기업(전통산업)이 아니었던가, 하는 착각마저 든다.

나의 경우 마이크로소프트, 하면 떠오르는 이미지는 세계 1위 부자 빌게이츠와 최강의 컴퓨터 운영체제 윈도우Windows다. 개인용 컴퓨터PC가 유일한 인터넷 환경이었던 시절, 마이크로소프트의 독점적 소프트웨어인 윈도우, 엑셀, 파워포인트, MS워드 등의 위력은 참으로 엄청났다. 물론 지금도 그 위력은 여전하다.

이렇게 익숙한 MS 프로그램이지만 실제로 나는 최근까지도 윈도우 가격이 도대체 얼마인지 까맣게 몰랐다. 개인이 자기 몸인 양 쓰고 있는 윈도우 가격을 잘 모르는 이 웃기는 상황에는 마이크로소프트의 전략이 숨겨져 있다. 개인 소비자가 구매한 컴퓨터에는 아예 윈도우가 포함되어 있기 때문이다.

애초 마이크로소프트의 주 고객은 삼성, LG, HP, 레노버 같은 PC 제조업체였다. 몇 년 전까지만 해도 일반소비자와 기업들은 PC를 살 때 윈도우 운영체제를 기본으로 포함해 구입했다. 그래서 윈도우 가격은 PC 제조업체들만 정확히 알고 있으면 되었던 것이다.

그런데 최근에는 윈도우 운영체제가 포함되지 않은 컴퓨터가 많이 판매된다. 일명 '깡통' 컴퓨터다. 특히 노트북을 살 땐 깡통 노트북이 선호된다. 나 같은 컴맹이야 운영체제를 별도로 설치하는 게 어려워서 잘 선택하지 않지만, 컴퓨터를 잘 아는 젊은 층은 깡통 노트북을 많이 찾는다고 한다.

깡통 노트북을 사서 리눅스 같은 다른 운영체제를 이용할 수도 있겠지만 정품이 아닌 윈도우를 쓰는 소비자들도 많은 것으로 추정된다. 컴퓨터 수리점에서는 여전히 불법 소프트웨어를 설치해 주기도 한다. 그렇다면 왜 소비자들은 이런 선택을 할까? 윈도우 가격을 검색해 보면 답이 나온다. 독점 프로그램답게 가격이 워낙 비싸기 때문이다.

나는 2018년에 노트북을 새로 장만하면서 다시 한 번 윈도우의 위력을 느꼈다. 노트북 기본가격이 150만 원인데 추가로 '윈도우10'을 설치하는 옵션만 17~22만 원이었다. 가격대가 부담스러운 편이다.

그런데 더 놀라운 건 윈도우10과 MS오피스의 가격이 별도라는 사실이다. "윈도우와 MS오피스, 이거 패키지 아니었나요?" "네, 패키지 아닙니다."
아무 쇼핑몰에나 접속해서 알아 보라. MS오피스 역시 10~20만 원에 가격이
형성되어 있다.

윈도우와 MS오피스는 개인용과 기업용을 사양에 따라 다양한 가격에
팔고 있는데, 이걸 모두 정품으로 구매하면 대략 30~40만 원 정도는 주머니
가 가벼워진다. 그럼에도 불구하고 컴퓨터를 쓰면서 윈도우와 MS오피스를
쓰지 않는 건 불가능에 가깝다. 내가 회사에서 수행하는 컴퓨터 핵심 작업은
모두 마이크로소프트의 소프트웨어로 이루어진다. 물론 당신의 경우도 다르
지 않을 것이다.

이 정도의 비용을 소비자에게 전혀 거리낌 없이 받아내는 마이크로소프
트의 이익은 도대체 얼마나 될까? 마이크로소프트는 한국뿐 아니라 대부분
의 나라에서 독점적으로 윈도우와 MS오피스를 판매하고 있다. 2018년 말 기
준 마이크로소프트 시가총액이 세계 1위인 데에는 다 이유가 있는 것이다.

왜 자꾸 업그레이드되는지 알다가도 모를 윈도우, 천재가 만든 게 틀림
없는 엑셀, 회사원들에게 막노동과 밤샘 작업을 시킬 목적으로 만들었으리라
고 의심되는 파워포인트, 옛날부터 손에 익었던 '아래아한글'을 결국 바꾸게
만든 MS워드, 지금 내가 쓰는 모든 문서는 이 회사의 소프트웨어다. MS오피
스는 전 세계 문서의 표준이고.

이중에서 워드 프로그램인 MS워드의 전 세계 점유율은 90% 수준이다.
한국에서만큼은 '아래아한글'과 '한컴오피스'로 이어진 국산 소프트웨어의
강력한 경쟁력 때문에 점유율이 70% 미만으로 알려져 있다. 한컴오피스는
전 세계에서 거의 유일하게 MS오피스와 맞대결을 펼치고 있는 자랑스러운

소프트웨어다.

엑셀과 파워포인트 패키지 전략만 아니었다면, 아마도 아래아한글의 점유율은 좀 더 높았을 거라 생각한다. 하지만 삼성전자도 자사 프로그램인 '훈민정음'을 포기하고 2015년부터 MS워드로 바꾼 걸로 볼 때 한국에서도 대세는 역시 MS워드다.

그런데 이런 공룡이 2008년부터 일어난 모바일 대변혁기에 제대로 대응하지 못했다. 그 결과 스마트폰 운영체제에서는 구글과 애플에 밀리며 존재감이 흐려졌다. 이런 마이크로소프트의 위기 극복 과정을 같이 살펴보자.

여느 IT기업들과는 달리 마이크로소프트의 역사는 오래됐다. 그래서 창업자인 빌 게이츠를 소환해 내지 않으면 마이크로소프트를 제대로 설명하기 어렵다. 부득이 다소 지루하더라도 최초의 CEO인 빌 게이츠, 2대 CEO인 스티브 발머, 3대 CEO인 사티아 나델라 순서로 정리할 수밖에 없었다. 세 명 다 개성이 뚜렷하고 마이크로소프트의 역사에 중대한 영향을 끼쳤거나 지금도 영향을 끼치고 있는 사람들이다.

초대 CEO 빌 게이츠, 거칠 것 없는 독점기업

빌게이츠는 1975년에 마이크로소프트를 창업해 2000년까지 제1대 CEO직을 맡았다. 창업 당시 하버드 대학을 중퇴한 것으로 유명한데, 회사가 잘 안 되면 다시 돌아갈 생각으로 휴학을 했다는 이야기도 있다.

마이크로소프트의 1차적인 대성공은 1981년 IBM이 개인용 컴퓨터(PC) 시장에 뛰어들었을 때 마이크로소프트의 운영체제(OS)인 MS-DOS를 공급

받는 계약을 하면서 시작됐다. 특이하게도 이 계약은 IBM에 MS-DOS 저작권을 통째로 넘긴 것이 아니었다. IBM PC에 MS-DOS를 설치할 때마다 마이크로소프트가 일정 수수료를 받는 소프트웨어 사용권 계약이었다.

지금이야 이런 소프트웨어 사용권 계약이 아주 보편적이지만, 당시에는 매우 특이한 계약 방식이었다. 눈에 보이지도 않는 소프트웨어를 설치할 때마다 돈을 받고 판다는 빌 게이츠의 사업 감각은 정말 천재적이었다. 이후 IBM의 PC가 폭발적으로 팔려나가며 MS-DOS도 덩달아 급성장하게 된다. 이로 인해 마이크로소프트는 큰돈을, 아니 떼돈을 벌게 된다.

내가 중학생이던 시절 전교에서 유명한 컴퓨터 꿈나무들이 전산부에 가입해 MS-DOS를 두드리며 꿈을 키우던 시절이 기억난다. 그 꿈나무들 중 일부가 지금의 IT코리아를 이끌어가는 듯하다. 물론 나는 컴퓨터를 아주 싫어했다. 믿기지 않겠지만 내 취미는 독서다.

어쨌거나 마이크로소프트를 진정한 '대박의 길'로 인도한 것은 MS-DOS가 아니다. 도스는 한낱 시작에 불과했다. 도스 시대 이후 지속적으로 윈도우 운영체제를 연구한 마이크로소프트는 드디어 1995년 8월 소위 '윈도우 95'를 내놓게 된다. 이 새로운 OS는 혁신적이면서 높은 완성도로 글로벌시장을 그야말로 강타했다.

아이콘과 마우스 시대를 이끌어낸 윈도우95는 마이크로소프트가 야심차게 출시한 혁신적인 소프트웨어다. 기존 MS-DOS의 초기화면은 검은 화면

마이크로소프트의 창업자인 빌 게이츠

에 글자만 가득 나오는 딱딱한 화면으로 무척 지루하고 답답했었다. 그런데 윈도우 95는 최초로 '그래픽 사용자 인터페이스'라는 것을 적용해 푸른 색상에 멋진 아이콘이 있는 초기화면을 선보였다. 한마디로 아름다웠다. 특히 아이콘과 마우스를 활용한 방식은 정말 창의적이고 편리했다.

당시만 해도 리눅스 등 다양한 OS들이 경쟁하고 있었는데, 윈도우95 출시로 이 모든 경쟁은 종식됐다. 마이크로소프트가 PC 운영체제를 압도적으로 석권하면서 엄청나게 돈을 벌게 된다. 윈도우95가 얼마나 잘 만들어진 체제였던지, 약간 과장하면 지금 우리가 쓰고 있는 윈도우10과 비교해도 그래픽 사용자 인터페이스의 기본은 큰 차이가 없다는 생각이 들 정도다. 물론 과장을 좀 하면 그렇다는 얘기다.

그나저나 윈도우는 왜 시도 때도 없이 업그레이드되는지, 정말 궁금하다. 딱히 별난 혁신 요소도 없이 말이다. 아니, 사실을 말하자면, 우리는 그 답을 알고 있다. 마이크로소프트의 주 수입원이 윈도우 업그레이드에 따른 소프트웨어 사용권 수익이기 때문이다. 말하자면 독점 지위를 누리고 있는 마이크로소프트의 위력이다.

윈도우95가 출시된 1995년부터 엑셀, 파워포인트, MS워드를 묶은 전설의 'MS오피스 시리즈'가 본격적으로 쓰이기 시작했다. 마이크로소프트는 사용자 확대를 위해 불법복제를 어느 정도 묵인하는 공격적인 전략을 썼다. 지금으로 말하면 플랫폼을 선점하기 위한 고도의 전략이었다. 이후 1997년에는 기능이 대폭 개선된 'MS오피스 97' 버전이 나왔다. 이때부터 모든 문서의 글로벌 표준은 MS오피스로 '천하통일'되었다. 마이크로소프트가 원하던 대로 플랫폼을 독점하게 된 것이다.

거침없는 마이크로소프트의 진격은 1998년 미국의 반독점법에 의해 제소되면서 잠시 멈춰 섰다. 그런데 참 희한하게도 압도적인 점유율의 윈도우 시스템 자체가 반독점법에 걸린 게 아니었다. 소위 웹브라우저인 '익스플로러' 끼워 팔기가 문제됐다. 고백하건대 나 같은 '컴알못'은 웹브라우저나 익스플로러 같은 걸 자세히 알지 못한다. "인터넷이 그냥…… 익스플로러 아닌가? 그냥 인터넷 접속할 때 클릭하는 그 파란색 e 버튼 말이야." 내가 브라우저라는 단어를 처음 접했을 때 맨 먼저 들었던 생각이다.

인터넷에 접속할 때 쓰는 웹브라우저 중의 하나가 익스플로러다. 그건 맞다. 그런데 1994년까지만 해도 웹브라우저 시장 점유율 1위는 넷스케이프의 '내비게이터'였다. 마이크로소프트가 윈도우 95를 출시한 후 운영체제 시장을 독점하면서 넷스케이프를 추격하기 위해 자기들의 웹브라우저인 익스플로러를 무료로 끼워 팔았던 것이다. 이 전략으로 익스플로러는 웹브라우저 시장에서 단숨에 1위로 올라섰고, 1998년에는 끝내 반독점법 위반 혐의로 기소됐다.

2000년의 1심에서 법원은 마이크로소프트를 두 회사로 '쪼개라고' 명령했다. 윈도우 OS를 개발·판매하는 회사와, 익스플로러와 MS오피스 등의 소프트웨어를 생산·판매하는 회사로 분할하라고 명령한 것이다. 그러나 이듬해 항소심에서 결국 법원은 마이크로소프트에 내려진 회사분할 명령을 기각했다.

그런데 반독점법을 위반했다고 법원 맘대로 회사를 2개로 쪼개라고 명령하는 게 도대체 말이 되는 것일까? 미국에서는 말이 된다. 1911년에는 스탠더드 오일을 33개로 쪼개 버렸고, 담배회사 아메리칸 토바코를 16개로 쪼개 버린 나라니까. 마이크로소프트를 2개로 쪼개라는 명령도 기실 '애교' 수준이다. 다행히 항소심에서는 그 명령이 기각됐다.

반독점법 소송으로 빌 게이츠는 지쳐 버렸던 것 같다. 그는 법원의 1심 판결 이전인 2000년 1월에 CEO 자리를 스티브 발머에게 물려주고 회장으로 올라갔다. 물론 실제로는 회장 자리에서도 경영에 관여했으므로, 그가 완전히 은퇴한 건 회장 자리까지 다 내려놓은 2008년이다.

게이츠의 업적은 눈에 보이지도 않는 윈도우 같은 소프트웨어를 상품화해서 사용권을 판매하는 새로운 수익 모델을 만들어 낸 데 있다. 또 OS 플랫폼을 독점해서 이익률을 극대화하는 모델을 만들어 마이크로소프트를 세계 1등 회사로 만들었으니 이 역시 대단한 업적이다.

참고로 마이크로소프트가 반독점법으로 분할될 뻔한 위기의 원인이었던 익스플로러는 2018년 말 기준 한국의 PC 환경에서는 여전히 가장 많이 쓰인다. 그러나 구글 '크롬'의 점유율이 점점 높아지고 있음도 눈여겨봐야 할 것이다.

2대 CEO 스티브 발머, 혁신 없는 14년간의 방어적인 성장

"아이폰이 시장에서 의미 있는 점유율을 갖게 될 가능성은 없다. 전혀 없다."

이 말은 마이크로소프트의 2대 CEO인 스티브 발머가 2007년 USA 투데이 인터뷰에서 했던 역대급 발언이다. 발머는 이 발언으로 많은 사람들에게 놀림을 받게 되었지만, 사실 그때만 해도 아이폰의 혁신을 제대로 이해한 경쟁사는 거의 없었다. 아예 시장에서 사라진 노키아를 보면 알 수 있지 않은가. 스티브 발머에 대한 사람들의 평가는 '재미있지만 똑똑하지는 않은' CEO 이미지인 것 같다.

스티브 발머는 14년간(2000년~2014년) CEO로 재직하며 마이크로소프트에 굵직한 발자취를 남겼다. 사실상 2008년에 빌 게이츠가 회장직에서 은퇴할 때까지는 공동경영이었다고 볼 수 있다.

이 시기의 마이크로소프트를 정리하자면 무엇보다 먼저 윈도우 OS가 꾸준히 발전했던 시기다. 2001년에 나온 윈도우-XP가 안정적인 성능을 보이며 대중적으로 큰 인기를 끌었다. 그런데 2006년에 갑자기 '윈도우 비스타'가 나오면서 잠깐 삐걱거렸지만, '윈도우-7'이 나오며 빠르게 수습되었다.

윈도우 흑역사의 최강은 2012년에 나온 '윈도우8'이다. 사방팔방에서 불만이 폭주했다. 나도 당시의 개인적인 경험이 있다. 그때 컴퓨터를 샀었는데 윈도우8이 기본으로(default) 포함되어 있었다. 나를 경악시킨 것은 시작 버튼도 없어지고 터치스크린에 가까운 그래픽 디자인을 선보였다는 점이었다. 그 결과 나처럼 PC를 선호하고 적응이 느린 사람들을 매우 곤혹스럽게 했다. 나는 차라리 완전 구형인 '윈도우-XP'로 돌아가게 해 달라고 절규했다. 내가 윈도우라는 OS를 쓰면서 다운그레이드한 사례는 딱 한 번이었는데, 그게 바로 윈도우8이다. 다행히 2018년 말 가장 널리 쓰이고 있는 '윈도우-10' OS는 전반적으로 안정적이다.

윈도우10이 마지막 윈도우 버전이라는 이야기가 있다. 그런데 마이크로소프트는 그동안 왜 멀쩡한 윈도우를 계속 업그레이드해 왔던 걸까? 그거야 당연히 유료 업그레이드로 돈을 벌려는 목적이었다. 그런데 윈도우10부터는 정책이 바뀌어서 무료로 업그레이드를 해 주고 있다. 어째서일까? 이건 결국 뒤에서 설명할 '구독형 서비스'로 가기 위한 과도기라고 보면 될 듯하다.

어쨌든 마이크로소프트는 PC 시장에서 윈도우 OS라는 엄청난 소프트웨어로 압도적인 점유율을 누렸다. 이처럼 안정적으로 이익을 챙기면서 회사를 이끌었던 스티브 발머가 비난을 받는 것은 또 왜일까? 가장 주된 요소를 따지자면 사실 다 스티브 잡스 때문이다. 애플의 아이폰이 일으킨 대혁신 때문이다. 혁신의 아이폰 때문에 IT시장은 엄청난 변화에 직면했다. 그리고 이 변화를 빨리 이해하지 못한 경쟁사들은 모두 심각한 어려움에 빠졌다.

2008년 애플의 스티브 잡스가 아이폰으로 세상을 뒤흔들고 있을 때, 휴대폰 빅5 제조사인 노키아, 삼성전자, 소니-에릭슨, LG전자, 모토롤라는 모두 존폐 위기에 처했다. 삼성전자는 간신히 반 발짝 빠르게 움직여 애플과 양강 체제를 구축하며 부활했고, 이에 적응하지 못한 노키아, 모토로라, 소니-에릭슨은 몰락했다.

이런 모바일 대변혁에 적응하지 못한 또 하나의 공룡회사가 바로 마이크로소프트였다. 천하의 윈도우는 스마트폰 시장이 급격히 커지던 2008년~2010년의 중요한 시기에 스마트폰 OS 출현에 빠르게 대응하지 못했다. 결국 애플 'iOS'와 구글 '안드로이드'에 밀리며 3위로 추락해 존재감을 상실했다. 2011년부터는 스마트폰 출하량이 PC 출하량을 넘어서는 역전 현상이 벌어졌다. 개인용 컴퓨터 OS인 윈도우 시장보다 iOS 및 안드로이드 시장이 오히려 더 커져 버린 것이다.

스티브 발머는 이런 상황을 타개해 보고자 뒤늦게 엄청난 결단을 내린다. 2013년 9월 노키아 휴대폰사업부를 약 8조 원(54억 유로, 72억 달러)에 인수한 것이다. 이후 마이크로소프트는 노키아를 통해 윈도우폰을 꾸준히 발매하며 대대적인 반격에 나섰다. 그러나 윈도우폰은 너무도 처참하게 실패하고 만다.

스티브 발머의 실패작 중 하나였던 '윈도우폰'

스티브 발머의 실책은 크게 두 가지다. 주력사업이었던 윈도우8의 실패와, 회사에 막대한 손실을 끼친 노키아 휴대폰사업부 인수 결정이 그것이다. 하지만 스마트폰 OS 시장 진입 실패는 굳이 발머의 잘못이라고 단정하기 어렵다. 그 시기 대부분의 경쟁사들이 모두 스마트폰의 대변혁을 예측하는 데 실패했기 때문이다.

스티브 발머의 업적이 모두 잘못으로 점철된 것은 아니다. 물론 그가 CEO였던 기간 중 마이크로소프트에 엄청난 혁신은 없었다. 그건 맞는 말이다. 그러나 기존의 주력상품인 윈도우, MS오피스를 강화하며 돈을 벌었고, 새로운 영역인 클라우드와 서피스Surface 같은 신규 사업에도 진입했다. 주가도 꾸준히 안정적으로 상승했던 시기다.

3대 CEO 사티아 나델라의 변화와 개방정신

현재 마이크로소프트의 CEO는 다소 이름이 생소한 인도 출신의 사티아 나델라Satya Narayana Nadella다. 2014년 2월에 3대 CEO로 취임한 나델라, 그는 마이크로소프트를 부활시켜 다시 세계 1등 회사로 만든 주인공이다.

사티아 나델라는 취임 후 일단 구조조정부터 진행했다. 마이크로소프트는 노키아 휴대폰사업부를 인수하면서 25,000명의 고용을 승계했었다. 하지만 그는 2014년 7월에 그중 18,000명을 해고했다. 2015년 4분기에는 추가로 7,800명을 해고했다. 인수 인력 25,000명 대부분을 내보냈다고 보면 된다. 2016년에는 노키아를 아예 대만 팍스콘에 매각하는 결단을 내린다. 하드웨어 분야에서는 도저히 승산이 없다고 판단했기 때문이다.

노키아 휴대폰사업부 인수로 인한 손실은 막대했다. 마이크로소프트는 2015년 4분기에 휴대전화 부문과 구조조정 비용을 합쳐 약 9조 원(84억 달러)을 손실로 처리하면서 적자로 돌아섰다. 하지만 마이크로소프트가 존폐를 걱정할 정도는 전혀 아니었다. 독점적인 사업인 윈도우와 MS오피스에서는 여전히 막대한 이익이 나고 있어 그런 손실을 흡수하고도 남음이 있었다.

PC 시장에서 윈도우는 압도적인 경쟁력을 바탕으로 수십 년간 독점적인 플랫폼이었다. 그런데 지금은 과거와 달리 컴퓨터 외에도 인터넷 환경에 접속할 수 있는 스마트폰 등 다양한 기기들이 있다. 사티아 나델라는 이런 현실을 직시하고 새로운 사업전략을 수립했다. 그가 수립한 전략의 핵심은 '모바일 퍼스트, 클라우드 퍼스트mobile first, cloud first'였다.

그런데 사실 모바일 시장의 경우, 이미 스마트폰 OS는 애플의 iOS와 구글의 안드로이드에 밀려 존재감이 없다. 또 하드웨어의 경우엔 노키아 휴대폰 부문을 팍스콘에 매각하며 완전히 손을 뗀 상태였다. 자, 이렇게 모바일 시장에서 완전히 붕괴된 마이크로소프트가 어떻게 '모바일 퍼스트'를 할 수 있단 말인가?

나델라는 도대체 무슨 생각으로 '모바일 퍼스트'를 외친 것일까? 그동안의 폐쇄성을 버리고 경쟁사들에 대한 개방정책으로 방향을 완전히 틀어 버린 것에서 그 대답을 찾아야 할 것이다. 마이크로소프트가 그동안 마치 원수처럼 여기던 경쟁사들과 협력하면서 자신들을 개방한 것이다. 그 실례로 모바일의 경우 구글의 운영체제인 안드로이드와 애플의 운영체제인 iOS 플랫폼에서 작동하는 '마이크로소프트 앱'을 제작한 것을 들 수 있다.

이런 방식으로 비록 스마트폰 OS 진입에는 실패했지만 경쟁사인 구글이나 애플의 OS와 협력하는 모델을 만들었다. 마이크로소프트의 핵심인 'MS 오피스 스마트폰 앱'을 경쟁사에게 개방한 뒤로는 매출이 폭발적으로 증가하고 있다.

그리고 마이크로소프트의 주력인 PC 운영체제 시장도 여전히 살아 있다. 그 이유는 노트북 때문이다. 최근 데스크톱 컴퓨터의 수요는 줄었지만 노트북의 수요는 꾸준히 증가하는 추세다. 그 배후에는 애플의 아이패드가 처음 나왔을 때에 비해서 인기가 크게 떨어져 있다는 점이 작용했을 것이다. 아이패드를 처음 사용했을 때는 다들 그 혁신성을 쌍수로 환영했지만, 곧 문서작업이 너무 불편하다는 한계를 느꼈다. 회사원에게 가장 중요한 기능인 문서작업이 너무 어려웠고 키보드도 불편했던 것이다. 이런 틈새를 타고 LG 그램 노트북 같은 가벼운 노트북이 등장하면서 사람들은 마치 고향에 돌아온 듯 편안해졌다. 노트북 수요가 많아지면서 자연스럽게 많은 사람들이 윈도우와 MS오피스 프로그램으로 복귀하게 됐다. 마이크로소프트의 효자상품인 윈도우와 MS오피스 매출은 계속 확대될 것으로 보인다.

그렇다면 또 하나의 전략인 '클라우드 퍼스트'는 어떻게 진행되고 있을까? 여기서 궁금증이 생긴다. '모바일'은 알겠는데 클라우드는 대체 무슨 뜻일까? 그냥 구름이라는 뜻 아닌가?

클라우드는 한 마디로 외부 서버에 데이터를 저장하는 기술이다. 한국에서 개인들이 많이 사용하는 '네이버 클라우드'를 생각하면 이해하기 쉽다. 스마트폰에 카메라가 장착되면서 내 스마트폰 안에는 소중한 개인 사진들이 가득하다. 그런데 만약 스마트폰을 잃어버리는 재앙 같은 일이 발생하면 다시는 내 사진을 찾을 수 없게 된다.

새로운 수익 모델로 각광받고 있는 클라우드 시스템의 기본 개념도

하지만 만약 네이버 클라우드에다 자동저장하는 기능을 설정해 놓았다면 설사 스마트폰을 잃어버린다 해도 걱정이 없다. 내 계정의 네이버 클라우드 안에는 소중한 나의 사진들이 모두 저장되어 있어 언제든 사진을 다시 불러낼 수 있으니까. 이런 편리함으로 인해 클라우드 시장은 폭발적으로 성장하고 있다.

클라우드라는 용어를 이렇게 간단히만 설명할 수 있다면 얼마나 좋을까? 하지만 안타깝게도 마이크로소프트의 사업을 이해하려면 이 말을 좀 더 상세히 이해할 필요가 있다. 아마존과 구글도 주요 기업들에게 클라우드 서비스를 제공해 돈을 버는 데 사활을 걸고 있다. 어쩔 수 없이 자주 쓰이는 클라우드 용어 3가지만 알아보고 넘어가도록 하자.

■ 클라우드의 3가지 유형

1) SaaS (Software as a Service), 서비스로서의(서비스형) 소프트웨어

특정 '소프트웨어'를 클라우드 기반에서 서비스 형태로 제공하는 것을 말한다. 나와 독자들 같은 일반 사용자들이 가장 많이 접하는 형태다. 쉽게 설명하자면 클라우드 기반 위에 이미 소프트웨어가 설치돼 있다. 따라서 사용자는 별도의 소프트웨어 설치 없이 클라우드 기반에서 모든 서비스를 이용하면 된다.

앞에서 설명한 네이버 클라우드나 이메일 같은 형태를 말한다. 사진 등 데이터를 중앙 서버에 저장할 수 있게 하는 것이 SaaS의 대표 유형이라고 할 수 있다. 예를 들어 사용자가 이메일에 접속할 때 별도로 프로그램을 설치하지는 않는다. 그냥 인터넷이 연결되면 아이디와 비밀번호만 입력해 클라우드에서 이메일 서비스를 제공받는 식이다. 이 클라우드 유형의 시장규모가 가장 크다.

2) IaaS (Infrastructure as a Service), 서비스로서의(서비스형) 인프라스트럭처

'장비' 자체를 클라우드 기반에서 서비스 형태로 제공하는 것을 말한다. '서버'와 '스토리지' 같은 하드웨어 기기를 임대 형태로 빌려온 경우라고 생각하면 된다. 이렇게 빌려온 하드웨어에 사용자(기업)가 '운영체제'를 설치하고 원하는 서비스로 운영한다.

대표적으로 넷플릭스가 '아마존 웹 서비스'를 이용할 때 쓰는 클라우드 유형이다. 넷플릭스는 동영상 서비스를 제공하는 회사지만 하드웨어 장비인 '데이터 센터'는 만들지 않았다.

대신 아마존 웹 서비스에서 IaaS 서비스를 이용해 아마존의 '데이터 센터'를 임대한다. 넷플릭스가 직접 데이터 센터를 운영하면 서버 구입 등 각종 비용이 엄청 들기 때문에, 그 대신 이들을 임대해서 쓴다고 생각하면 쉽다.

3) PaaS (Platform as a Service), 서비스로서의(서비스형) 플랫폼

'플랫폼' 자체를 클라우드 기반에서 서비스 형태로 제공하는 것을 말한다. 여기서 말하는 플랫폼이란 운영체제, 미들웨어, 애플리케이션 실행환경 등이 포함된다.

위에서 설명한 IaaS가 데이터 센터 같은 장비만 임대해 주는 거라면, PaaS는 운영체제 같은 플랫폼까지 다 제공받는다는 게 차이점이다. 따라서 PaaS는 사용자가 개발 작업을 할 수 있는 환경이 잘 구현되어 있다. PaaS의 사용자는 당연히 기업들이다.

■ 전 세계 클라우드 시장 매출 전망 단위 : 원

구 분	2018년	2019년	2020년
SaaS(서비스형 소프트웨어)	79조	93조	109조
IaaS(서비스형 인프라)	34조	43조	55조
PaaS(서비스형 플랫폼)	17조	21조	25조
기타	63조	69조	75조
합 계	193조	227조	264조
연간 성장률	21%	17%	17%

출처 : 가트너 (2018년9월), 원화 환산 : 저자

　　사티아 나델라가 '클라우드 퍼스트'를 선언했을 때 사실 클라우드 시장의 압도적인 1위는 아마존 웹 서비스^AWS였다. 마이크로소프트는 이들에 한참 뒤떨어진 후발 주자였다. 하지만 위의 표에도 나와 있듯이 클라우드 시장은 연간 성장률이 20%에 달하는 고성장 시장이다. 규모도 무려 200조 원을 넘나든다. 마이크로소프트 입장에서 절대 포기할 수 없는 시장이었다.

　　그래서 마이크로소프트는 기업들에게 단순한 데이터 저장 공간만 제공하지 않고 '맞춤형 통합 클라우드 서비스'인 '애저^Azure'를 제공하면서 빠르게 시장점유율을 높여가고 있다. 윈도우 운영체제나 MS오피스365 같은 소프트웨어를 함께 제공하면서 경쟁사와 차별화를 꾀했다.

　　자, 그럼 상상해 보자, 나는 지금 회사에서 MS오피스를 활용해 문서작업을 하고 있다. 그런데 갑자기 부산 출장 명령이 떨어졌다. 부산으로 이동하는 3시간 동안 계속 작업을 하고 싶은데, 무슨 방법이 없을까? 어떻게 시간 낭비를 막을 수 있을까? 간단하다. 부산행 열차 안에서 스마트폰으로 마이크로소

프트 클라우드에 접속해 저장해 놓은 문서를 다시 불러내면 된다. 인터넷만 연결되어 있으면 어디서든 내가 작업하던 MS오피스 문서를 그대로 불러낼 수 있다. 해외출장의 경우도 마찬가지다. 마이크로소프트의 강점은 단순한 저장 공간 제공이 아니라 MS오피스365 같은 강력한 소프트웨어를 함께 제공하는 데 있다.

■ 마이크로소프트 클라우드 분야별 매출   단위 : 원

클라우드	2016년	2017년	성장률	관련 서비스
SaaS	3조7천억	7조7천억	104%	오피스365 등
IaaS	7조4천억	12조1천억	64%	마이크로소프트 애저
PaaS	2천억	4천억	100%	애저 앱 서비스 등
합계	11조3천억	20조2천억	78%	

출처 : 미래에셋대우 리서치센터, 원화 환산 : 저자

위의 표에서 보듯이, 2017년 마이크로소프트의 클라우드 매출 증가율은 전년 대비 78%다. 엄청난 성장률이다. 특히 아마존과 경쟁관계에 있는 월마트 같은 소매 기업들은 아마존 클라우드보다 마이크로소프트 클라우드를 선호한다.

시너지 리서치에 의하면 2018년 3분기 기준 클라우드 시장 점유율은 '아마존 웹서비스'가 34%로 1위, '마이크로소프트 애저'가 13%로 2위를 기록하고 있다. 과거 압도적으로 격차가 났던 점유율이 상당히 좁혀진 상태다. 사티아 나델라의 클라우드 퍼스트는 성공적으로 진행되고 있다는 얘기다. 지금

마이크로소프트의 폭풍 성장을 이끄는 핵심 산업은 클라우드 서비스라고 생각하면 된다.

■ 마이크로소프트 사업 종류별 매출　　　　　　　　　　　　　　　　단위 : 원

구 분	2017년 6월 말	2018년 6월 말
생산성 및 비즈니스 프로세스 부문 (오피스, 오피스365, LinkedIn 등)	33조	39조
인텔리전스 클라우드 부문 (서버앤툴, 애저, 엔터프라이즈 서비스)	30조	35조
퍼스널컴퓨팅 부문 (윈도우, Xbox, Surface 등)	43조	47조
합 계	106조	121조

출처 : 결산발표 자료, 6월 결산법인임. 원화 환산: 1,100원 환율로 저자 환산

마이크로소프트의 미래전략

'모바일 퍼스트, 클라우드 퍼스트' 외에 마이크로소프트가 새로이 도전하고 있는 분야는 '정기구독 모델subscription model'이다. 요즘 IT기업들은 모두 장기적으로 안정된 수익을 얻을 수 있는 정기구독 모델을 가장 선호한다. 기업 입장에서 장점이 많기 때문이다.

앞서 소개한 넷플릭스의 비즈니스 또한 기본적으로 정기구독 모델이다. 유튜브 역시 최근 '유튜브 프리미엄'이라는 정기구독 서비스를 선보이면서 광고피로도가 높은 소비자들을 적극 공략하는 중이다. 마이크로소프트의 경우는 현재 오피스365를 가장 공격적으로 홍보하고 있다.

오피스365는 기존의 설치형 MS오피스를 정기구독 방식으로 전환한 프로그램이다. 마이크로소프트는 MS오피스의 단점인 느린 업데이트를 개선하는 효과가 있다고 주장한다. 하지만 사실은 기존 설치형보다 정기구독 방식이 회사의 수익에 더 유리하다는 것이 그들의 본심이다. 오피스365는 초기 비용이 저렴한 데다 구독 기간 중에 언제나 최신 버전으로 업데이트할 수 있고, 인터넷만 연결돼 있으면 어디서든 이용 가능한 클라우드의 장점을 살렸다. 구독 서비스의 사용자들에겐 월 또는 연 단위의 이용료가 청구된다.

마이크로소프트의 원대한 목표는 설치형 MS오피스를 모두 없애 버리고 궁극적으로 이를 정기구독형 서비스인 오피스365로 완전히 바꾸는 것이다. 다만 소비자들에 가해질 충격을 감안해 점진적으로 서비스를 전환하고 있을 뿐. 그래서 설치형 MS오피스 2019의 경우에는 2023년까지만 클라우드 서비스를 이용할 수 있다고 못 박았다.

만약 그들의 계획처럼 정기구독형 서비스인 오피스365로 완전 대체하는 데 성공한다면 마이크로소프트의 이익은 안정적이며 폭발적으로 증대될 것으로 보인다. 전 세계 직장인과 학생들이 모두 쓰는 MS오피스가 구독 서비스인 오피스365로 바뀌게 되면 구독자 수는 도대체 얼마나 될까? 2018년 말 기준 구독자 수는 약 3천만 명 수준이다. 아직 기대만큼 엄청난 숫자는 아니다. 그러나 회사와 개인이 중복해서 사용하는 설치형 MS오피스가 모두 구독형으로 바뀐다면 구독자 수는 적어도 수억 명을 넘을 것으로 짐작할 수 있지 않을까? 참고로 한국에서 오피스365의 월간 구독료는 현재 월 9천 원 내외로 책정되어 있다.

마이크로소프트의 또 다른 '미래 전략'으로는 어떤 게 있을까?

가장 기대되는 건 역시 게임이다. 마이크로소프트, 구글, 아마존 등 글로벌 거대 IT기업들은 모두 '게임 클라우드' 산업에 뛰어들고 있다. 마이크로소프트는 게임 영역에서도 클라우드를 활용한 정기구독 서비스 전략을 쓴다. 최신 기술과 빠른 통신 속도 덕분에 앞으로 게임산업의 성장성은 매우 높을 것으로 전망된다. 마이크로소프트는 2019년부터 '엑스 클라우드xCloud'라는 이름의 게임 스트리밍 서비스를 운영한다. 매월 일정 금액만 내면 클라우드에 저장된 수십만 종의 게임을 컴퓨터와 스마트폰 등으로 자유롭게 즐길 수 있다.

그들은 자사의 엑스박스xbox용 게임 3천여 개를 우선 서비스한 다음, 점차 개수를 확대해 갈 계획이다. 비싼 게임기와 소프트웨어 없이도 누구나 클라우드를 이용해 게임을 즐길 수 있게 하겠다는 전략이다. 이를 위해 모든 최신 기술력을 총동원하겠다는 포부다.

또 2016년에는 '구인구직 SNS'로 알려진 링크드인LinkedIn을 262억 달러(30조 원)에 인수했다. 비즈니스 분야에서 전문가들의 네트워킹 관리를 도와 매출을 극대화하려는 것이 이 인수의 목적이다. 나아가 오피스365 앱에 링크드인 기능을 접목해 네트워크 효과도 노리고 있다.

■ 마이크로소프트 주식의 최근 5년 수익률 (2014년 1월~2018년 12월)

출처 : 미래에셋대우 홈트레이딩 시스템 해외주식 차트 화면

■ 마이크로소프트 주가 및 연간 수익률 추이

단위 : 달러

구분	2014	2015	2016	2017	2018	5년 누적수익률	연평균수익률
주가	46	55	62	86	102	–	–
수익률	24%	20%	13%	39%	19%	176%	35%

마이크로소프트 투자 포인트

앞에서 설명했듯이, 마이크로소프트의 시가총액은 2018년 말 기준 전세계 1위인 858조 원을 기록했다. 그러면 이 기업의 영업이익은 어떨까?

마이크로소프트의 2018년 6월 말 기준 영업이익은 39조 원이다. 그 절대수치 자체가 매우 높은 편이다. 아마존의 영업이익 14조 원에 비해서도 거의 3배에 가깝다. 또 영업이익 증가율을 봐도 전년 대비 21%이니, 성장성 또한 양호한 편이다. 재무적으로 안정감이 있어 보인다.

■ 마이크로소프트의 영업이익   단위 : 원

2017년 6월 말	영업이익률	2018년 6월 말	영업이익률
31조9천억	30%	38조6천억	32%

자료 : 회사 발표자료(6월 결산법인), 환율 1,100원으로 저자 환산

마이크로소프트는 지금 더 먼 미래를 보고 있다. 유망한 산업으로 '인공지능', '혼합현실', '양자컴퓨팅'을 지목하고 이쪽 분야의 미래에도 장기적으로 베팅하고 있다. 당연히 이런 영역에서도 구글, 아마존과의 치열한 경쟁은 계속될 것으로 보인다.

사티아 나델라라는 뛰어난 세 번째 CEO가 이끄는 마이크로소프트는 2018년 말 현재 시가총액 미국 1위, 세계 1위 기업으로 화려하게 복귀했다. 지구촌 최고 기업에 마음 편하게 투자하기를 원한다면 마이크로소프트가 어떨까?

특히 2019년에는 강력한 호재가 있다. 마이크로소프트가 윈도우7 운용체제 기술 지원을 2020년 1월 14일자로 종료한다. 한국만 계산해 봐도 아직 윈도우7을 사용하는 사용자들이 30%(2018년말 기준)를 훌쩍 넘는다. 전 세계 사용자들이 2019년부터 순차적으로 윈도우10으로 업그레이드한다면 마이크로소프트는 다시 한 번 손쉽게 이익을 증대시키게 된다.

우리는 앞으로도 계속해서 윈도우를 쓰게 될까? 나에게 묻는다면 그렇

다고 확실히 답하겠다. 그리고 가까운 미래에 여러분들은 오피스365라는 구독형 모델을 쓰게 될 것이다. 물론 여러분들이 다니는 회사 사무실에서는 그보다 훨씬 먼저 오피스365를 도입해 쓰고 있을 것이다.

그러므로 지금 세계 1등 기업 마이크로소프트 주식에 투자하라. 매일 당신의 컴퓨터에서 윈도우10을 만날 때마다 느끼게 될 것이다, "그래, 내가 이 회사의 주인이야."

1 워드 프로그램인 MS워드의 전 세계 점유율은 90% 수준.

2 게이츠의 업적은 소프트웨어를 상품화해서 사용권을 판매하는 새로운 수익 모델을 만들어 낸 것.

3 스티브 발머의 실책은 윈도우8의 실패와 노키아 휴대폰사업부 인수.

4 사티아 나델라의 새로운 사업전략 '모바일 퍼스트, 클라우드 퍼스트(mobile first, cloud first)'.

5 마이크로소프트의 미래 전략은 게임.

"알렉사, 불 좀 켜 줘!"

(아, 물론 영어로 말해야 된다.)

일명 '서민정 알렉사'로도 유명한 아마존의 음성인식 인공지능 비서 알렉사Alexa! 이 알렉사가 탑재된 전자기기 판매량이 2018년 말 기준 1억 대를 넘어섰다. 구글의 인공지능 스피커 '구글 홈'이 맹추격해 오면서 지금 치열한 선두다툼이 벌어지고 있다.

2017년 말 JTBC에서 방영한 예능 프로그램 〈이방인〉에서 뉴욕에 사는 방송인 서민정이 인공지능 비서 알렉사를 시연하는 모습을 보여 주자, 아마존닷컴이 개발한 스마트 스피커 '아마존 에코'가 한국에서 잠깐 화제가 됐었다. 그런데 알렉사는 영어로 말해야만 인식한다. 그들의 정책이 바뀌지 않는

한, 알렉사가 나랑 친해질 일은 절대 없을 것 같다. 그렇지 않아도 이런저런 이유로 미국과 달리 한국에서는 여전히 아마존이라는 회사를 주변에서 경험하기가 쉽지 않은 상황이다.

'전자상거래'만 하는 회사인가?

아마존.

세계에서 가장 넓은 열대우림 아마존이 아니라 미국 전자상거래 1위 업체인 이 기업을 어디서부터 어떻게 설명해야 할까?

먼저 한 가지 밝혀두자. 아마존은 전자상거래만 하는 기업이 절대 아니다. 그러나 아마존의 출발을 설명하려면 일단 전자상거래부터 시작하는 게 순서일 듯하다. '온라인 이커머스', '인터넷 쇼핑', '온라인 쇼핑' 따위의 용어가 다 전자상거래와 비슷한 뜻이다. 한국에서는 이중 뭐가 가장 익숙할까? 글쎄, 내 기준으로는 '온라인 쇼핑'이 가장 익숙하다. 하지만 편의상 여러 가지 용어를 섞어서 설명해 보겠다.

여러분들도 이미 들어 봤겠지만 미국의 '블랙 프라이데이'는 추수감사절(11월 넷째 주 목요일) 다음날을 가리킨다. 그냥 알기 쉽게 정리하면 미국 사람들이 '미친 듯이 쇼핑하는' 날이다. 미국 소매업체들은 블랙 프라이데이에 엄청나게 할인을 많이 해 주기 때문이다. 당연히 미국 1등 전자상거래 업체 아마존도 이 시기에 화끈하게 싸게, 화끈하게 많이 판다. 하지만 우리나라의 축제가 아니다 보니 그 열기가 우리에겐 여전히 낯설다.

한국에서도 몇 년 전부터 블랙 프라이데이 즈음에 아마존닷컴을 통한

해외상품의 직접구매가 유행이긴 하다. 해 본 사람만 해 봤다는 일명 '직구直
購'다. 물론 요즘에는 직구를 하겠다고 군이 아마존닷컴에 들어가는 사람은
그리 많지 않다. 국내 G마켓, 옥션, 11번가 등 다양한 온라인 쇼핑몰들이 알아
서 구매를 대행해 주기 때문이다.

　　그 덕택에 한국에서는 미국 최대의 전자상거래 기업 아마존이 생각보다
그리 유명하지 않다. 미국 기업이나 미국 문화에 각별히 관심을 갖지 않는 한,
실제로 아마존이라는 기업이 실생활에 미치는 어마어마한 영향을 온전히 체
감할 수 없기 때문이다.

　　우리가 실제로 아마존을 이용하는 경우가 썩 많지 않기 때문에 아마존
주식에 대한 투자가 유망하다고 말해도 마음속으로는 크게 와 닿지 않을지
도 모르겠다. 그러나 미국사람들에겐 전혀 다르다. 그들은 온라인 쇼핑을 할
때 2명 중 1명꼴로 아마존을 이용한다. 그래서 그들에게 아마존 주식이 유망
하다고 설명하면 대부분 쉽게 알아듣고 동의할 것이다. 실생활에서 체감하며
많이 쓰고 있으니까.

막강한 독점력을 갖게 된 아마존

그런데 미국사람들
이 아마존을 많이 이용한
다고 해서 아마존 주식을
보유한 미국 사람들 수가
많은 것은 아니다. 한국
인들이 삼성전자 스마트
폰을 많이 쓰지만 삼성전
자 주식을 보유한 사람은

많지 않은 이유와 비슷하다. 사람들은 본인이 아무리 많이 이용하는 기업이라도 그 기업의 주식을 살 생각은 안 하는 경우가 흔하다.

우리나라 사람들에겐 아마존보다는 차라리 유튜브, 페이스북, 인스타그램, 넷플릭스 또는 애플 스마트폰이나, 구글 안드로이드가 더 익숙하다. 그러나 투자나 기업 분석 관련 일을 하는 사람들에게 아마존이라는 기업은 승자독식 세계 1등 유일 기업이다.

한국의 전자상거래 시장, 압도적인 1위가 없다

미국에 아마존이 있다면 중국에는 알리바바가 있다. 그럼 한국은? 당연히 한국에도 전자상거래 업체가 더러 있다. 아니, 너무 많다. 너무 많아서 문제다. 중국과 미국의 전자상거래 시장과는 달리 이 땅에는 압도적인 1위가 없다.

아마존이 그 동안 폭발적으로 성장해 왔던 내력을 설명하기 전에 한국 시장을 먼저 살펴보는 게 어떨까? 여러분이 좀 더 쉽게 이해할 수 있도록 말이다. 특히 아마존 전략을 활용해서 빠르게 성장하고 있는 한국의 '쿠팡' 사례를 먼저 살펴본다면 아마존을 이해하기도 훨씬 쉬울 것이다.

한국에 처음 인터넷 붐이 일었던 1999년 나는 롯데, 신세계, 현대백화점, 이마트, 롯데마트, 홈플러스 등 오프라인 매장의 점유율이 급격히 축소될 것으로 예상했다. 그리고 인터넷 전자상거래 기업들이 불타오르듯 번성해 흥할 줄 알았다. 그러나 나의 예상과 달리 2000년 초에 인터넷 버블은 붕괴되었고 이후 적어도 10년간 현실세계에서 그런 일은 일어나지 않았다. 오히려 오프라인 매장들의 매출은 계속 큰 폭으로 증가했다.

20년이 지난 지금에서야 이들 오프라인 매장의 매출은 정체 또는 소폭 감소하고 있다. 그렇다고 해서 인터넷 전자상거래 기업들의 상황이 그리 장밋빛인 것도 아니다. 한국에는 11번가, 옥션, 지마켓 등의 소위 '오픈 마켓'이 있다. 여기에 더해 인터넷 종합쇼핑몰 인터파크가 있다. 전통의 유통 강호인 신세계, 롯데, 홈플러스도 각자 전자상거래 비즈니스를 추가했다. 홈쇼핑업체 또한 뒤질세라 CJ몰, GS샵, NS몰 등이 각각의 전자상거래 몰을 구축한 상태다. 마지막으로 시장에 새로 진입한 쿠팡, 위메프, 티몬 등의 소셜커머스가 있다.

하지만 안타깝게도 한국의 전자상거래 기업 중 압도적인 1등은 없다. 10%나마 점유율을 가져간 업체조차 찾아보기 어렵다. 서로 피 튀기도록 싸우며 10년째 치킨게임이 전개되고 있다는 얘기다.

그 10년 치킨게임의 결과, 전자상거래 업체들 상당수가 적자를 지속하거나 저수익으로 고전하고 있다. 특히 쿠팡의 2018년도 적자 규모는 1조1천억 원으로 상상을 초월한다. 하지만 쿠팡의 매출액 또한 가파르게 상승하고 있다. 우리나라 전자상거래 규모 자체가 급성장하고 있기 때문이다.

■ 한국 전자상거래(온라인 쇼핑) 최근 5년 증가 추이   단위 : 원

구분	2014년	2015년	2016년	2017년	2018년
온라인 쇼핑 거래액	45조	54조	66조	80조	111조
전년 대비 증가율	18%	19%	21%	22%	38%

출처 : 통계청 및 저자 편집

여기서 주목할 점은 무엇보다 한국 전자상거래 시장의 폭발적인 성장성

이다. 여전히 연평균 20%가 넘게 증가하는 높은 성장세를 보이고 있다. 특히 2018년 전자상거래 규모는 드디어 110조 원을 돌파했을 뿐 아니라, 전년 대비 성장률도 38%라는 폭발적인 수치를 보였다. 이런 성장에 비해서 같은 기간 중 오프라인 매장들의 매출은 어떤 추세를 보였을까? 그중에서도 대표격인 백화점 매출의 증가율을 알아봤다.

■ 한국 백화점 매출 최근 5년간 추이

구분	2014년	2015년	2016년	2017년	2018년(추정)
전년 대비 증가율	△0.7%	△1.2%	3.3%	1.4%	2.5%

출처 : 통계청 및 저자 편집

위 2개의 표가 의미하는 바는 또렷하다. 오프라인 매장인 백화점과 비교해 봤을 때, 전자상거래 시장의 폭발적인 성장성이 더 두드러진다는 것이다. 한국 백화점들의 최근 5년간 매출은 소폭의 마이너스나 정체일 뿐 전혀 성장하는 모습을 보여주지 못했다. 이 기간 중 연평균 성장률은 고작 1%에 불과하다. 좀 더 큰 그림을 들여다보자.

■ 한국 전체 소매 판매액 최근 4년간 추이   단위 : 원

구 분	2015년	2016년	2017년	2018년
소매 판매액	408조	424조	440조	464조
전년 대비 증가율	–	4%	4%	5%
온라인 쇼핑 거래액	54조	66조	80조	111조
온라인 쇼핑 침투율	13%	16%	18%	24%

출처 : 통계청 및 저자 편집

위의 표를 찬찬히 살펴보면 한국 전자상거래 시장에 관한 몇 가지 정보를 얻을 수 있다.

첫째, 전자상거래(온라인 쇼핑) 거래액이 가파르게 상승하고 있다는 점이다. 2018년의 경우 그 규모는 111조 원에 이르렀고, 전년 대비 증가율이 무려 38% 이상이다. 전자상거래를 이용하는 고객들이 급격하게 늘고 있다는 증거다.

둘째, 전체 소매 판매액 중 전자상거래 점유율이 2018년에 24% 정도까지 올라왔다는 점이다. 그러니까 상거래 금액 전체의 4분의 1 이상이 이미 온라인으로 이루어질 정도로 우리나라는 전자상거래 최강국이 되어 있다는 얘기다. 미국의 전자상거래 비중이 아직 10% 수준에 불과하다는 점을 감안하면 세계에서 가장 빠른 침투율을 보이고 있다.

셋째, 그럼에도 절대 규모는 여전히 미국이나 중국에 비해 미미하다는 점이다. 한국의 2018년 온라인 쇼핑 전체 거래액은 110조 원에 불과하다. 이에 비해 미국은 550조 원(5,000억 달러), 중국은 1,200조 원(7조5천억 위안)으로 추정된다.

■ 3국의 온라인 쇼핑 규모 (2018년 추정)   단위 : 원

구분	한국	미국	중국
온라인 쇼핑 거래액	110조	550조	1,200조

출처 : 한국- 통계청, 미국- 현지 언론 발표 참조, 중국- iResearch

통계로 확인해 보면 한국의 전자상거래 시장은 가파르게 성장했지만 그

에 못지않게 업체들끼리의 경쟁도 치열하다는 게 현실이다. 더 걱정되는 건 치킨게임이 아직 끝나지 않았다는 사실이다.

'쿠팡'을 알면 '아마존'이 보인다

온라인시장은 단 한 명의 승자가 모든 것을 다 가져가는 승자독식 시장이다. 검색시장에서는 구글이 모든 걸 가져갔다. 한국의 경우라면 네이버가 검색시장을 다 가져갔다. 동영상 시장에서는 유튜브가 모든 걸 가져갔다. 페이스북과 인스타그램도 마찬가지다. 미국 온라인 쇼핑몰은 아마존이 다 가져갔다. 중국 온라인 쇼핑몰은 알리바바가 다 가져갔다.

그런데 한국 온라인 쇼핑몰 승자는 도대체 누구일까? 아직은 없다. 한국에서는 압도적인 온라인 쇼핑몰 1등이 아직 나오지 않았다. 온라인 쇼핑몰 시장에서 1등을 가져가려면 가장 경쟁력 있어야 하는 분야는 과연 무엇일까? 만일 내가 오늘 온라인 쇼핑몰을 새로 만들고 한국에서 빠르게 1등을 하고 싶다면 어떤 전략을 써야 할까?

가격? 배송 속도? 아무래도 이 두 가지가 핵심이 아닐까? 사실 이 두 가지 중에서도 가격이 제일 중요할 것 같지만 그것만으로는 부족하다. 배송 속도가 굉장히 중요하다는 걸 재빨리 간파한 게 바로 아마존이다. 지나고 보니 1등의 자격은 '배송 속도'였다. 특정 쇼핑몰이 가격에서 우위를 점하기 위해서는 초기에 적자를 무릅쓰더라도 무조건 싸게 팔아야 한다. 그러나 이것만으로는 부족하다. 적자판매를 10년이고 20년이고 계속할 수는 없잖은가.

지금은 적자를 보고 있지만 10년 뒤에는 경쟁사보다 싸게 팔아도 흑자를 낼 수 있다는 확신이 있어야 한다. 그래야 적자판매를 해도 희망이 있다. 그럼 어떻게 해야 할까? 당연히 '규모의 경제'를 확보해야 한다.

온라인 쇼핑몰이 TV 제조업체에 TV를 대량 주문해 소매로 팔려는 계획이 있다고 가정해 보자. A라는 쇼핑몰은 1만 개를 주문하면서 10% 할인을 요구한다. B라는 쇼핑몰은 100만 개를 주문하면서 20% 할인을 요구해도 된다. 이처럼 규모의 경제로 인한 가격 차이는 고스란히 가격 경쟁력이 된다.

이런 격차를 만들어 내려면 당연히 경쟁사보다 압도적으로 많은 고객을 확보해야 한다. 결국 고객을 압도적으로 많이 확보한 회사가 승리한다. 그렇다면 고객을 지속적으로 많이 확보하기 위해서는 어떻게 해야 하나? 일시적으로는 가격이 중요하지만 장기적으로는 가격만으로는 부족하다. 아마존과 쿠팡은 바로 이 점에서 남달랐다.

대부분의 경쟁 쇼핑몰들이 가격에만 집중할 때 이들은 바로 압도적인 배송 속도라는 전략으로 그들만의 '쇼핑생태계'를 형성해 고객들을 끌어들였다. 아마존은 '빠른 배송'을 미끼로 '아마존 프라임'이라는 멤버십(유료회원제)을 도입해 고객들을 '아마존 쇼핑생태계'에 머무르게 하는 데 성공했다.

아마존은 엄청난 규모의 물류 인프라스트럭처에 투자했다. 번 돈을 모두 재투자하는 수준으로 계속해서 물류 인프라에 투자한 것. 아마존은 이 전략을 쓰면서 창업 이후 8년 연속으로 적자를 냈다. 그래도 물러서지 않고 물류 인프라에 투자했다. 끝내는 미국 온라인 쇼핑몰 점유율 50%를 달성하며 압도적인 1등을 했다. 경쟁사들은 대거 파산하고 있다.

한국에서 압도적인 1등이 되기를 원하는 쿠팡 역시 아마존의 전략을 그대로 따라 하고 있다. 바로 그들이 야심차게 내놓은 '로켓배송'이다. 쿠팡의 로켓배송을 경험해 본 한국 소비자들이 점차 많아지고 있다. 집에 있는 생활 필수품 중 급하게 필요한 것이 있을 때 쿠팡에 주문한 경험이 있을 것이다. 쿠팡은 반드시 다음날 배송해 주며 약속을 지킨다. 이 강력한 배송 경쟁력은 결국 입소문을 통해 주부들을 '쿠팡 생태계'로 끌어들였다.

최근 쿠팡은 월정액 서비스 '로켓와우 클럽'까지 오픈했다. 로켓와우는 나중에 설명할 '아마존 프라임'과 유사하다. 유료회원제로 월 2,900원을 받는 대신 배송을 더 빠르게 무료로 해 주는 서비스다. 로켓와우는 아침 9시 전에만 주문하면 '당일배송'을 해 준다. 신선식품 배송 서비스인 '로켓프레시'는 밤 12시 이전 주문의 경우 다음날 새벽 7시 배송을 보장한다. 2019년 1월 말 현재 회원 수가 이미 150만 명을 돌파했을 정도로 폭발적인 인기를 끌고 있다.

그런데 배송 속도를 빠르게 하려면 필연적으로 돈을 쏟아 부어 물류 인프라를 구축해야 한다. 이런 물류 인프라는 나중에 고스란히 쿠팡의 경쟁력이 될 터이다. 하지만 기존에 거대한 자금을 쌓아 놓은 것도 아닌 데다 후발주자인 쿠팡이 그런 투자를 하려면 엄청난 외부 자금을 조달해야 한다. 이렇게 막대한 적자를 내는 기업에 도대체 누가 투자할 마음을 먹을까? 놀랍게도 아낌없이 쿠팡에 돈을 넣어 준 투자자가 있었다. 바로 저 탁월한 기업가 손정의가 이끄는 소프트뱅크였다. 이런 고마운 투자자가 있기 때문에 쿠팡은 자신들의 적자에다 '계획된 적자'라는 참신한 이름까지 붙일 수도 있지 않을까 싶다.

쿠팡의 행보는 아래와 같이 두 가지 의미에서 흥미롭다.

1) 우선 아마존은 전자상거래가 본격 대중화되기 전인 1997년에 오픈했다. 그때부터 일관되게 빠른 배송과 멤버십 전략으로 지난 20년간 경쟁사들을 이미 다 무너뜨렸다. 이에 비해 쿠팡은 한참 뒤인 2010년에야 전자상거

래 시장에 진입했다. 아마존보다 13년이 늦은 편이다. 한국 경쟁사들도 이미 아마존의 전략을 다 간파한 상태였고 자본력도 넉넉했다.

게다가 한국의 경우 설사 쿠팡이 물류센터에 집중 투자한다고 해도, 경쟁사들 역시 자금력을 바탕으로 똑같이 달릴 수가 있다. 미국처럼 넓은 땅덩어리가 아니어서 경쟁사의 배송 속도가 유난히 느릴 일도 없다. 한국 소비자가 체감하는 배송 속도는 미국과 달리 조금 애매해 보이는 부분도 있다. 하지만 확실한 건 빠르면 빠를수록 소비자는 좋아한다는 사실이다. 그리고 일단 편리함에 익숙해지면 그렇지 못했던 과거로 돌아가기는 어렵다. 이 사실을 아마존과 쿠팡은 너무너무 잘 알고 있다.

2) 둘째로 막대한 자금 조달이다. 이 '빠른 배송' 전략은 필연적으로 막대한 자금을 요구한다. 경쟁사들은 모두 쿠팡의 자금이 소진되기만을 기다리고 있는 상황이었다. 그러나 쿠팡은 멋지게 자금을 조달해 내고 말았다. 2015년 6월 소프트뱅크로부터 무려 1조1천억 원(10억 달러)을 투자 받은 것이다.

그리곤 엄청난 물류 인프라 투자를 통해 자금을 상당 부분 소진했다. 경쟁사들이 안도의 한숨을 내쉴 무렵인 2018년 11월에 소프트뱅크 비전펀드로부터 추가로 2조2천억 원(20억 달러)을 또 다시 투자 받게 된다. 경쟁사들은 모두 경악하고 있다.

2010년 이후 전자상거래 시장에 새로 진입한 쿠팡, 위메프, 티몬의 2018년 실적을 살펴보자.

구분	쿠팡	위메프	티몬
2018년매출액 or 영업수익	4조4,147억	4,294억	4,972억
2018년 당기순손실	△1조1,191억	△441억	△1,344억

출처 : 각 사 감사보고서, ※ 주석 : 티몬의 경우 매출액 대신 영업수익 표기

2018년 말 기준 쿠팡의 누적 결손금은 3조 원에 달한다. 그러나 쿠팡은 전혀 개의치 않고 2조2천억 원의 자금을 수혈 받아 꾸준히 물류센터 등 물류 인프라 확대에 매진하고 있다. 앞으로도 쿠팡의 최대 강점인 로켓배송과 로켓와우 클럽에 대한 공격적인 투자가 예상된다.

쿠팡은 여전히 '한국의 아마존'을 꿈꾸고 있다. 쿠팡에 자금을 수혈해 준 일본의 소프트뱅크는 중국 알리바바의 최대주주이기도 하다. 소프트뱅크는 무슨 큰 그림을 그리고 있는 걸까?

쿠팡의 전자상거래 매출 증가율은 주목할 만하다. 2017년의 2조7천억 원에서 2018년에는 4조4천억 원으로 가파르게 증가했다. 약 2배에 가까운 매출 성장이다. 2019년에는 로켓와우 클럽 도입으로 더 놀라운 증가가 예상된다.

그러나 안타깝게도 현실은 그리 녹록치 않아 보인다. 강력한 경쟁사인 롯데그룹도 전자상거래 분야에 3조 원 투자계획을 발표했고, 신세계 그룹도 사모펀드로부터 1조 원을 투자 받아 전자상거래 사업 확대에 나서고 있다. 미국과 달리 한국의 전자상거래 경쟁은 여전히 치열하다. 10년 전쟁은 아직 진행 중이라는 얘기다.

한 가지 아쉬운 건 한국의 인구가 고작 5천만 명이라는 사실! 3억 3천만

명의 거대시장 미국에서 아마존은 점유율 50%를 차지하며 압도적인 1위를 차지했고, 무려 14억 명 시장인 중국에선 알리바바가 선두를 질주하고 있다. 5천만 명의 '소소한' 내수시장을 두고 벌어지는 치열한 전자상거래 전쟁이 왜소해 보인다고 하면, 지나친 표현일까.

쿠팡의 계획이 모두 성공한다면 한국 내에서는 아마존 같은 독점적인 지위를 차지할 수도 있을 것이다. 물론 결과는 아직 예측하기 어렵다. 일단 한국과 미국은 시장 자체가 다르기 때문이다. 확실한 건 쿠팡으로 인해 한국에서 본격적인 '빠른 배송' 경쟁이 시작됐다는 점이다. 그 덕에 한국 소비자들은 저렴한 가격에 '로켓배송' 혜택까지 누리며 행복해하고 있다.

이렇게 한국-미국-중국 시장을 비교해 보니 아마존과 알리바바는 얼마나 매력적인 기업인가! 여러분들에게도 조금 더 강렬한 느낌이 오리라고 생각한다. 더구나 아마존은 미국뿐 아니라 유럽에서도 압도적인 점유율을 보이고 있다. 이제 이 위대한 회사 아마존을 제대로 한번 들여다볼까 한다.

아마존의 시작, 인터넷 서점과 전자상거래

아마존, 도대체 무슨 회사인가?

'모든 것을 파는 기업'이었던 과거와 '모든 사업을 하는 기업'인 현재와 '우주산업까지 하는 기업'이라는 미래를 다 합친 게 바로 '아마존'이다. 이런 엄청난 회사이다 보니 '아마존 효과'라는 신조어까지 생겼다. 아마존이 '미국 전자상거래 시장과 전체 소매시장에 영향을 미치는 현상'을 상징하는 단어다. 미국의 '베스포크 인베스트먼트 그룹'은 심지어 2012년 2월에 '아마존 공포 종목 지수Death by Amazon'를 발표했다. 아마존의 매출 확대나 신규 사업 진입, 인수·합병 등으로 실적 악화가 예상되는 소매 기업 54개 종목이 이 지수에 포함됐다. 해당 기업들은 이미 파산했거나 주가가 계속해서 하락하고 있다. 반대로 아마존 효과의 영향을 그다지 받지 않는 기업군들은 '아마존 대항 종목Amazon Survivors'이라 지칭한다.

2017년 9월, 미국(세계) 최대 완구점 토이저러스가 파산 신청을 냈다. 우리나라의 엄마아빠들에도 익숙한 완구업체여서 충격적이었는데, 아마존 대학살의 대표적 희생양 중 하나로 남게 됐다.

2018년 10월에는 미국 최대 백화점 시어즈가 파산 신청을 냈다. 126년 역사의 시어즈도 아마존 대학살의 칼날을 피하지 못했다. 지난 2년간 미국에서 파산보호를 신청한 기업은 40개에 달하고, 지난 5년간 문을 닫은 점포는 총 2만5000개 이상으로 추정된다. 아마존의 저주는 계속되고 있다.

미국에서 유행하는 또 하나의 신조어는 바로 '아마존 당하다to be ama-zoned'라는 단어다. 미국 소매기업들이 '아마존에게 강제로 고객들을 모두 뺏긴다'는 자조적인 단어다. 이 정도로 미국 소매기업들에게 아마존은 '공포' 그 자체다.

이런 엄청난 아마존이지만 그 시작은 미약했다. 잘 알려진 것처럼 아마존의 시작은 온라인 서점이다. 1994년 인터넷에서 책을 파는 인터넷 서점으로 시작되었다. 그러던 것이 '아마존 마켓플레이스Amazon Marketplace'라는 플랫폼을 도입하면서부터 본격적으로 세상의 모든 상품을 판매하면서 미국을 압도하고 세계를 선도하는 1등 전자상거래업체로 성장했다. 아마존은 현재 15개국에 진출해 있지만 주요 무대는 미국과 유럽이다. 미국 전자상거래 시장에서 50% 내외의 점유율을 보이고 있으며 점점 늘어나고 있는 추세다.

온라인서점으로 출발한 아마존의 초기 인기 상품 중 하나였던 전자책 전용 단말기 킨들

이런 '아마존'의 막강 독점력은 참 특이하다. 예컨대 한국에도 예스24라는 점유율 1위의 인터넷 서점이 있다. 그래도 무시할 수 없는 몇몇 온라인 서점들이 경쟁하고 있어서, 아마존처럼 독점 수준은 꿈꾸지 못한다. 이에 비해 아마존의 미국 전자상거래시장 점유율은 50% 내외다. 이 차이는 어떻게 생긴 걸까? 아마존 전자상거래가 폭발적으로 성장한 핵심 요인을 이렇게 세 가지로 정리해볼 수 있다.

(1) 성장의 첫째 핵심 요인은 '저가정책'이다. 압도적인 원가경쟁력을 통해 이익을 거의 남기지 않는 수준까지 저렴하게 판매함으로써 경쟁자들의 진입 욕구를 싹부터 꺾어 버린다.

(2) 두 번째로 '상품 구성'이 압도적으로 많기 때문에 방문자 수가 많아지고 고객들이 모여든다. 당연히 매출도 폭발한다.

(3) 마지막으로 또렷이 차별화된 '빠른 배송' 서비스다. 이를 위한 천문학적인 물류센터 비용은 '초격차'의 미래 자산이 되기도 하거니와, 경쟁자들이 함부로 진입하기가 어려운 강력한 진입장벽이 되기도 한다.

그뿐이 아니다. 여러 업종의 서비스가 한꺼번에 이뤄지면서 아마존에 다양한 판매자(공급자)들이 몰려든다. 소비자들은 다양한 상품 구성에 만족도가 높아진다. 소비자들이 이런 아마존을 선호하면서 판매자와 소비자가 동시에 계속 증가한다. 이런 선순환 구조를 만들어 내는 게 창업자 제프 베이저스Jeffrey Preston Bezos의 핵심전략이다. 더 궁극적인 아마존의 핵심전략은 애초부터 아마존을 낮은 원가구조의 기업으로 만드는 것이었다.

원가에서 강력한 우위가 확보된 다음에 선두 기업이 쓸 수 있는 선택지는 두 가지다. 하나는 다른 경쟁사와 같은 가격에 판매함으로써 상대적으로 높은 마진을 꾀하는 방법이다. 다른 하나는 마진을 포기하고 '낮은 원가' 구조로 얻은 이익을 최저가 형태로 계속 고객에게 돌려주면서, 그 대신 고객 수를 압도적으로 더 빠르게 늘려 가는 방법이다.

당연히 아마존은 더 높은 마진을 추구하는 대신 빠르게 고객 수를 늘려 나가는 정책을 채택해, 온라인 쇼핑 고객점유율이 50%에 달하는 압도적인 회사가 되었다. 베이저스의 핵심 전략은 '고객에게 집중하라'였다.

그렇다면 아마존의 전자상거래 매출은 도대체 어느 정도의 규모일까?

■ 미국 내 소매 및 온라인 쇼핑 규모 (2018년 추정)   단위 : 원

구분	아마존 매출 (미국)	온라인 쇼핑 전체	소매 판매 전체
매출액 추정	275조	550조	5,500조
점유율 추정	온라인의 50%, 전체의 5~10%	소매 전체의 10%	100%

출처 : 미국 언론 추정치, 온라인 쇼핑의 경우 서비스는 제외하고 실물 상품만 반영

위 표를 찬찬히 살펴보면 아마존 한 개 기업의 온라인 매출액이 약 275조 원에 달한다. 한국의 온라인 전체 매출액 110조 원의 3배에 가깝다. 그리고 미국 전자상거래 총매출의 50%를 점유한 수치다. 그런데 주목할 점은 미국 전체 소매 판매액 중 온라인 판매 비중은 여전히 10% 내외에 불과하다는 사실이다.

한국은 어떨까? 2018년에 전체 소매 판매액 중 온라인 판매 비중이 이미 24%를 넘어섰다. 한국 기준으로 볼 때 미국의 온라인 쇼핑시장은 여전히 2배 이상 더 성장할 여지가 있다는 얘기다. 그 성장의 과실은 시장점유율 50%를 누리고 있는 아마존에게 집중될 것이다.

그리고 이런 아마존의 플러스 성장은 다른 경쟁 업체들의 마이너스 성장을 의미할 수밖에 없다. 미국에서는 오래 전부터 필사적인 제로섬 게임이 시작되었기 때문이다. 승자는 당연히 아마존이다.

아마존 프라임, '아마존 생태계'의 시작

앞에서 설명했듯이 한국의 쿠팡이 도입한 월정액 2,900원짜리 '로켓나우 멤버십'의 원조가 바로 '아마존 프라임' 서비스다. 물론 프라임 서비스에

는 훨씬 더 다양한 혜택이 따라붙는다. 미국에서 프라임 서비스의 연회비는 2018년 말 현재 119달러(약 13만 원)이다. 월정액으로 환산해 보면 1만 원을 조금 넘는 금액이다. 프라임 서비스 가입자들은 아마존 생태계에 자진해서 갇힌 충성 고객들이다. 2018년에 글로벌 프라임 서비스 회원 수는 1억 명을 돌파했다. 이중 미국의 회원 수는 6천만 명 정도로 추정된다. 가구 수로 계산해 보면 이미 점유율 50%는 훌쩍 뛰어 넘은 것으로 보인다.

■ 아마존 프라임 회원 혜택

구 분	혜택 내용
프라임 쇼핑	2일 내에 무료 배송과 무료 반품
프라임 비디오	아마존이 보유한 영화와 드라마 콘텐트 무제한 제공
프라임 뮤직	아마존이 보유한 '음원'음악 콘텐트 무제한 제공
프라임 리딩	아마존이 보유한 전자책 콘텐트 무제한 제공
프라임 포토	무제한 포토 저장 공간 제공
프라임 데이 참여	프라임 회원 대상 프라임 데이 진행 (매년 7월 11일)

프라임 서비스는 아마존의 쇼핑 생태계를 구성하는 핵심 정책이다. 그리고 이를 떠받치는 기본 전략이 '빠른 배송'이다. 2일 이내에 주문 상품을 미국 전역에 배송한다. 음악과 동영상 콘텐트 등 다양한 부가서비스를 추가로 제공하고 있어 고객들은 아낌없이 연회비를 지불한다.

제프 베이저스는 워런 버핏처럼 매년 주주들에게 '연례서한'을 보낸다. 2015년에 보낸 '연례서한' 내용에는 '프라임 회원 서비스 혜택을 확대해 프라임 회원에 가입하지 않은 사람이 무책임해 보일 정도로 만들고 싶다'라고 썼다. 그만큼 프라임 서비스는 제프 베이저스가 심혈을 기울여 만든 최고의 작품이다.

여기서 창업자 베이저스의 핵심 전략을 또 하나 소개한다면 '초장기적 관점으로' 사업을 진행한다는 점이다. 그러니까, 그는 단기적으로 투자를 회수하려는 생각은 전혀 하지 않는다. 그래서 아마존의 최우선 목표는 '프라임 회원 수' 자체를 늘리는 데 있다.

아마존 프라임 멤버가 되면 반드시 구매 횟수가 늘어난다. 배송비가 무료라 평소에 구매하던 상품 외에 더 살만 한 상품이 없는지 찾아보게 된다. 자연스럽게 고객들은 다른 상품으로 구매를 확장한다. 결국 고객 1인당 평균 구매금액이 높아진다는 의미다. 그뿐이 아니다. 가장 좋은 점이 또 있다. 아마존 생태계에 자진해서 갇힌 고객들은 굳이 다른 전자상거래 기업에서 쇼핑하지 않는다는 점이다.

그나저나 아마존 프라임의 최대 강점인 '빠른 배송'의 원동력은 뭘까? 당연히 최첨단 물류센터다. 아마존은 15개국에 150개 이상의 물류센터를 보유하고 있다. 이곳에서 연간 수십억 개의 택배를 처리한다. 이 엄청난 양의 물류를 정확하고 빠르게 처리할 수 있는 것은 '키바Kiva'라고 하는 로봇 덕분이다. 이런 환상의 물류센터와 자동처리 시스템은 고객들이 아마존을 선택할 수밖에 없는 최강의 경쟁력으로 변한다. 아마존은 이를 바탕으로 새로운 분야인 신선식품, 의류, 약품 등으로 영역을 확장해 나가는 중이다.

이런 압도적인 배송시스템으로 인해 프라임 회원은 더 늘어나고 플랫폼이 확대되면서 고객 정보는 더 착실하게 축적된다. 그 정보는 소중한 '빅 데이터'가 된다. 아마존은 여전히 이익을 크게 남기지 않으면서 아마존 프라임 서비스로써 고객을 늘리는 선순환 구조를 지향하고 있다.

또 2015년부터 매년 7월 11일 전후로 30시간 동안 프라임 멤버만을 대상으로 열리는 '프라임 데이'라는 할인행사도 있다. 큰 폭의 할인율로 인기 충천이다. 2018년에는 약 41억 달러(4조5천억 원)의 매상을 올리며 전년 대비 2배 가까이 성장했다. 쿠팡의 2018년 연간 매출액인 4조4천억 원 이상의 금액을 30시간 만에 팔아치운 셈이다.

과연 '베이저스'의 호언장담과 같이 프라임 회원이 되지 않았다가는 손해 본다는 생각이 들지 않겠는가?

프라임 비디오, 넷플릭스보단 약하지만 뭐, 공짜니까

지금 미국에서는 넷플릭스, 아마존 프라임 비디오, 디즈니 플러스가 동영상 서비스 시장에서 격돌 중이다. 넷플릭스가 가장 빠르게 진격하고 있긴 하지만, 아마존 프라임 비디오와 디즈니 플러스도 사태의 심각성을 알고 빠르게 반격 채비를 하고 있다.

아마존 프라임 회원을 증가시킨 일등 공신이 바로 프라임 비디오 서비스다. 프라임 비디오는 프라임 회원이 되기만 하면 무료로 제공된다. 프라임 회원의 30% 이상이 프라임 비디오 때문에 가입했다는 설문조사도 있다. 아마존은 오리지널 동영상 콘텐트 제작에도 계속 자금을 투자하고 있다.

동영상 시청 관련 데이터도 빅 데이터이며, 프라임 비디오 역시 빅 데이터 수집에 활용할 수 있다. 시청자들에게 인기 있는 동영상을 파악하는 건 기본이다. 시청자들이 어느 장면에서 짜증을 내며 채널을 돌렸는지 등 다양한 빅 데이터를 실시간으로 파악한다. 이런 빅 데이터는 프라임 비디오의 새로운 동영상 콘텐트 제작 및 구매 결정에 큰 도움이 된다.

프라임 비디오의 실제 시청자 수는 몇 명일까? 2018년 말 '아마존 프라임'의 글로벌 회원수는 1억 명 이상이라고 앞서 말했다. 하지만 이들이 모두 프라임 비디오 시청자인 것은 아니다. 아마존은 프라임 비디오 실제 시청자 수를 따로 공개하지 않는다. 미국 일부 언론의 추정치를 보면 약 30% 수준인 3천만 명 내외로 알려져 있다. 넷플릭스의 글로벌 유료회원수 1억 4천만 명에 비교하면 많이 모자라 보이긴 한다. 이렇듯 프라임 비디오가 넷플릭스와 본격 경쟁하기에는 부족하지만, 프라임 회원을 늘리기 위한 부가서비스로는 최고의 혜택이라 생각된다. 아무튼 프라임 회원을 주축으로 하는 아마존 생태계는 계속 커질 것이다.

아마존, 미국을 넘어 유럽으로

아마존이 미국을 주름잡는 1위라는 것은 많은 사람들이 진작 알고 있었지만, 유럽 주요국가에서도 높은 점유율을 갖고 있다는 사실은 잘 모른다. 주요 유럽국가에 진출해 있는 아마존은 영국, 독일, 프랑스, 스페인, 이탈리아 등 5개 시장에서도 모두 점유율 1위를 기록하고 있다.

그럼, 유럽 외 지역에서는 어떨까? 아마존은 유럽 외에도 일본, 캐나다, 호주, 멕시코, 인도 등 세계 총 15개국에 진출했다. 여기서도 모두 점유율 1위 또는 2위를 기록, 글로벌 시장에서 고루 통하는 압도적인 경쟁력을 과시하고 있다. 아마존의 글로벌 공략은 차근차근 잘 이루어지고 있다. 전 세계 전자상거래시장 규모 상위 5개 국가는 중국, 미국, 일본, 프랑스, 독일 순이다. 이중에서 진입장벽이 있는 중국만 빼고 나머지 4개국에서 전자상거래 점유율 1등은 일제히 아마존이다. 아마존의 막강한 위력을 다시 한 번 절감하게 된다.

온라인만으론 부족하다, 'HOME'을 접수하라

온라인시장을 50% 가까이 장악한 아마존의 큰 그림은 이제 시작일 뿐이다. 아마존은 아직 배가 고프다. 아마존 쇼핑 생태계로 고객들을 확실히 끌어들이려면 어떻게 해야 할까? 결국 각 가정 내부로 아마존이 진입해야 한다. 그것이 가능할까? 도대체 어떻게 해야 가정 하나하나에 진입할 수 있을까? 그 플랫폼이 바로 음성인식 인공지능 플랫폼인 '알렉사Alexa'와 인공지능 스피커인 '아마존 에코Amazon Echo'다.

우선 알렉사 얘기부터 해 볼까? 솔직히 아마존에 별 관심이 없는 한국 사람이라면 이런 이름을 외우기조차 숨차다. 하지만 아마존의 음성인식 인공지능 플랫폼인 알렉사는 구글의 '구글 어시스턴트'와 함께 세계시장을 양분할 가능성이 높으니 일단 외우고 가는 게 좋겠다.

음성인식 인공지능 플랫폼이 지닌 장점은 뭘까? 당연히 편리함이다. 직관적으로 생각해 보자. 손으로 조작해서 명령하는 것과 손이 자유로운 상태에서 '음성'으로 명령하는 것, 어느 편이 더 편리할까? 묻는 자체가 어리석은 짓이리라. 말로만 명령해도 이루어지는 편리함을 어디다 비기겠는가. 현재 음성 인식률은 95%까지 개선된 상태다. 앞으로도 인식률은 더 발전할 것이다. 인간은 일단 편리함에 익숙해지면 조금 덜 편리했던 과거로 돌아가지 못하니까.

아마존은 2018년 9월에 알렉사를 탑재한 전자레인지, 벽시계, 스피커용 앰프, 스마트 플러그 등의 기기를 발표했다. 알렉사는 지금 TV, 세탁기, 에어컨 등 각 가정에 있는 모든 가전제품과 연결돼 있다. 앞으로 그 범위는 가전제품을 넘어 자동차, 보안시스템으로 확대된다. 이 여정의 종착지는 결국 모든 제품을 잇는 '사물인터넷' 적용이다.

음성인식 인공지능 플랫폼인 알렉사를 거들어 주고 있는 게 바로 인공지능 스피커인 아마존 에코다. 에코의 가격은 180달러(약 20만 원)이고, 그 소형 버전인 '에코 닷(Echo Dot)'은 50달러(5만5천 원)이다. 에코는 고객에게 직접 스피커를 통해 대답을 해 주거나 안내를 해 준다. 뉴스, 일기예보, 스포츠 결과를 음성으로 제공해 주는 건 기본이다. 추가로 물건 주문, 피자 주문, 식당 예약 등 다양한 명령이 가능하다. 아마존 에코와 고객은 지속적으로 쌍방향 대화를 할 수 있다. 이렇게 쌓인 고객정보는 소중한 빅 데이터가 되며, 이 빅 데이터를 '자체학습' 즉 '셀프러닝self-learning' 함으로써 알렉사와 아마존 에코의 인공지능 능력은 계속 진화된다.

아마존은 빅 데이터라는 말이 유행하기 훨씬 전부터 아마존닷컴 사이트에서 고객들의 검색 이력, 구매 이력, 클릭률 등을 분석해 상품을 추천해 왔다. 표현이야 어찌 되었건 오래 전부터 빅 데이터를 다양하게 활용해 왔다는 얘기다.

2019년 1월 미국 라스베이거스에서는 세계 최대 IT·가전 전시회인 CES 2019 행사가 나흘 동안 진행됐다. 이 행사에서 아마존과 구글은 자사의 음성인식 인공지능 플랫폼인 알렉사와 구글 어시스턴트를 홍보하는 데 여념

이 없었다. 이 AI 플랫폼의 승자가 소비자의 가정을 대부분 접수하게 될 것이다. 여기서 승리해야 아마존의 생태계로 고객들을 끌어들여온 지금까지의 노력이 완벽히 마무리될 수 있다. 그래서 아마존은 필사적으로 알렉사를 홍보하고 있다.

알렉사를 통한 '스마트 홈 플랫폼'이 활성화되면 방대한 고객들의 빅 데이터를 얻을 수 있게 된다. 궁극적으로는 여러 가지 서비스를 한 곳에서 제공하게 돼 시너지 효과가 더 커진다. 아마존의 생태계가 커지면 커질수록 아마존의 위력은 더욱 강력해질 것이다.

홀푸드 인수로 오프라인 진격; 신선식품 배송 전쟁

아마존은 2017년 6월 유기농식품 슈퍼마켓 체인 홀푸드Whole Foods Market를 135억 달러(약15조 원)에 인수한다고 전격 발표했다. 그러자 식품업체인 크로거Kroger 주가는 순식간에 14% 폭락했고 월마트, 코스트코 같은 경쟁사들의 주가도 5~6% 폭락했다. 아마존이 시장 규모가 막대한 신선식품까지 장악하게 된다면 시장점유율은 한층 더 튼튼한 날개를 달 것이라고 우려한 결과다.

식료품시장의 규모는 어마어마하다. 우리가 식사를 준비할 때 가정에서 가장 많이 구매하는 게 바로 식료품이니까. 그런데 식료품은 유통기한이 짧고 훼손되기 쉽다. 따라서 웬만한 배송 능력으로는 섣불리 진입할 수가 없는 시장이다.

아마존은 사실 홀푸드를 인수하기 전부터 광대한 신선식품 시장에 관심이 많았다. 그래서 2009년부터 식료품을 전문으로 하는 '아마존 프레시Amazon Fresh' 서비스를 시범적으로 도입했고 2014년부터 가능 지역을 확대했다. 연회비 299달러(약 33만 원)의 멤버십이다. 아마존 프레시의 경쟁력 또한 '당일 배송 서비스'다. 식료품 사업은 경쟁자가 많다. 대형 마트들도 온라인으로 식료품을 주문하면 배송해 주는 서비스를 제공한다. 그러나 제품 보관부터 배송까지 모든 과정을 직접 해결하는 아마존은 효율성과 비용 측면에서 경쟁자들을 압도한다.

그럼에도 아마존 프레시는 미국 전역으로 사업을 확대하지 못했다. 역시 신선식품 배송에는 여러 가지 어려운 문제가 많기 때문이다. 그래서일까, 아마존은 전략을 바꿔 '홀푸드'를 인수한다. 왜일까, 무엇을 노렸던 것일까? 아마존의 홀푸드 인수는 크게 두 가지의 의도를 담고 있다. 하나는 오프라인 시장으로의 진출이다. 온라인시장을 장악한 아마존은 이제 거꾸로 오프라인 시장으로 진격하려는 것이다. 또 하나는 역시 배송에 관련돼 있다. 즉, 홀푸드 매장을 신선식품의 배송 거점으로 활용하려는 목적이 엿보이는 것이다.

이제 홀푸드 매장에서는 식료품뿐만 아니라 인공지능 스피커인 아마존 에코닷을 판매하는 등 아마존 전자기기들의 전시공간으로도 활용되고 있다. 아마존은 홀푸드 매장을 방문하는 고객들에 대한 2시간 무료 배달 서비스도 개시했다. 아마존 홈페이지에서 홀푸드의 신선식품 리스트를 쉽게 찾을 수 있음은 물론이다.

유통업계 경쟁사들은 아마존이 미국 유기농 식품매장의 아이콘인 홀푸드를 인수해 식품시장마저 단숨에 잡겠다는 야망을 드러내자 전전긍긍하고 있다.

아마존의 신선식품 진출 아이디어에서 힌트를 얻어 한국에서 '신선식품 새벽배송'이라는 참신한 비즈니스를 시작한 업체가 바로 마켓컬리다. 이에 뒤질세라 쿠팡도 '로켓 프레시'로 신선식품 배송에 뛰어들었다. 신선식품의 배송은 까다롭지만 시장 규모가 매우 크다는 점에서 향후 치열한 경쟁이 예상된다.

아마존 고; 타깃은 소매시장 전체!

"노 라인, 노 체크아웃(No line, No check out)!"

아마존 고의 슬로건이다. 기다리는 줄도 없고 계산대도 없다는 뜻이다. 무인 매장 '아마존 고Amazon Go'의 이런 표어는 2016년 당시 최대의 화제였다. 아마존은 2016년 12월 미국 시애틀 본사 건물 1층에 무인매장인 아마존 고를 전격 오픈했다. 일단 직원들만을 대상으로 1년 이상 시범 운영한 끝에 2018년 1월 정식으로 일반인들에게 공개하고 영업을 개시했다.

아마존고 전경

2018년 말 현재 무인매장 아마존 고는 시애틀, 시카고, 샌프란시스코 등 총 9개 도시에서 매장을 운영 중이다. 이들의 원대한 계획은 2019년에 주요 지역 중심으로 매장 50개를 구축하고 2021년까지 미국 전역에 3천 개의 스토어를 개설한다는 것이다.

쇼핑객은 지하철 자동개찰기 같은 기기에다 스마트폰을 갖다 대고 아마존 ID를 인증시켜 입장한다. 그냥 지하철 타는 느낌이다. 그런 다음 진열대에서 상품을 골라 담고 그대로 매장을 나오면 끝이다. 즉 계산대를 거칠 필요 없이 매장을 나서면 자동으로 결재되어 스마트폰에 영수증이 전송되는 방식이다. 지금은 자동결제에 초점을 맞췄지만 곧 자동 재고관리와 자동물류 시스템까지 도입될 것이다.

소비자 입장에서야 매우 편리하지만, 이런 시스템을 구현하기 위해 아마존은 어떤 노력을 얼마나 쏟아 부었을까! 아마존 고에는 이제까지 아마존이 축적해 온 방대한 지식이 모두 응축되어 있다. 클라우드, 카메라, 물류, 음성인식, 얼굴인식, 센서 퓨전, 딥 러닝 같은 최신 기술들이 총동원됐다. 'Just Walk Out (그냥 걸어 나가세요)'이라는 아마존 고의 광고 문구는 무인매장인 아마존 고를 직관적으로 설명한다.

계산대가 없는 매장의 방문객들은 어떤 기분으로 쇼핑을 할까? 아직까지는 인공지능이 상품을 구별하는 데 약간의 제약이 있어 방문객 최대 인원수를 50명 내외로 제한하고 있다. 소비자 입장에서는 한결 더 쾌적하고 편리할 것 같다. 계산조차 하지 않고 그냥 매장을 나오는 기분은 또 어떨까?

이 엄청난 기술들이 집약된 아마존 고의 기술 자체를 우리가 여기서 분석할 필요는 없다. 안타깝지만 그런 것들을 뜯어 볼 능력도 없고. 다만 투자자 관점에서 고민해 보는 거다. 그들의 원대한 계획대로 아마존 고가 미국 전역에 3천 개가량 생긴다면 무슨 일이 생길까? 아마존에게 어떤 좋은 점이(혹은 불리한 점이) 있을까?

아마존고 입구

아마존 고 덕분에 아마존은 파격적으로 줄어든 인건비로 무장하고 오프라인시장에 진입할 수 있다. 소비자 입장에서는 체크아웃 시간을 아끼는 등, 엄청난 편리함을 느끼게 된다. 아니, 더 나아가 기술만 완벽하게 구현된다면 아마존 고는 미래의 오프라인 매장을 위한 표준이 될 것이다.

한국에서도 비슷한 동향을 감지할 수 있다. 최저임금 인상의 영향으로 오프라인 매장들이 종업원들을 해고하고 '키오스크kiosk'라는 무인 주문시스템 도입을 늘리고 있다. 하지만 키오스크는 종업원이 해야 할 계산-결제 업무를 소비자에게 전가하는 나쁜 시스템이다. 소비자는 여전히 불편하다. 주말에 마트 계산대에서 짜증스럽게 줄서 있는 내 모습을 상상해 보자. 아마존

고는 이런 불편함을 단숨에 해소한다.

아마존 고는 미국 소매시장의 판을 뿌리에서부터 뒤흔들 것이다. 아마존은 이미 온라인시장에서 아마존 생태계에 자발적으로 갇힌 고객들과 아직 갇히지 않은 고객들을 대상으로 새로운 제안을 했다. 오프라인시장에서도 그들의 생태계에 자진해서 갇힐 수 있도록 아마존 고를 만들어 준 것이다. 온-오프라인시장을 다 장악하려는 게 아마존의 큰 꿈이다.

또 하나 중요한 사실이 있다. 아마존 고를 통해 오프라인 점포에서도 빅 데이터를 취득할 수 있게 됐다는 점이다. 아마존은 온라인상에서는 이미 사이트 방문 고객들의 빅 데이터를 수집해 왔다. 전체 고객 중 몇 명이 클릭했는지, 그중 몇 명이 실제로 구입했는지 등등을 분석해 디자인과 상품배치를 수시로 바꿔 왔다. 고객별 맞춤 대응도 가능했다. 이제는 오프라인 매장에서도 이와 똑같은 고객 분석 및 대응이 가능해진다.

아마존은 비슷한 목적으로 '아마존 북스'와 '아마존 4스타'라는 오프라인 매장을 연속으로 열고 있다. 아직 큰돈이 되는 매장들은 아니지만 고객들의 빅 데이터를 취득하려는 목적에는 충실히 기여한다. 이중 오프라인 서점인 아마존 북스는 온라인 서점의 추천 방식을 오프라인에다 구현했다. 한 권의 책을 놓고 그와 비슷한 취향의 책 서너 권을 함께 두는 식이다. 또 '평점 4.8 이상' 같은 팻말을 붙이는 식으로 온라인 데이터를 근거로 삼아 책을 추천한다.

아마존 4스타는 오프라인 잡화점이다. 온라인 쇼핑몰인 아마존닷컴에서 고객 평점 4점 이상(5점 만점)을 받은 인기 제품만 판매한다. 전자기기에서부터 장난감, 주방용품, 책까지 종류를 가리지 않는다.

아마존 고를 비롯한 이 오프라인 매장들은 궁극적으로 아마존이 모든 소매시장을 장악하려는 야심을 실현하는 엄청난 플랫폼이다. 그러니까 누가 뭐래도 아마존은 온라인 점유율 50%에 머무르지 않고 미국 소매시장 전체에서도 50% 수준까지 점유율을 올리고 싶은 것이다.

그렇다고 소매시장 전체에서 50%를 넘길 생각은 없을 터. 그렇게 될 경우 미국의 무시무시한 '반독점법'에 걸려들 테니까 말이다. 베이저스는 반독점법 소송에 지쳐 은퇴한 빌 게이츠의 전철을 밟을 생각은 없을 것이다.

이미 반독점법 소송이 아닌 이혼 소송으로 지쳤기 때문이다. 제프 베이저스의 이혼으로 인한 아마존 지분율 변화는 큰 이슈였다. 미국 경제 매체 CNBN의 2019년 4월 보도에 따르면 제프 베이저스의 아마존 지분 16.3% 중에서 약 4%의 지분을 부인인 매켄지에게 넘기는 것으로 합의가 됐다. 다행히 의결권은 그대로 제프 베이저스가 갖게 된다. 이 이혼 비용을 계산해 보면 무려 40조 원이다.

돈은 클라우드 사업으로 번다?

아마존의 원대하고도 장대한 계획에 관해서는 여러 페이지에 걸쳐 설명해 왔지만, 사실 여러분에게 살짝 귀띔할 것이 있다. 아마존은 아직 전자상거래시장을 포함한 소매시장에서는 엄청난 이익을 남길 생각이 없다는 점이다.

"왜 아마존은 압도적인 시장점유율에도 불구하고 돈을 벌지 못하나?" 이것이 주주들의 불만 가운데 하나다. 아마존은 전자상거래 분야에서 발생하는 지속적인 고수익, 즉, 하이 마진high margin을 스스로 포기했다. 대신 고객들

에게 물건을 가능한 한 싸게 팔아 이익을 되돌려 주며 고객 수를 늘리는 성장
정책을 써 왔다.

그래서 시장점유율이 무려 50%라는 압도적인 상황에도 불구하고 이익
률은 오히려 낮은 편이다. 2018년 기준 아마존의 전자상거래 영업이익률은
3%에 불과하다. 아마존이 실제로 막대한 이익을 내는 분야는 전자상거래가
아니라, 클라우드 사업인 '아마존 웹 서비스Amazon Web Service'다. 이 사업에서
2018년 기준 영업이익률은 무려 28%에 달한다.

극명한 차이를 보일 수밖에 없을 아마존의 전자상거래와 아마존 웹 서
비스, 이 두 분야의 영업이익을 비교해 보자.

■ 아마존 전자상거래 및 아마존 웹서비스 수익 비교   단위 : 원

구분	2017년 영업이익	이익점유율	2018년 영업이익	이익점유율
전자상거래 등	△2천억	적자	5조6천억	41%
아마존 웹 서비스	4조7천억	100%	8조	59%
전체 영업이익	4조5천억	100%	13조6천억	100%

자료 : 아마존, 미래에셋 리서치센터, 환율 1,100원으로 저자 환산

2018년도 영업이익을 보면 사실 실망스럽다. 14조 원의 영업이익이 절
대치로는 결코 적은 금액이 아니지만, 시가총액 세계 1위를 넘보는 최고 기업
치고는 그 규모가 작은 편이다. 물론 5조 원도 안 되는 2017년의 전체 영업이
익에 비하면 많이 발전하기는 했다. 증가율이 무려 200% 수준이니까. 그렇지
만 자세히 들여다보면 의아하다. 2017년의 경우, 시장점유율 50%를 자랑하
는 전자상거래 분야에서 적자를 봤기 때문이다! 베이저스에게 물어보고 싶

을 정도다, 도대체 전자상거래 분야에서 언제부터 돈을 제대로 벌 생각인지. 아마도 온라인시장 정도가 아니라 '소매시장 전체의 절반가량을 점유했을 때부터'라고 대답할 것 같다.

클라우드 서비스에 대해서는 앞서 마이크로소프트 편에서 충분히 설명했다. 여기서는 아마존이 애초 클라우드 사업을 시작한 이유만 짚어 보자. 우선 블랙 프라이데이 온라인 행사가 벌어졌을 때 아마존 고객들의 아마존닷컴 접속량이 평소의 10배로 늘어난다고 가정해 보자. 아마존은 이 하루의 온라인 행사를 위해 서버를 평소 접속량의 10배로 확보해 놔야 한다. 장기적으로 엄청난 자원 낭비가 아닐 수 없다. 그래서 생각해 낸 것이 평소 남아도는 서버를 임대해 주는 클라우드 비즈니스였다. 바로 아마존 웹 서비스의 시작이다.

이런 클라우드 서비스 시장점유율에서 압도적인 1위가 바로 아마존이다. 2018년 기준 점유율은 34%로 2위인 마이크로소프트의 13%를 훨씬 앞지르고 있다. 하지만 클라우드 사업이 '하이 마진'이라는 사실은 경쟁사들도 다 알고 있다. 점유율 2위인 마이크로소프트와 점유율 3위인 구글도 사력을 다해 아마존을 맹추격하고 있다.

아마존과 경쟁관계에 있는 월마트나 코스트코 등 대형 소매 회사들은 아마존을 싫어하므로 대안인 마이크로소프트나 구글의 클라우드를 이용한다. 이런 상황을 고려할 때 향후 클라우드 시장은 아마존 웹 서비스의 압도적인 독점보다는 상위 3개 사의 과점시장이 될 가능성이 높아 보인다. 그러나 아마존은 강력한 원가 우위 전략과 선점효과를 통해 클라우드 시장에서도 계속 1위를 수성해 나갈 것이다.

■ 아마존 최근 5년 수익률 (2014년 1월~2018년 12월)

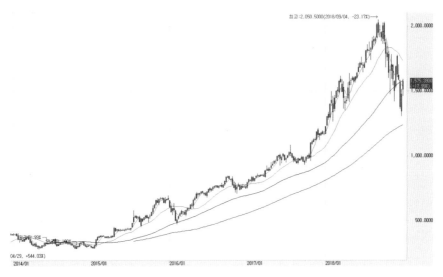

출처 : 미래에셋대우 홈트레이딩 시스템

■ 아마존 주가 및 연간 주가 상승률
단위 : 달러

구분	2014년	2015년	2016년	2017년	2018년	5년 누적수익률	연평균 수익률
주가	310	676	750	1,169	1,502	-	-
상승률	-22%	118%	11%	56%	28%	276%	55%

아마존 투자 포인트

2018년 아마존의 시가총액은 1,000조 원을 돌파하며 세계 1위에 잠깐 등극했었다. 그러나 다시 하락하며 2018년 말 기준 800조 원 수준의 시가총액을 기록하고 있다. 2019년에도 애플과 아마존, 마이크로소프트가 치열하게 미국 시총 1-2-3위를 다투는 형국이다.

■ 아마존 영업이익

단위 : 원

구분	2017년도	영업이익률	2018년도	영업이익률
아마존	4조5천 억	2%	13조6천 억	5%

자료 : 미래에셋 리서치센터, 1,100원 환율로 저자 환산

　앞에서도 언급했듯이, 2018년 아마존의 소소한(?) 영업이익 14조 원으로는 이 거인의 높은 주가를 제대로 설명할 수 없다. 다시 말해 우리가 흔히 쓰는 PBR(주가 순자산 비율)이나 PER(주가 수익비율)로는 아마존의 주가를 정당화할 수가 없다는 얘기다. 그러나 미래에 발생할 아마존의 막대한 이익을 추정해 현재의 기업 가치를 평가해 보면 아마존의 현재 주가는 여전히 매력적이다.

　아마존의 궁극적인 최종 목표는 온라인시장을 넘어 소매시장 전체의 50%를 장악하려는 게 아닐까? 장기적으로 이 목표를 달성한다면 아마존은 만족할 만큼 돈을 벌 수 있을까? 아마존은 2018년 6월에 아마존 프라임 서비스 연회비 가격을 99달러에서 119달러로 20% 인상했다. 언젠가 때가 무르익어 훨씬 더 가파르게 연회비를 인상할 즈음이면 그들의 목표 이익은 달성될 것으로 본다.

　따라서 지금 당장의 실적으로 아마존을 평가하지 말자. 지금 그들은 세계 전체 소매시장을 휘어잡으려는 원대한 꿈을 품고 있어서 목전의 이익에는 그다지 관심이 없다. 그 말은 이렇게 해석될 수 있을 것이다. 오늘 아마존 주식을 사지 않는다면 아마존이 세계 전체 소매시장을 재패하는 그날, 후회하게 될 것이라고.

1 1등의 자격이 '배송 속도'였다는 걸 재빨리 간파한 아마존.

2 '빠른 배송'을 미끼로 '아마존 프라임'이라는 멤버십(유료회원제)을 도입해 고객들을 '아마존 쇼핑생태계'에 머무르게 하는 데 성공.

3 '모든 것을 파는 기업'이었던 과거와 '모든 사업을 하는 기업'인 현재와 '우주산업까지 하는 기업'이라는 미래를 다 합친 '아마존'.

4 고객정보가 빅 데이터가 되고, 이것을 자체 학습하여 알렉사와 아마존 에코의 인공지능은 계속 진화.

5 아마존 고는 미국 소매시장의 판을 뿌리에서부터 뒤흔들 것.

6 아마존이 막대한 이익을 내는 분야는 클라우드 사업인 '아마존 웹 서비스^{Amazon Web Service}'.

04 알파벳;
인류 최강
지주회사

알파벳

"오케이, 구글 ~ 오늘 날씨는 어때?"

요즘 내가 아침에 일어나면 구글에게 던지는 질문이다. 그러면 인공지능 스피커인 '구글 홈Google Home'은 친절하게 일기예보를 들려준다. "오늘 아침 기온은 영하 5도, 낮 최고 기온은 영상 4도로 예상되며……."

"오케이, 구글, 발라드 음악 좀 틀어 줘."

계속되는 요청에 구글 홈이 대답한다. "네, 발라드 음악 말씀이군요. 그렇다면 이승철의 노래를 틀어 드리겠습니다." 구글 홈의 능력은 이미 이 정도까지 진보해 있다. 구글을 안 쓰는 사람은 있어도 구글을 모르는 사람은 없다. 그만큼 전 세계적으로 유명한, 아니 유명하다는 표현이 쑥스러울 정도로 압도적인 권위의 대표 포털사이트다. 그런데 미국 주식시장에서 구글 주식을 구입하고자 하면 일단 헷갈린다. 구글이란 이름의 상장기업이 주식시장에 없기 때문이다.

구글은 '알파벳Alphabet'이라는 아리송한 이름으로 상장되어 있다. 또 그 주식은 '알파벳A'와 '알파벳C' 두 종류로 나뉘어 있어 투자자들을 더욱 헷갈리게 한다. 알파벳A는 1주당 1개의 의결권이 부여되는 주식이고, 알파벳C는 의결권이 전혀 없는 주식이다. 하지만 A주와 C주의 주가는 거의 차이가 없다. 의결권이 있느냐 없느냐는 커다란 차이일 텐데, 왜 그럴까? 비밀은 바로 1주당 10개의 의결권을 가지고 있는 알파벳B주에 있다. 비상장된 알파벳B주 7% 지분을 공동창업자인 래리 페이지와 세르게이 브린이 가지고 있다. 이로 인해 공동창업자들의 실제 의결권 비중은 무려 50%가 넘는다. 이들이 굳건하게 경영권을 보유하고 있어 의결권이 미미한 A주와 C주는 주가 차이가 거의 없다고 해석할 수 있다.

알파벳은 2015년 8월 구글이 지주회사 체제로 전환하면서 새로 만든 이름이다. 구글은 엄청난 검색엔진을 만들어내겠다는 초기 목표를 일찌감치 달성했다. 이후 구글이라는 명칭이 제한적이라고 판단했기에 새로운 이름 알파벳을 만든 것이다. 더욱 다양한 사업들을 포괄하려는 목적이다. 우리는 어쩔 수 없이 이 생소한 이름을 외워야 한다.

알파벳의 목표는 범상치 않다. 보통의 기업들은 돈을 많이 벌고 기업 가치를 높여 주주들을 만족시키는 것을 최선의 목표로 삼는다. 그런데 알파벳은 인류의 발전에 기여하기 위한 모든 일에 관심을 가진다. 한마디로 오지랖

이 넓다. 구글, 캘리코, 라이프사이언스, 네스트, 웨이모, 안드로이드, 유튜브 등이 알파벳의 자회사 혹은 손자회사들이다. 이들 가운데 지금 당장 돈이 되는 회사, 중장기적으로 돈이 될 회사, 지금 현재는 막대한 현금만 잡아먹고 있지만 먼 미래에 돈이 될지도 모르는 회사가 다 포함되어 있다. 일반 기업들에겐 어림도 없는 지향점이다. 알파벳은 왜 이렇게 현금만 잡아먹는 프로젝트를 포함한 다양한 사업에 돈을 쏟아 붓고 있을까? 아무리 성공한 회사라도 계속해서 새로운 것에 도전하지 않으면 살아남을 수 없다는 사실을 직관적으로 알고 있기 때문이다.

여기서 알파벳의 자회사를 모두 소개할 필요는 없을 것이다. 워낙 쉬쉬하면서 추진하는 사업이라 정보가 공개되지 않은 경우도 많고. 하지만 몇몇 주요 멤버들만 소개해도 우리가 왜 알파벳에 투자해야 하는지가 명확해진다. 알파벳은 정말 엄청난 회사다.

일단 '알파벳'의 시작이자 알파벳 매출의 대부분을 차지하는 '구글'부터 소개하는 게 순리일 듯하다.

구글

(1) 구글은 신이라 불린다

포털사이트 구글Google의 위력을 한국에서 느끼기는 사실 어렵다. 한국은 전 세계에서 구글이 1등을 차지하지 못한 단 3개국 중의 하나이기 때문이다. 구체적으로 한국의 네이버, 중국의 바이두百度, 러시아의 얀덱스Yandex, 지구촌에서 오직 이 세 기업만이 구글과의 싸움에서 당당히 승리하고 해당 국가 포털 사이트 1위를 지키고 있다.

그렇다고 우리가 실생활에서 구글의 막강 파워를 전혀 느끼지 못하는 건 아니다. 우리가 끊임없이 쓰는 스마트폰에서 구글의 안드로이드를 접할 수 있고, 동영상 서비스는 한국에서도 이미 유튜브로 통일되어 있다.

구글이 스스로에게 부여한 사명이 뭔지 아는가? '전 세계의 정보를 조직화하고 전 인류 누구나 쉽게 접근하고 사용할 수 있도록 하는 것'이다. 구글의 검색창에서 세상에 존재하는 모든 정보를 얻어 내는 행동은 세계인의 일상이다. 전 세계인들은 아무 거부감 없이 구글에서 정보를 얻어 낸다. 구글은 고유명사이지만 동사로도 통용되고 있다. ("빨리 구글해봐!") 물론 한국에서는 네이버가 그 역할을 하고 있다.

회사 이름의 탄생 과정부터 많은 화제를 불러 모았던 구글의 로고

내가 물으면 구글은 반드시 대답해 준다. 모든 사람에게 평등하게 지식을 제공한다. 구글에 질문하면 어떤 내용이 됐건 반드시 대답을 얻는다. 우리는 입력한 검색어에 대해 1초 만에 가지런히 나열된 정보 덩어리를 받으면서, 그걸 너무나도 당연시한다.

"명동에서 제일 맛있는 음식점은?"

"배가 아픈 원인은?"

"한국 사람의 평균수명은?"

물론 구글의 대답은 검색 알고리즘에 의해 최적화된 답변이다. 만약 정보를 분류하고 조직화하는 필터링과 검색 알고리즘이 없다면 구글의 대답은 쓰레기처럼 혼란스러울 것이다. 다행히도 구글은 언제나 최고 수준의 정리된 정보로 대답해 준다.

구글의 검색 알고리즘이 다른 포털보다 더 강력한 이유는 뭘까? 첫째로 구글은 검색 알고리즘의 기술 향상에 지속적으로 투자하고 연구하기 때문이다. 지금도 끊임없이 연구 개발하고 인공지능화해서 검색 성능을 계속해서 높여 가고 있다. 둘째로 구글의 사용자 정보가 훨씬 더 많기 때문이다. 구글은 전 세계인이 사용한다. 따라서 가지고 있는 데이터가 다른 포털보다 압도적으로 더 많다. 결국 데이터 싸움 아니겠는가.

사람들이 구글에게 주는 신뢰는 가족보다도 훨씬 굳건하다. 어떤 가족에게 섹스, 피임, 연애, 자살, 살인 등의 은밀한 이야기를 물어보겠는가? 어림도 없다. 누구나 자신의 가장 내밀한 궁금증까지 부끄러움 없이 물어볼 수 있는 상대는 구글뿐이다.

구글에게 던지는 질문은 거의 신에게 고해성사하는 수준이다. 구글의 답변 또한 다른 검색엔진들과 비교해 가장 정확하다. 거의 신적인 수준이다. 그래서 농담처럼 우리는 구글을 '신'이라고 부르기도 한다.

(2) 모든 광고는 구글로 통한다

그런데 직관적으로 생각해 보자. 소비자들은 구글에서 아무리 많은 정보를 검색해 얻어 가도 구글한테 한 푼도 내지 않는다. 그럼 도대체 구글은 어떤 방식으로 돈을 버는 걸까? 그렇다, 모두가 예상할 수 있는 것처럼 구글은 광고로 돈을 번다.

구글은 소비자들이 검색하는 모든 단어에 연관되는 기업들로부터 '단어별'로 경매를 붙여 광고를 하게 한다. 이 과정에서 구글은 막대한 광고료를 챙기는 것. 네이버의 경우도 마찬가지다. 차이가 있다면 구글은 전 세계인이 사용하고, 네이버는 한국인들만 사용한다는 점이다. 당연히 광고수익 규모도 압도적으로 차이 난다.

예를 들어 소비자가 '꽃 배달'을 검색했을 때, 이 검색어에 관련된 기업들이 검색결과에 노출되게 한다. 그리고 소비자가 해당 업체의 광고를 클릭하면 '구글'은 그 업체로부터 클릭 수에 따라 광고비를 받는다. 관련 기업들에게는 경매 방식으로 광고비용을 산정하므로, 늘 생각보다 높게 광고비용이 책정되는 형태다. 물론 이 외에도 광고수익을 얻는 방식은 참으로 다양하다.

과거에는 PC에서만 구글 광고가 이루어졌지만 지금은 모바일로 그들의 광고가 확장되고 있다. 따라서 모바일로 검색되는 단어에 광고를 노출한 기업들의 광고 효과도 좋아지고 있다. 구글은 궁극적으로 온라인뿐만 아니라 오프라인에서도 광고 영향력을 확대하기 위해 '구글 맵Google Maps'을 만들었다.

2018년 여름휴가 때, 나는 헝가리 부다페스트를 돌아다니면서 구글 맵의 정확성을 몸소 체험한 바 있다. 대부분의 정보가 너무나 정확했다. 그 당시 괜찮은 맛집이나 유명 관광지들을 모두 구글 맵으로 검색했던 기억이 난다.

버스나 지하철을 타면 내가 몇 정거장 뒤에 내려야 하는지를 구글 맵이 정거장이 하나하나 지날 때마다 알려주었다. 물론 아주 가끔 알 수 없는 이유로 나를 애먹인 적도 있었지만. 그래도 부다페스트 지도에 익숙하지 않았던 나에게 구글 맵은 가히 신적인 존재였다.

구글 맵을 사용하는 소비자가 늘어날 때 구글은 어떤 식으로 이득을 얻게 될까? 구글 맵은 스마트폰의 GPS를 활용하여 위치기반 서비스가 가능하다. 따라서 수많은 오프라인 매장들의 데이터를 수집해서 상품이나 서비스를 광고해 주고 광고료를 받는 식으로 막대한 이득을 얻을 수 있다.

구글은 검색 비즈니스에서의 압도적인 경쟁력을 유지하기 위해 오늘도 계속 진화한다. 일례로 구글은 이미 '음성검색' 시장의 확장을 예견하고 음성인식 지능형 비서인 '구글 어시스턴트Google Assistant'를 출시해 아마존의 알렉사와 점유율을 다투고 있다.

(3) 차세대 캐시 카우 '클라우드 시장'

요즘 구글의 고민은 광고매출 성장세가 예전 같지 않다는 점이다. 구글의 유일한 수익원이 광고매출인데 이 부분의 성장성이 낮아졌다는 건 구글 입장에서는 위기다. 특히 상거래 물품을 판매하는 아마존이 구글의 광고시장을 계속 잠식하고 있다는 점에서 상당히 위협적이다.

그래서 새롭게 열리고 있는 클라우드 시장에서도 구글은 아마존, 마이크로소프트에 이어 3위를 기록하며 점유율 확대에 총력을 기울이고 있다. 특히 클라우드 비즈니스는 마진이 높은 편이라 구글의 최대 고민인 수익성 하락의 해결에도 큰 도움이 된다.

현재 클라우드 시장의 압도적인 1위는 아마존이다. 그러나 아마존을 싫어하는 월마트 같은 소매업체들은 구글이나 마이크로소프트의 클라우드 서비스를 선호한다. 그러므로 당연히 구글도 상당한 수혜를 예상할 수 있다. 클라우드에 대해서는 앞서 마이크로소프트를 소개할 때 많이 설명했으므로 여기서는 생략하겠다.

(4) 번역, 아직 큰돈이 되진 않지만

번역시장은 아직 소소하고 큰 돈벌이가 되진 않는다. 하지만 언젠가 확실히 돈이 될 가능성이 높다. 그래서 벌써 구글은 번역에 집중하고 있다. 언제쯤 '구글 번역기Google Translate'가 인간의 언어를 완벽하게 번역할 날이 올까? 그런 날이 오기는 올까?

사실 나는 이미 오래 전 중학교에 다니던 시절부터 기계가 인간의 언어를 완벽히 번역해 주는 날이 오리라고 예측했다. 멋진 통역기가 반드시 나올 거란 확신이었다. 그래서 영어공부에 별 관심이 없었다. 나의 '놀라운' 예상대로 구글이라는 기업이 막대한 돈을 들여 완벽한 번역에 성공하기 위해 계속 노력 중이다. 하지만 내 희망보다는 발전 속도가 너무 늦다. 지금은 중학교 때 영어공부 안 한 걸 조금 후회하고 있다.

해외에 나가면 내가 유용하게 쓰는 앱 중 하나가 구글 번역기다. 음식점이나 길거리에 쓰인 영어를 해석할 때 그 도움을 소중히 받는다. 게다가 카메라 기능까지 있어서 카메라가 인식하는 영어를 바로 한국어로 번역해 보여준다. 물론 아직 완벽하진 않다. 하지만 무슨 의미인지 짐작하기에는 충분한 수준이다. 고마울 수밖에 없다.

실제로 구글 통역도 상당히 높은 품질을 자랑한다. 스마트폰을 스피커폰으로 바꾸고 구글 번역기를 통해 외국인과 대화를 나눠 본 적이 있는가? 아직 완벽하진 않지만 음성인식율도 많이 개선됐고 기대보다 훨씬 높은 품질로 의사소통이 가능하다.

특히 구글의 인공지능 비서 구글 어시스턴트는 아마존의 알렉사와 달리 30여 개의 언어를 음성 인식할 수 있다. 구글이 번역에 엄청난 공을 들인 결과다. 영어와 독일어만 인식하는 알렉사는 앞으로도 내가 쓸 일이 거의 없을 것 같다.

한국에서는 바둑 명인 이세돌을 이긴 알파고로 유명한 구글 '딥마인드DeepMind'가 계속되는 셀프러닝Self-Learning을 통해 번역을 학습하고 있다. 외국어가 완벽하게 모국의 자연어로 번역되는 날이 언젠가는 반드시 올 것이라 믿는다. 그때가 되면 모든 통역사들과 번역가들이 일자리를 잃게 될 것이다. 그리고 구글은 아마도 어마어마한 돈 방석에 앉게 될지 모른다.

유튜브

(1) 소비자의 시간을 점유하다!

'구글 신'은 미래를 알고 있다. 그렇지 않고서야 어떻게 13년 전인 2006년에 유튜브를 무려 16억 5천만 달러(1조8천억 원)에 인수했겠는가? 당시 시장이 평가한 유튜브YouTube의 가치는 10억 달러(1조1천억 원) 내외였으니, 무려 7천억 원의 프리미엄을 얹어 주고 인수한 셈이 아닌가 말이다. 하지만 결과적으로 유튜브 인수로 구글은 엄청난 이득을 봤다. 역시 구글 신의 한 수였던 것이다.

한국에서 유튜브의 월평균 이용자 수는 얼마나 될까? 2018년 기준 2,500만 명 수준이다. 인구 5,000만 명의 절반이 '유튜브'를 이용하고 있다는 얘기다. 전 세계로 대상을 넓히면 매월 약 20억 명이 유튜브를 이용하고 있다. 세계 인류 75억 명의 3분이 1에 육박하는 수치다.

소비자가 인터넷 사이트에 체류하는 시간을 들여다보자. 한국의 경우 유튜브 체류 시간은 이미 네이버나 카카오톡을 포함해 모든 경쟁사를 훌쩍 뛰어넘었다. 국내 동영상 플랫폼에서의 점유율도 유튜브가 90% 가까이 가져가며 일찌감치 시장을 평정한 상황이다. 인터넷 초창기에는 서핑이 대세였다. 그러나 지금은 단순히 문서의 세계를 넘어 영상의 시대가 활짝 열렸다. 이 영상의 시대를 가장 쉽게 받아들이는 세대가 지금의 10대, 20대다.

네이버나 구글을 이용해 검색한 다음 그 결과를 텍스트 형식으로 얻기를 선호한다면, 당신은 30대 이상일 가능성이 높다. 요즘 10대들은 검색도 유튜브에서 한다. 나도 10대가 아니라서 왜 그러는지는 정확히 모른다. 어쨌든 그만큼 10대들에게는 유튜브가 가장 익숙하다는 점이 중요하다.

사실 인터넷 초기에는 제한된 속도 때문에라도 영상 파일을 주고받는 것은 상상조차 할 수 없었다. 그러나 초고속 인터넷이 보급되면서 영상의 플레이 및 전송이 부담 없이 이루어지자, 유튜브가 날개를 달고 전 세계로 진격해 동영상 플랫폼 독점 사업자의 입지를 구축한 것이다.

이런 변화 속에 가장 두드러진 특징 혹은 의미는 무엇일까? 과거 한낱 소비자에 불과했던 일반 대중이 이젠 직접 동영상을 만들고, 몇 번의 클릭으로 유튜브를 통해 전 세계에 배포할 수 있게 된 점이다. 예전에는 드라마감독,

영화감독, PD 등의 전문가들만 동영상 콘텐트를 공급할 수 있었다. 지금은 어떤가? 초등학생도 콘텐트 제작자가 되어 자신의 콘텐트를 인터넷으로 전 세계에 배포할 수 있다. 그뿐인가, 그런 아이들을 포함한 몇몇 개인들은 막대한 돈을 벌어들이기까지 한다. 급기야 교육부가 발표한 2018년 초등학생 희망 직업 리스트에는 소위 '유튜버'가 당당히 5위를 기록했다. 콘텐트를 제작하고 돈을 버는 유튜버를 선망하는 일반인들도 늘고 있다.

스마트폰에서 동영상을 시청할 때 가장 많이 이용되는 플랫폼 1위와 2위는 유튜브와 넷플릭스가 차지한다. 특히 유튜브는 엔터테인먼트의 정의를 뒤바꿔 놓았다. 뷰티, 먹방, 게임해설, 상품후기까지 완전히 새롭고 독특한 콘텐트들이 더 인기를 끈다. 이제껏 국가 간 장벽에 막혔던 다른 나라의 미디어들을 접할 수 있게 되면서 세계는 더욱 평평해졌다.

어떤 기업이 '소비자의 시간'을 가장 많이 점유할 수 있는가? 광고주, 방송사, 앱 등이 모두 소비자의 관심을 얻고 그들의 시간을 뺏기 위해 전력투구하고 있다. 과거에는 TV를 통한 영상 시청과 인터넷 서핑이 주류였다. 지금은 모바일, 태블릿, 노트북, PC를 통한 영상 시청이 핵심이다. 영상 시청은 인간이 여가를 보내는 방법 중 가장 인기가 높다. 정확한 데이터는 없지만 현대인들은 하루 2~5시간 정도를 영상 시청에 할애한다.

그냥 나의 하루를 살펴보기만 해도 이해할 수 있다. 나는 아침에 일어나 TV로 아침 뉴스를 본다. 출근길 지하철에서 신문을 읽지만 주변에는 대부분의 사람들이 이어폰을 끼고 핸드폰으로 뭔가를 본다. 드라마나 유튜브를 보고 있을 것이다. 퇴근길도 상황은 마찬가지. 집에 돌아와서는 TV뉴스나 실시간 드라마를 보고, IPTV를 통해 드라마를 몰아서 보기도 한다. 하지만 과거와 달리 집에서도 TV 대신 노트북이나 핸드폰으로 넷플릭스나 유튜브를 보는 횟수가 점점 늘고 있다.

틱톡으로 유명한 유튜버이자 인플루언서 옐언니

영상이 바로 왕이다. 영상이 우리의 여가를 완벽히 장악하고 있다. 물론 독서로 여가를 보내는 사람들도 있을 것이다. 그러나 한국인이 1년에 사는 책이 평균 몇 권인지 안다면 깜짝 놀랄 것이다. 아무튼 소비자의 시간을 점유하려는 이 싸움의 승자가 바로 유튜브다. 이미 전 세계에 월 20억 명이란 소비자의 시간을 확보했다. 전무후무한 동영상 플랫폼 기업이 진격하고 있다.

(2) 고급 콘텐츠의 비결은 창작자 보상 프로그램

유튜브가 고급 콘텐츠가 넘쳐나는 최고의 동영상 플랫폼으로 성공한 결정적인 비결은 일정 자격의 창작자들에게 수익을 지급하는 보상 프로그램이다. 유튜브에서 광고수익을 올리려면 '구독자 수 1,000명 이상'과 '과거 12개월 동안 시청 시간 4,000시간 이상'이라는 두 가지 조건을 충족해야 한다. 이 기준에 합당한 채널만 유튜브 측에서 수익 창출 검토를 한다. 광고수익을 좌우하는 건 조회 수가 아니라 구독자 수라는 뜻이다. 따라서 자극적인 내용으로 구독자 수를 일시적으로 늘리는 건 큰 의미가 없다. 유튜브 입장에서는 창작자의 동영상에 광고 허가를 내주는 대신 채널 트래픽을 통해 발생한 수익의 50% 이상을 가져간다는 셈법이다.

■ 국내 인기 유튜버 연간 수입 추정   단위 : 원

순위	유튜버 이름	장르	연간 수입 추정
1	폼폼 토이즈	키즈	31억 6천만
2	캐리앤 토이즈	키즈	19억 3천만
3	도티TV	게임	15억 9천만
4	허팝	과학실험	12억 3천만
5	대도서관TV	게임	9억 3천만
6	악어	게임	7억 6천만
7	밴쯔	먹방	7억

출처 : 한국방송통신전파진흥원, 2017년 기준 누적 조회 수로 산정, 중앙일보

위의 표를 보면 한국 1등 유튜버의 경우 연간 수입이 30억 원을 넘는다. 물론 이 시장도 철저한 승자독식 시장이긴 하지만 성공하면 샐러리맨 생활은 그야말로 '아무것도 아닌' 것이 된다. 이런 엄청난 규모의 창작자 보상 프로그램으로 인해 유튜브에 창작자들이 몰리는 선순환이 일어나게 된다.

이런 윈-윈 정책을 통해 발생한 수익을 유튜브가 창작자에게 배분함으로써 창출되는 고급 콘텐트들을 소비자들이 마음껏 누리고 있다. 콘텐트가

좋으니 가입자들이 늘어날 수밖에. 가입자가 증가하니 콘텐트 제작자들 입장에서는 조회 수 늘리기가 용이할 수밖에. 이런 선순환으로 인해 유튜브는 세계 1등 동영상 플랫폼이 됐다.

■ 해외 인기 유튜버 연간 수입 추정

순위	유튜버 이름	장르	수입(원)	수입(달러)
1	대니얼 미들턴(Daniel Middleton)	게임	182억	1,650만
2	에번 퐁(Evan Fong)	게임	171억	1,550만
3	두드 퍼픽트(Dude Perfect)	스포츠-예능 쇼	154억	1,400만
4	로건 폴(Logan Paul)	일상	138억	1,250만
5	마크 피시바흐(Mark Fischbach)	게임	138억	1,250만
6	필릭스 셸버그(Felix Shellberg)	게임	132억	1,200만
7	제이크 폴(Jake Paul)	코미디, 일상	127억	1,150만
8	스모쉬(Smosh)	코미디	121억	1,100만

출처 : 포브스, 중앙일보

(3) 유튜브는 도대체 무엇으로 돈을 벌까?

유튜브는 동영상 서비스 회사이기 때문에 당연히 거대한 저장 공간이 필요하다. 그만큼 비용이 많이 든다는 뜻이다. 이 엄청난 저장 공간 비용을 어떻게 감당할까? 인터넷 비즈니스 특성상 그런 비용을 소비자들이 낼 리도 없다. 게다가 유튜브는 우수 콘텐트 제작자들에게 별도로 보상금까지 지불하고 있다. 그럼 이 모든 비용을 어떻게 충당할까?

해답은 물론 상품이나 서비스의 광고로 거두어들이는 수익에 있다. 소비자들은 유튜브를 공짜로 보는 것 같지만, 사실은 공짜가 아니다. 유튜브를 시청하려면 보기 싫은 광고들을 몇 초 이상은 의무적으로 봐야 하니까 말이다. 알파벳은 유튜브만의 광고수익을 별도로 공개하진 않지만, 유튜브의 광고수익이 지속적으로 상승하고 있는 것은 확실하다.

(4) 월정액 구독 서비스, 인터넷 기업들에게는 꿈의 수익 창출

인터넷 초창기부터 인터넷 관련 비즈니스를 하는 기업들의 가장 큰 고민은 유료화였다. 파이를 키우기 위해 진행됐던 초기의 무료 정책이 어느새 '인터넷 서비스는 당연히 공짜'라는 인식을 은연중에 소비자들에게 심어 주었기 때문이다. 인터넷이 나온 지 20년이 지난 지금 이 순간에도 인터넷 검색, 이메일, 제한된 클라우드 서비스, 인터넷 카페, 동영상 서비스 등등 무료로 누릴 수 있는 인터넷 서비스는 헤아릴 수 없이 많다.

이런 과정에서 인터넷 기업들은 소비자를 갈망하는 기업(광고주)들에게 광고료를 받는 방식으로 수익모델을 개발해 왔지만 이제 한계에 봉착하고 있다. 2018년 말 현재 내가 월정액으로 돈을 내고 사용하는 서비스를 체크해 보자. 휴대폰 통신요금, IPTV 요금, 음악 스트리밍 요금, 넷플릭스 요금, 유튜브 프리미엄 요금, 전기요금, 가스요금, 수도요금 등이다.

생각해 보면 월정액 서비스는 정부에서 걷어가는 세금과 거의 같다. 기업 입장에서 이만큼 만족스러운 요금부과 방식은 없을 것 같다. 최고의 과금 방식이다. 최근 넷플릭스, 유튜브, 심지어 마이크로소프트까지 월정액 구독 서비스를 추진하는 이유를 알 것 같다.

월정액 서비스가 아니라 광고를 통해 수익을 얻는 모델의 가장 큰 단점은 무엇일까? 소비자 입장에서는 무료여서 좋긴 하지만 광고 때문에 짜증나고 지친다는 점이다. 따라서 광고 방식 수익모델로는 장기적으로 꾸준히 수익을 늘리기가 쉽지 않을 거라 생각된다.

(5) 유튜브 프리미엄, 영리한 변신

광고수익 모델이 소비자의 짜증을 유발한다는 사실은 유튜브도 물론 잘 알고 있다. 소비자들이 광고에 지치면 곤란하다는 점도 잘 안다. 그리고 장기적으로는 수익모델이 불안정해진다는 사실도. 그리하여 장기적으로는 넷플릭스처럼 월정액 구독료를 받는 비즈니스가 가장 안정적이라는 것을 유튜브는 누구보다 잘 알고 있다. 그래서 새로 내놓은 서비스가 바로 '유튜브 프리미엄'이다. 2018년 말 기준으로 월정액 7,900원만 내면 지긋지긋한 광고 없이 바로 원하는 동영상들을 무한 시청할 수 있다.

추가로 1개월 무료서비스도 제공하고 있다. 광고에서 자유로운 동영상 서비스를 딱 1개월만 써 보면 너무 좋기 때문에 다시는 광고가 범람하는 과거로 돌아가고 싶지 않은 심리를 적극 이용하자는 의도다. 이 1개월 무료서비스는 넷플릭스에서 먼저 시도했었는데 상당히 효과가 좋았다.

그런데 단순히 광고만 제거해 주는 것으로 소비자를 끌어 모으는 데는 한계가 있다. 독창적인 콘텐트를 꾸준히 제공해야만 고객이 모이는 법이니까. 그래서 준비한 게 바로 '유튜브 오리지널YouTube Original'이다. 이를 통해 넷플릭스와 마찬가지로 오직 유튜브에서만 볼 수 있는 오리지널 콘텐트를 계속 만들어 내고 있다.

또한 유튜브 프리미엄 회원의 경우 '유튜브 뮤직'도 같이 이용할 수 있다. 아쉬운 대로 내가 현재 쓰고 있는 국내 음원 스트리밍 서비스를 유튜브 뮤

직으로 대체할 수도 있다. 종합적으로 볼 때 유튜브 프리미엄 서비스의 가성
비는 점차 좋아지고 있다. 유튜브 프리미엄 이용 고객들이 얼마나 늘어나는
지 흥미롭게 지켜볼 일이다.

(6) 인공지능 스피커로 한국 시장을 공략하다

구글이 야심차게 만들어 낸 음성인식 인공지능 플랫폼 구글 어시스턴트
와 인공지능 스피커인 구글 홈은 야무지게 한국 시장에 침투하고 있다. 구글
홈은 영어뿐만 아니라 한국말도 잘 알아듣는다. 구글은 유튜브의 수익모델을
광고에서 유료 구독서비스인 유튜브 프리미엄으로 바꾸고 싶어 한다.

구글 홈은 사람과 대화를 나누고 사람이 원하는 걸 실행해 준다. 소비자
를 결국 구글이 만들어 놓은 생태계 안으로 자연스레 들어오도록 만드는 플
랫폼이 바로 구글 어시스턴트와 구글 홈이다.

인공지능 스피커는 이미 우리 곁으로 들어와 있다. 아마존은 2018년 말
까지 음성인식 인공지능 플랫폼인 알렉사를 장착한 전자기기 1억 대 이상을
팔았다고 한다. 구글의 스피커 판매량은 정확히 공개되지 않았지만 아마존
판매량을 맹추격하고 있는 것은 확실하다. 인공지능 스피커의 경쟁 역시 플
랫폼 경쟁의 특성을 그대로 지니고 있다. 단기간에 이용자를 얼마나 확보하
느냐가 가장 중요하다. 아마존과 비교할 때 구글 어시스턴트와 구글 홈은 유
튜브 등의 콘텐츠와 막대한 데이터를 충분히 확보하고 있다는 점이 강점으로
꼽힌다.

아마존과 마찬가지로 구글도 음성인식 인공지능 플랫폼인 구글 어시스
턴트에 사활을 걸고 있다. 2019년 1월 라스베이거스에서 열린 세계 최대 가

전 전시회 CES^{Consumer Electronics Show}에서 부스 크기를 지난해보다 무려 3배로 늘린 것만 봐도 그들의 당찬 의도를 알 수 있다. 구글은 이 전시회에서 구글 어시스턴트를 통해 길을 찾고 교통정보를 얻으며 음식을 주문하는 모습을 시연했다. 또 음성으로 셀카 사진을 찾는 것까지 가능해진 놀라운 사용자 편의성을 보여줬다. 그 외 구글 어시스턴트와 연동되는 다양한 전자기기 협력사들의 제품을 선보이며 구글만의 스마트 홈 생태계를 선보였다.

특히 구글은 내 입장에서는 가장 관심이 많은 구글 어시스턴트의 실시간 통역기능을 자랑했다. 구글 어시스턴트 실시간 통역기는 한국어와 영어, 중국어 등 27개 언어를 지원한다. 구글은 실시간 통역기를 시범 가동을 통해 나 같은 영어 문맹자들의 관심을 끌었다.

구글은 이 모든 플랫폼의 기초가 되는 인공지능 스피커 '구글홈'으로 이익을 남길 생각이 없다. 특히 '아마존 에코'와 경쟁하고 있는 상황에서 가장 급선무는 빠르게 소비자를 늘려야 한다. 그래서 한국에서 파격적인 '구글홈' 할인 행사를 진행해 화제를 모았다.

2018년 12월에 1개월간 하이마트를 통해 6만 원인 '구글홈 미니 가격'을 50% 할인한 3만 원에 판매했다. 게다가 '유튜브 프리미엄'을 6개월 무료 사용할 수 있는 쿠폰까지 제공했다.

이 노림수는 인공지능 플랫폼 '구글홈'을 통해 한국에 새로운 '구글 생태계'를 조성하고, '유튜브 프리미엄' 서비스를 확산시켜 유튜브 수익모델을 '광고'에서 '월 구독'으로 바꾸려는 강한 의지의 표현이다.

웨이모

애플의 스마트폰이 처음 모습을 드러낸 이래로 인류의 삶은 엄청나게 변했다. 자율주행차가 완전히 상용화된다면 인류의 삶은 또 한 번 크게 변할 것이다. 오래 전 공상과학영화에 이미 핸드폰이 등장했었다. 그러나 나는 그런 전화기가 미래에 나올 거라는 사실을 믿지 않았다. 현실세계에서 그런 일은 불가능할 거라 믿었다. 하지만 지금은 현실이 됐다. 1980년대 미국 드라마 〈전격Z작전〉에는 저 유명한 인공지능 자율주행차 '키트'가 나온다. 나는 이런 자동차의 출현 가능성도 믿지 않았다. 하지만 그런 일은 보란 듯이 일어나고 있다.

세상은 이제 모바일 혁신을 뛰어넘는 모빌리티 혁신의 영역에 들어와 버렸다. 도저히 일어날 수 없는 일들이 일어나고 있다. 전기차의 등장만으로 세상이 바뀌지는 않는다. 그러나 무인 자율주행차라면 이야기가 달라진다. 세상이 뒤집어질 만하다.

운전자 대신 자율주행으로 운행되는 차는 이론적으로 사고 위험도 더 낮다. 물론 이 사실을 우리가 선뜻 받아들이기는 어렵다. 그런데 만약 90세 이상의 노인과 비교하면 어떨까? 최근 한국에서는 96세 노인이 자동차 적성검사까지 잘 통과했지만 변속기를 잘못 조작해 행인이 사망하는 교통사고가 발생했다.

중·장년층까지는 몰라도 고령자들을 포함한 모든 사람들을 대상으로 평균 운전 능력을 따져 본다면 자율주행차가 훨씬 사고위험이 낮을 것이다. 특히 앞으로 고령화가 본격적으로 진행되면 그 격차는 더 커질 것이다.

인류는 왜 자율주행차에 열광하는가? 자율주행차가 인류의 삶을 획기적으로 개선해 줄 것이기 때문이다. 한번 생각해 보자. 내가 최고급 벤츠를 사고 거기에 걸맞은 운전기사를 고용한다. 편의상 벤츠 가격을 2억 원, 운전기사 고용비용을 연 3천만 원이라고 상정하자. 이 벤츠를 10년 탄다고 가정할 경우 벤츠의 연간 비용은 2천만 원이다. 연간 비용으로 보면 벤츠보다 운전기사가 더 비싸다. 그런데 실제로 내가 벤츠를 타는 시간은 출퇴근 때마다 이용해도 하루에 고작 2시간이다. 나머지 22시간을 벤츠는 주차장에서 놀고 있다. 심지어 주차장에서 놀고 있는 시간에 주차료까지 지불된다. 추가로 내가 운전기사를 쓰고 있다면 운전기사도 2시간을 위해 나머지 시간을 대기하고 있다.

운전자가 직접 운전하지 않는 자율 주행차의 시대가 오고 있다.

자율주행차가 본격 도입되면 내 소유의 벤츠와 운전기사는 필요 없어진다. 대신 나는 하루 2시간만 이 차를 공유하게 되고 나머지 22시간의 비용은 내지 않는다. 벤츠는 효율적으로 공유되어 이동하기 때문에 주차장에서 대기하는 시간이 획기적으로 줄어들 것이다. 게다가 나는 벤츠로 이동하는 2시간

동안 운전에 일절 신경 쓰지 않고 하고 싶은 모든 일을 자유롭게 하며 시간을 활용하고 지배할 수 있게 된다.

그런 자율주행차가 이제 꿈이 아니라 이미 현실로 다가왔다. 특히 한국보다는 땅덩어리가 넓은 미국에서 더 활발한 연구가 의욕적으로 진행되는 듯하다. 미국에서는 다른 도시로 넘어갈 때 24시간을 운전해야 하는 경우도 흔하지 않은가? 그때 운전을 자율주행차가 알아서 해 준다면 소비자는 얼마나 많은 시간을 차 안에서 자유롭게 쓸 수 있겠는가! 교통에 일대 혁신이 일어난다. 아니, 라이프스타일에 일대 혁신이 일어난다.

나는 출퇴근할 때 지하철을 탄다. 지하철은 막히는 법이 없어 정확하다. 보통 집에서 회사까지 50분쯤 소요된다. 낮에는 업무 때문에 택시를 탈 때가 가끔 있다. 서울에선 웬만하면 택시로 30분 이내에 목적지에 도착한다. 주말에 교외로 놀러가거나, 골프를 치러 갈 때만 내가 직접 운전한다. 거리에 따라 1~2시간 소요되는 경우도 많다. 이렇게 이동할 때는 물론 반드시 운전자가 있어야 한다. 그런데 자율주행차가 보편화되어 운전자가 필요 없어진다면 무슨 일이 일어날까?

또 있다. 사람들이 인터넷으로 물건을 산다. 수많은 상품들이 제조사로부터 물류센터를 거쳐 우리 집에 배달된다. 이때 상품을 운반하는 트럭에도 물론 운전자가 필요하다. 엄청난 양의 상품들이 엄청난 수의 운전자에 의해서 오늘도 곳곳에 배달된다. 그런데 만약 트럭 운전자가 필요하지 않게 되면 어떤 일이 일어날까?

가장 큰 변화는 일자리의 대량 파괴다. 옛날 마차를 몰던 마부들이 사라지듯이 운전자들은 직업을 잃게 된다. 엄청난 수의 트럭 운전사, 택시 운전사,

버스 운전사, 대리운전 기사들이 모두 사라지게 된다.

지금 한국은 두 가지 이유로 자율주행차 시장에 진입하는 게 불가능하다. 하나는 현격한 기술 부족, 또 하나는 복잡한 규제다. 모두 단기간에 해소될 수 있는 문제가 아니다. 따라서 한국에서 글로벌시장을 선도할 자율주행차 회사가 나오긴 어렵다.

혹시 당신은 모바일 대혁신이 일어났을 때 애플 주식을 사지 않아 후회했는가? 그렇다면 명심하라. 또 다시 기회가 왔으니까. 이번엔 모빌리티 대혁신이다. 그렇다면 현재 자율주행차 기술력이 가장 뛰어난 기업은 어디일까? 당연히 구글의 '웨이모Waymo'다.

이름도 생소한 웨이모는 자율주행과 관련해 가장 풍부한 데이터를 보유하고 있다. 처음 들어보는 독자도 적지 않을 것이다. 웨이모는 알파벳(구글)이 야심차게 추진하는 자율주행차 프로그램이다. 비밀 프로젝트 '구글X'의 사업 중 하나다. 자율주행차 개발은 2007년 스탠퍼드대학교의 시배스천 쓰런Sebastian Thrun 교수를 영입하면서 본격화됐다.

웨이모는 이미 2009년부터 10년간 1,600만 킬로미터를 주행했다. 자율주행차 기술은 주행 데이터를 많이 축적할수록 발전한다. 웨이모는 그동안 미국 25개 도시에서 자율주행차 테스트를 해 왔다. 2018년 12월에는 드디어 미국 애리조나주 피닉스에서 세계 최초로 자율주행 택시 서비스 웨이모 원Waymo One이 개시되었다. 구글이 자율주행차 개발을 추진 한 지 10년 만의 성과다.

자율주행차가 대중화된다면 웨이모는 어떤 지위를 갖게 될까? 아마도 삼성이나 LG 같은 휴대폰 제조회사들이 구글의 안드로이드 소프트웨어를 쓰는 것처럼 활용될 가능성이 높다. 현대차, 벤츠, BMW같은 자동차 제조회사들이 웨이모를 프로그램으로 쓰게 될 것 같다는 얘기다. 웨이모의 주장은 결국 이런 것이다. "자동차 회사는 자동차를 만들고, 자율주행 회사는 운전사를 만든다." 이렇듯 운전사가 필요 없는 세상이 곧 다가온다.

이는 소비자에게는 엄청난 편익을 안겨 줄 것이다. 일반소비자들도 운전은 웨이모에게 맡기고 차 안에서 자기가 하고 싶은 일을 뭐든 할 수 있게 된다. 이 놀라운 편리함과 유익함을 굳이 말로 설명할 필요가 있겠는가.

이런 기술의 발전으로 가장 안 좋아지는 것은 무엇일까? 당연히 운전기사들의 대량해고가 일어난다는 점이다. 이런 대규모 일자리 파괴로 인한 이익은 결국 소수의 글로벌 1등 회사들에게 집중될 것이다. 안타까운 현실이지만 뒤집어 보면 더더욱 이런 회사들에 투자해야 할 이유가 되기도 한다.

그렇다면 자율주행차 시장은 얼마나 큰 규모일까? 인텔이 예측한 자료에 의하면 2050년의 세계 자율주행차 시장은 기업간 거래(B2B) 규모로 약 3.7조 달러(4,100조 원), 모빌리티 서비스 규모로 약 3조 달러(3,300조 원)에 이를 것으로 전망된다.

한편 모건스탠리의 한 보고서는 자율주행차 기술 수준 1위를 차지한 웨이모의 기업가치가 최소 약 500억 달러(55조 원)에서 최대 약 1,750억 달러(193조 원)에 이를 것이라고 전망했다. 이보다 좀 보수적인 UBS의 연구자들은 웨이모를 최소 약 250억 달러(28조 원)에서 최대 약 1,350억 달러(149조 원)로 평가했다. 이 둘은 2018년 기준의 기업가치 평가다. 시간이 경과할수록 웨이모의 가치는 점점 더 높아질 것이다. 당연히 웨이모를 보유한 알파벳(구글)의 주가에도 긍정적으로 작용할 것이다.

실제로 웨이모가 상용화되면 다양한 부가서비스가 가능해지기 때문에, 현재 시점에서 그 가치를 예측하는 것은 어렵다. 구글의 안드로이드가 결과적으로 얼마나 많은 부가서비스를 창출했는지 우리는 익히 알고 있다. 소비자 편익을 증대시키는 수많은 부가서비스가 개발되고 우리를 놀라게 할 것이다.

또 다른 혁명적인 세상이 오고 있다. 중요한 것은 이번 기회를 놓치지 않는 것이다. 스마트폰이 처음 나왔을 때를 생각하라. 지금의 혁명적인 변화는 엄청난 기회가 될 수 있다. 구글은 단기-중기의 이익을 전혀 따지지 않고 특수유리, 드론, 자율주행차, 노화 방지 바이오 사업, 열기구를 이용한 무선인터넷을 추구하는 프로젝트 룬Project Loon, 로보틱스 등의 특수 사업을 은밀히 추진하고 있다. 이들을 통틀어 '문샷 프로젝트Moonshot Project'라고 부르는데, 이 사업들은 구글의 반비밀조직 연구소 Google X가 주도하며 아래와 같은 알파벳 자회사나 손자회사들에 의해 진행 중이다.

■ 그 밖의 알파벳 자회사와 손자회사들

회사명	주요 사업
구글 헬스(Google Health)	헬스케어 관련 종합적인 연구
캘리코(Calico)	노화 방지 연구
안드로이드(Android)	모바일 전용 운영체제
베릴리(Verily Life Sciences)	헬스케어 데이터 분석 연구
구글 벤처스(Google Ventures)	유망 헬스케어 스타트업 투자
딥마인드(DeepMind Technologies)	인공지능 분야

■ 알파벳 최근 수익률(2014년 1월~2018년 12월)

출처 : 미래에셋대우 홈트레이딩 시스템/ 해외주식

■ 알파벳A 연간 수익률 및 주가

단위 : 달러

구분	2014년	2015년	2016년	2017년	2018년	5년 누적수익률	연평균수익률
알파벳A 주가	531	778	792	1,053	1,045		
수익률	−4%	47%	2%	33%	−1%	88%	18%

알파벳 투자 포인트

우선 시가총액을 먼저 체크해 보자. 알파벳의 2018년 말 시가총액은 약 742조 원으로 간발의 차이로 세계 4위를 기록하고 있다. 그 다음 영업이익 규모와 영업이익률은 어떤 양상일까?

구분	2017년	이익률	2018년	이익률
알파벳	32조	26%	35조	23%

출처 : 회사 발표 자료 / 1,100원 환율로 저자 환산

최근 알파벳 영업이익의 특징은 두 가지다. 수익의 절대적인 규모는 양호한 편이다. 2018년의 경우, 아마존의 영업이익이 14조 원인데 비해 알파벳의 영업이익은 35조 원으로 그 2배가 훌쩍 넘는다. 또한 동년 영업이익의 전년 대비 증가율도 9%나 되어 이 점에서도 양호하다고 볼 수 있다.

하지만 향후 검색 광고시장의 성장에 대한 기대감이 낮아진 게 감점 요인이다. 알파벳은 유튜브나 웨이모 같은 다양한 신규 사업에 투자했지만 거기서 돈을 벌려면 아직 많은 시간이 필요하다. 하지만 밸류에이션 측면에서는 다른 기업들에 비해 상당히 매력적이다. 그리고 기존 검색 비즈니스에 만족하지 않고 새로운 미래 사업에 많이 투자한 알파벳의 성장성이 계속 낮을 거라고 전망하는 건 옳지 않다.

구글은 2019년 3월에도 스트리밍 게임플랫폼인 '스타디아'를 발표하며 세상을 놀라게 했다. 스타디아는 최고 사양인 구글 클라우드 기반의 스트리밍 게임 플랫폼이다. 이용자들은 스타디아를 통해 TV, 노트북, 컴퓨터, 스마트폰으로 언제 어디서든 최고 사양의 게임에 즉시 접속할 수 있다. 이런 고마진 미래 사업에 대한 지속적인 투자는 결국 알파벳을 다시 폭발적으로 성장시킬 원동력이 될 것이다. 그리고 중요한 건 현재 영업이익도 양호한 수준이라는 거다.

이제 당신에게 질문을 던져 볼 시간이다. 지금 당신은 혹시 유튜브를 매일 1시간 이상 보고 있는가? 혹시 1개월 무료서비스에 혹해서 유튜브 프리미엄을 이용하다가 그만 유료회원이 돼 월 7,900원을 꼬박꼬박 내고 있는가? 혹시나 집에 구글 홈이 있는가? 외로울 때면 구글 홈과 대화를 나누는 수준인가? 안드로이드로 움직이는 핸드폰을 쓰고 있는가? 습관적으로 구글 맵과 구글 번역 앱을 쓰고 있는가? 당신은 자율주행차가 거리를 달리는 시대가 언젠가는 올 거라고 굳게 믿는가?

이런 질문들에 대한 당신의 답이 '예스'라면, 당신은 왜 알파벳 주식을 사지 않고 있는가? 구글은 세계인의 호주머니를 노리고 있다. 그런 구글(알파벳)의 주식을 과감하게 구입해서 주인이 되어 볼 생각은 없는가?

1 알파벳은 2015년 8월 구글이 지주회사 체제로 전환하면서 새로 만든 이름.

2 알파벳의 목표는 인류 발전에 기여하는 것.

3 구글의 검색 알고리즘이 다른 포털보다 더 강력한 이유는?
  – 기술 향상에 지속적으로 투자하고 연구하기 때문.
  – 사용자 정보가 압도적으로 많기 때문.

4 세계 인류 75억 명의 3분이 1에 육박하는 약 20억 명이 매일 유튜브를 이용.

5 자율 주행 시스템 웨이모는 2009년부터 10년간 1,600만 킬로미터를 주행.

05 삼성전자; 애플과 맞장뜨는 한국 유일의 글로벌 1등 기업

해외에 나가 보면 안다, 얼마나 자랑스러운지

삼성은 한국을 대표하는 압도적인 1등 기업군이다. '삼성' 하면 떠오르는 일화가 많다. 그중 가장 대표적인 게 1993년 이건희 회장의 소위 '신경영 선언'이 아닐까? "마누라, 자식 빼고 모두 바꿔라!"고 했던 바로 그 선언이다. 그러나 내 개인의 기억에는 1994년 삼성이 펼쳤던 광고 캠페인이 훨씬 더 강렬한 느낌을 심어 주었던 것 같다.

"아무도 2등을 기억하지 않습니다!"

글로벌 1등 기업을 골라 투자하자는 이 책의 주제와 딱 맞아떨어지는 광고다. 당시에도 삼성은 명실상부한 국내 1위 기업이었지만 글로벌 마켓에서의 입지는 지금보다 훨씬 낮았다. 그러나 25년 전인 그때부터 삼성은 글로벌 1등, 지구촌 최고를 위해 꾸준히 노력해 왔고 지금은 그 목표를 달성했다.

해외여행을 나갔을 때 공항에서부터 뿌듯할 때가 있다. 바로 한국 기업들의 커다란 광고판을 볼 때다. 특히 한국 기업으로는 흔치 않게 세계적으로 인정받고 있음을 누구나 알고 있는 삼성의 광고를 볼 때는 대단한 자긍심을 느끼지 않을 수 없다.

그럼에도 삼성의 간판 격인 삼성전자를 보는 한국 국민들의 시선은 복잡하다. 더러는 지배구조를 문제 삼기도 하고, 더러는 반도체 의존도가 높은 삼성전자를 걱정하기도 한다. 아이폰보다 낮은 갤럭시의 브랜드 이미지를 우려하는 사람도 있고, 화웨이보다 가격이 비싼 삼성 스마트폰에 불만을 터뜨리는 사람도 있다.

그래도 삼성전자 스마트폰은 우리 국민 대부분이 쓰는 '국민 폰'이다. 메모리 반도체 또한 압도적인 세계 1등이다. 개인시장이나 기업시장에서 압도적인 경쟁력을 가진 회사의 주식에 투자하자는 것이 이 책을 쓴 목적이다. 삼성전자라면 기준을 까다롭게 적용하더라도 투자하기에 괜찮은 회사가 아닐까?

2018년 12월 무역의 날 행사에서 삼성전자는 사상 최초로 '900억 달러 수출의 탑'을 수상했다. 2018년 한국의 총 수출액이 6,051억 달러이니, 이 한 회사가 한국 수출에서 차지하는 비중이 15%를 넘는다. 놀랍다.

삼성전자의 국내 증시 시가총액은 2018년 말 기준 260조 원 내외다. 글로벌 증시 전체에서 시가총액 순위로 20위 수준이다. 아마존, 애플, 구글, 마이크로소프트 등 세계 1등 기업들의 시가총액이 800조 원 내외다. 이들을 제외한다면 글로벌 마켓에서도 삼성전자는 굉장히 큰 기업이다.

단순히 밸류에이션으로만 이야기해도 260조 원에 달하는 거대한 시가 총액. 하지만 그럼에도 불구하고 삼성전자의 주가는 여전히 저평가되어 있다는 게 나의 생각이다. 다른 한편으로는 삼성전자가 한국 기업이라는 이유 때문에 저평가되었다는 서글픈 생각도 든다.

금융위기와 애플의 기습, 삼성전자는 반 박자 빨랐다

돌이켜보면 삼성전자에도 이런저런 위기는 있었다. 특히 글로벌 금융위기를 겪고 있던 2008년 4분기, 삼성전자는 8천억 원의 분기 적자를 발표해 한국 경제에 충격을 안겨 주었다. 주력인 반도체 분야마저 적자였다. 그렇잖아도 어수선한 시절 한국을 대표했던 삼성전자의 분기 적자는 전혀 예상 밖이었다. 그 즈음에 삼성전자 주가는 8천 원(액면분할 기준)까지 폭락했다.

그러나 세계 1등인 삼성의 반도체가 적자를 내는 상황이었으니 다른 기업들은 오죽했을까? 삼성전자의 충격적인 발표에 즈음해서 세계 5위권인 독일 반도체기업 키몬다Qimonda가 파산을 선언했다. 반도체업계의 처절한 치킨게임 속에 다시 경쟁업체 하나가 그렇게 사라졌다. 치킨게임의 승자는 언제나 삼성전자였다.

글로벌 금융위기라는 어려운 환경 속에서 2008년에는 설상가상으로 애플의 스마트폰이 모습을 드러낸다. 스티브 잡스의 혁신적인 제품이 나오면서 그 당시 세계 휴대폰 시장을 호령하던 빅5 휴대폰 제조사는 모두 존폐 위기에 처하게 된다.

2008년 글로벌 휴대폰 제조사 순위는 1위 노키아, 2위 삼성전자, 3위 소니에릭슨, 4위 LG전자, 5위 모토롤라였다. 이중에서 반 박자 빠르게 움직인 삼성전자를 제외하고 나머지 회사들은 현재 스마트폰 분야에서 엄청 고전하고 있거나 아예 사라져 버렸다.

삼성전자는 반 박자 빠른 경이로운 추격으로 스마트폰 시장에서 애플과 더불어 양강구도를 만들어 냈다. 그리고는 결국 2012년부터 글로벌 스마트폰 시장에서 시장점유율 30%를 달성하며, 20% 점유율에 불과한 애플을 따돌리고 시장을 장악했다.

그때 엄청난 속도전으로 애플을 추격한 삼성을 향해 나는 늘 경의를 표한다. 삼성전자는 정말 놀라운 회사다. 휴대폰 시장의 압도적인 글로벌 1위였으나 지금은 흔적도 없이 사라진 노키아를 보면 삼성전자가 얼마나 대단한지를 새삼 느낄 수 있다.

하지만 삼성전자의 주력 제품은 역시 반도체다. 최근 '초격차超隔差'라는 표현이 사람들 입에 자주 오르내리지만, 그 표현대로 경쟁사들과 격차를 압도적으로 벌려 나가며 지속적으로 막대한 이익을 창출하고 있다. 그러나 투자자들은 늘 우려의 시선으로 삼성전자를 본다. 왜일까? 그런 우려는 정당할까?

삼성전자는 플랫폼 기업이 아니다. 경쟁사의 기술이 진일보하거나 반도체 시황이 나빠질 경우 언제든 순식간에 이익이 줄어들 수 있다는 얘기다. 극심한 변동성에 노출되어 있다는 느낌을 주는 까닭이다. 또한 삼성전자의 주력인 스마트폰 부문은 이미 시장이 (포화 상태는 아닐지라도) 성숙기에 접어들었다. 고가 제품은 애플에, 저가 제품은 화웨이에 포위되어 힘겹게 경쟁하고 있다.

삼성전자 주식을 사라고 하면 핀잔 듣는다?

내가 증권회사에 근무하면서 직접 겪은 일이다. 고객이 어떤 주식을 사야 할지 고민하고 있을 때 삼성전자를 사라고 대답하면 핀잔을 듣곤 했다. 모두가 인정하면서도, 막상 사기는 싫다? 그런 게 바로 삼성전자 주식인가? "그런 흔해빠진 대답을 들을 거면 내가 왜 당신한테 물어봤겠어요?"라는 투정부터, "삼성전자, 너무 비싸잖아요?"라든지 "1주에 300만 원짜리 주식을 어떻게 사요?"(지금은 액면분할되어서 그리 비싸지 않다) 혹은 "너무 뻔한 주식 아닌가요?" "증권사 직원들 공부 더 해야겠네." 등등 다양한 불만이 쏟아져 나왔다.

사실 1등 주식에 투자하는 방법이야말로 주식투자에서 성공할 확률이 가장 높지만, 현장에서는 여전히 이 방법이 무시당하기 일쑤다. 말이 나온 김에 이거 하나만은 꼭 짚고 넘어가자. 주식의 '현재가'와 '시가총액'을 혼동하는 사람들(특히 어르신들)이 꽤나 많다. 예를 들면 지금 한국에서 1주당 가격이 높은 대표적인 회사가 롯데칠성이다. 소위 '황제주식'인데, 이 롯데칠성의 2018년 말 주가는 150만 원이다. 그렇지만 음료회사인 롯데칠성의 시가총액은 1조 원 안팎이다. 반면 현대차의 주가는 12만 원에 불과하지만, 시가총액은 무려 25조 원에 이른다. 주가가 월등히 높은 롯데칠성의 시가총액에 비해 무려 25배다.

시가총액은 발행주식 수에 현재 주가를 곱한 금액으로, 기업의 전체 가치를 가장 잘 나타내는 숫자다. 그래서 1주당 주가가 비싸더라도 발행주식이 적으면 그 회사의 시가총액은 낮다. 반대로 1주당 주가가 싸더라도 발행주식이 많으면 그 시가총액은 높다. 그런데 어르신들 중에는 '롯데칠성' 주가가 '현대차'보다 10배 이상 높으므로 '롯데칠성'이 '현대차'보다 훨씬 큰 기업으로 알고 있는 경우가 흔하다. 특히 우리 아버지가 그렇다. 몇 번 설명 드렸지만 뭔가 복잡한 시가총액보다는 쉽게 보여지는 현재 주가가 높은 '롯데칠성'이 '현대차' 보다 훨씬 큰 기업으로 알고 계신다. 다 내 잘못이다. ('황제주식'이던 롯데칠성은 2019년 정기주총에서 10대1 액면분할을 진행하기로 결정했다. 어르신들의 혼란도 자연스럽게 해소될 것 같다.)

또 하나 많이 오해하는 이슈가 있다. 매수하는 주식 수가 많을수록 좋다는 착각이다. 가령 1천만 원으로 2종목을 놓고 어디에 투자할지, 고민 중이라고 가정해 보자. A종목은 주당 200만 원이고 B종목은 주당 1만 원이다. 1천만 원으로 A종목에 투자하면 겨우 5주밖에 못 사고, B종목에 투자하면 무려 1,000주나 살 수 있다. 이런 경우 대부분의 고객들은 가격이 높아 5주밖에 못 사는 종목을 포기한다. 대신 주당 1만 원인 1,000주를 매수한다. 자, 어느 사고방식이 옳을까? 둘 다 똑같다. 5주를 사든 1,000주를 사든 주가가 20% 상승하면 어느 경우에도 200만 원을 번다. 너무나 간단한 산수인데도 많은 사람들이 오해하는 대표적인 사례다. 종목 선택은 주가 수준이 아니라 얼마나 좋은 기업이냐에 초점을 맞춰야 한다.

삼성전자 3대 주력 분야의 매출

반도체, 휴대폰, 가전. 삼성전자 매출의 3대 주력분야다. 그런데 가전 부문은 수익이 매우 낮은 편이다. 그래서 실질적으로 의미 있는 영업이익을 창출하는 분야는 반도체와 휴대폰이라고 할 수 있다. 삼성전자 사업보고서에는 복잡하게 나와 있지만, 주력 분야별로 최대한 간추려 보면 아래와 같이 정리할 수 있다.

■ 삼성전자 3대 주력 분야 매출액 및 영업이익   단위 : 원

| 부문 | 구분 | 2018년 | | 2017년 | | 2016년 | |
		금액	비중	금액	비중	금액	비중
DS부문 (반도체 등)	매출액	119조	45%	108조	42%	78조	35%
	영업이익	47조	80%	40조	74%	16조	55%
IM 부문 (휴대폰 등)	매출액	101조	39%	107조	41%	100조	45%
	영업이익	10조	17%	12조	22%	10조	34%
CE 부문 (가전 등)	매출액	42조	16%	45조	17%	45조	20%
	영업이익	2조	3%	2조	4%	3조	10%
합계	총매출액	262조	100%	260조	100%	223조	100%
	영업이익	59조	100%	54조	100%	29조	100%

출처 : 삼성전자 2018년 3분기 사업보고서 및 4분기 예정실적

분야별로 살펴보자. 2018년 총 59조 원의 영업이익 중 반도체 부문의 영업이익이 47조 원으로 전체 영업이익의 80%를 차지하고 있다. 역시 반도체가 전체 영업이익에서 차지하는 비중이 점점 더 높아지는 게 가장 큰 고민이다.

휴대폰 부문도 10조 원의 막대한 영업이익을 내고는 있지만 반도체보다는 현저히 낮다. 전체 영업이익의 17%를 차지한다. 2013년도에 25조의 영업이익을 냈던 초호황기도 있었지만, 지금은 시장이 성숙되어 영업이익이 10조 원대로 줄었다. 하지만 여전히 삼성전자를 먹여 살리는 원투 펀치다.

반면 가전 부문의 영업이익은 2조 원에 불과하다. 42조 원에 달하는 막대한 매출에 비하면 5%에도 못 미치는 초라한 마진율이다. 전체 영업이익 점유율도 3%에 불과하다. 가전 부문은 중국 제조업과의 혹독한 경쟁으로 앞으로도 큰 폭의 마진은 힘들 것으로 예상된다.

삼성전자 반도체

앞에서도 설명했듯이 세계 1등인 삼성전자 반도체는 2018년에 47조 원의 영업이익을 내며 삼성전자 전체 이익의 80%를 책임졌다. 이 분야는 최근 아마존, 구글, 마이크로소프트 등 세계 선두 IT회사들의 공격적인 데이터 센터 신설 경쟁으로 매출 호조를 보여 왔다. 앞으로도 사물인터넷, 자율주행차 등 반도체를 필요로 하는 여러 산업의 급성장이 예상되는 상황이다.

■ 글로벌 반도체 D램 시장 점유율 (2018년 기준)

순위	기업명	글로벌 점유율	매출액	국적
1	삼성전자	43.9%	48조 원	한국
2	SK하이닉스	29.5%	32조 원	한국
3	마이크론	23.5%	26조 원	미국

출처 : D램 익스체인지, 환율 1,100원으로 환산

D램 반도체 시장의 경우 치열한 치킨게임 끝에 2008년에 독일 키몬다가 파산했고, 2012년에는 일본 엘피다가 파산했다. 지금은 상위 3개 회사만 남았다. 2018년 전 세계 D램 시장 규모는 997억 달러(110조 원)로 2017년의 717억 달러(79조 원)보다 39%나 급증했다. 사상 최고치다. 전 세계 D램 시장에서 삼성전자의 점유율은 여전히 50%에 육박하며 강력한 경쟁력을 자랑하고 있다.

　　이에 비해 낸드NAND 플래시 시장은 어떨까? 2018년 전 세계 낸드플래시 시장 규모는 632억 달러(70조 원)로 전년도의 565억 달러(62조 원)보다 12% 상승했다. D램 시장에 비하면 상승률은 낮았지만 역시 사상 최고치다.

　　이 낸드 플래시 반도체 시장에서도 삼성전자가 압도적이진 않지만 점유율 1위를 굳건히 지키고 있다. 한국, 미국, 일본 기업이 고르게 점유율을 나눠 가지고 있다.

■ 글로벌 반도체 낸드 플래시 시장 점유율 (2018년 기준) 　　　　　　　　　　단위 : 원

순위	기업명	글로벌 점유율	매출액	국적
1	삼성전자	35.0%	24조	한국
2	도시바	19.2%	13조	일본
3	웨스턴디지털	14.9%	10조	미국
4	마이크론	12.9%	9조	미국
5	SK하이닉스	10.6%	7조	한국

출처 : D램 익스체인지 2018년 기준, 1,100원 원화환산

　　2018년 하반기부터 D램과 낸드 플래시 가격이 모두 조정을 받고 있다.

이로 인한 매출감소 우려로 삼성전자 주가도 고점에서 단숨에 30% 이상 하락했다. 그런데도 삼성전자의 2018년도 영업이익이 사상 최대치를 기록했다는 것은 아이러니라고 하겠다.

장기적으로 우려되는 점은 중국이 '중국제조中國製造 2025 Made in China 2025'를 발표하며 사활을 걸고 반도체 섹터에 집중 투자하고 있다는 사실이다. 중국은 거액의 연봉을 미끼로 반도체 핵심 인력을 무차별 스카우트하고 있어서 기술유출에 대한 우려 또한 커지고 있다.

그럼에도 불구하고 나는 여전히 삼성전자 반도체 분야의 장기 성장성을 낙관적으로 본다. 그럴 만한 이유가 있다고 본다. 우리가 그 동안 분석한 마이크로소프트, 아마존, 구글, 알리바바 등 세계 1등 플랫폼 기업들이 여전히 데이터 센터 증설 경쟁을 하고 있기 때문이다. 게다가 넷플릭스와 유튜브의 동영상 서비스는 기존 텍스트 문서보다 훨씬 많은 양의 데이터를 필요로 하지 않는가.

■ '하이퍼스케일 데이터 센터'증가 추이 예상

구분	2018년	2019년 예상	2020년 예상	2021년 예상
데이터 센터 수	448개	509개	570개	628개
증가율	16%	14%	12%	10%

출처 : Cisco Global Cloud Index(2018), 저자 편집

'하이퍼스케일 데이터 센터 hyperscale data center'란 최소 10만 대 수준의 서버를 운영하고 7,000평 이상의 규모를 갖춘 유기적인 구조의 데이터 센터를

말한다. 이런 거대 규모의 데이터 센터가 향후 5년간 50% 이상 급증할 것이란 얘기다. 반도체 수요는 여전히 막대하다.

게다가 사물인터넷, 자율주행차, 양자컴퓨터 등이 현실화될 경우 더더욱 많은 반도체가 필요해진다. 하지만 반도체 시장의 공급은 삼성전자를 필두로 한 한국 기업들이 과점하고 있다. 2018년 하반기부터 2019년 4월 말까지 일시적인 수요와 공급의 미스매치로 인해 반도체 가격은 40% 이상 하락했다. 그러나 중장기적인 관점에서 반도체 시장은 여전히 고성장 산업이다.

또 하나 다행스러운 건 중국의 위협이 어느 정도 해소됐다는 점이다. '중국제조 2025'의 핵심은 2025년까지 반도체 자급률 70%를 목표로 한다. 그렇다면 중국 기업들이 D램 시장에 진입해 의미 있는 점유율을 가져갈 수 있을까? 매우 어렵다. 최근에는 반도체 D램 공정이 더 첨단화되고 더 세밀해졌다. 다른 분야와는 달리 반도체는 한국의 엔지니어들을 연봉 5배씩 주고 스카우트한다고 해서 쉽게 따라올 수 있는 산업이 아니다.

2019년 1월 중국 최대 D램 반도체 제조업체인 푸젠진화福建晉華가 D램 생산 포기를 발표했다. 이 회사는 2016년부터 D램 생산을 준비해 왔다. 그런데 2018년 말까지도 시제품을 내놓지 못했다. 그 이유는 2018년 10월에 미국 정부가 푸젠진화에 대한 미국산 반도체 장비 수출을 중단시키면서 생산설비에 차질이 생겼기 때문이다. 이로

컴퓨터 등의 저장 장치로서 핵심적인 역할을 하는 반도체

인해 중국의 반도체 굴기는 상당기간 늦어질 수밖에 없게 됐다.

미·중 무역 분쟁으로 미국이 중국 기업에 반도체 장비 수출을 막고 있는 상황은 삼성전자와 하이닉스에게 더할 나위 없는 호재다. 이렇게 되면 중국은 반도체 생산 라인을 구성하기가 어렵기 때문이다. 그렇다고 중국이 반도체 굴기를 포기하지는 않겠지만, 더 오래 더 어렵고 힘든 길을 가야 한다. 삼성전자는 덕분에 시간을 많이 벌게 됐다.

'중국제조 2025'의 원대한 목표인 2025년 반도체 자급률 70%는 실패할 가능성이 높다. 대부분의 첨단기술 분야에서 한국이 중국에 역전당하고 있는 현실에서 반도체 섹터라도 굳건하게 자리를 지키고 있으니 얼마나 대단하고 다행인가! 국가적인 관점에서도 행운이 아닐 수 없다.

삼성전자 휴대폰

휴대폰 부문은 2013년 최대 영업이익이 25조 원에 달할 정도로 효자였으나, 5년이 지난 2018년에는 10조 원대에서 정체되고 있다. 산업과 시장 자체가 성장기에서 성숙기로 진입했다. 샌드위치마냥 고가전략의 애플과 저가전략의 화웨이 사이에 끼인 삼성전자는 중고가 브랜드 이미지를 유지하고 있다.

순위	회사명	2018		2017		2016	
		판매량	점유율	판매량	점유율	판매량	점유율
1위	삼성	2.9억	19%	3.2억	21%	3.1억	21%
2위	애플	2.1억	13%	2.1억	14%	2.2억	15%
3위	화웨이	2.0억	13%	1.5억	10%	1.3억	9%
	기타	7.9억	55%	8.6억	56%	8.4억	56%
	총계	15.5억	100%	15.4억	100%	15.0억	100%

출처 : 가트너 (2019년 2월)

위의 표를 보면 전 세계 스마트폰 판매는 2016년부터 3년째 정체 상태다. 전 세계 인구가 75억 명인데, 아직 해마다 스마트폰이 15억 대씩 팔리고 있으니 엄청나게 팔리기는 한다. 그러나 증가율이 중요하다. 2019년부터는 오히려 감소를 걱정해야 하는 수준이다.

삼성전자의 스마트폰 판매 역시 정체 상태다. 특히 2018년엔 판매대수가 오히려 △9% 감소했다. 삼성전자의 스마트폰 판매량이 감소한 건 이번이 처음이다. 당연히 점유율도 하락하고 있다. 이런 감소세에는 제조회사들의 혁신이 한계에 이르러 스마트폰 사용 주기가 길어진 점도 큰 영향을 미쳤다.

스마트폰 시장은 성장기를 끝내고 성숙기에 진입했다. 고가의 애플 아이폰이나 중고가의 삼성전자 스마트폰이 예전보다 덜 팔리는 게 그 증거다. 대신 화웨이 같은 중국 업체의 중저가폰 판매 증가가 확연하다. 전형적인 성숙기 시장의 모습이다. 화웨이는 2019년에 삼성을 제치고 스마트폰 판매량 1등으로 올라서겠다는 목표를 숨기지 않는다.

그러나 삼성전자는 '폴더블 폰'으로 반전을 노리고 있다. 폴더블 폰은 디스플레이가 접히는 스마트폰이다. 삼성전자는 2019년 2월 '갤럭시 언팩' 행사에서 폴더블 폰인 '갤럭시 폴드' 디자인을 전격 선보였다. 예상 판매 가격은 200만 원 이상. 전형적인 고마진 상품이다.

세계 시장을 이끌고 있는 삼성전자의 스마트폰

애플이나 화웨이 같은 경쟁업체들과 투자자들은 모두 삼성전자의 폴더블 폰이 시장에서 얼마나 인기를 끌 수 있을지, 지대한 관심을 보이고 있다. 모두 폴더블 폰이 출시되기만을 기다린다. 2019년 5월이면 그들의 궁금증이 풀릴 터이다.

나 역시 개인적으로 삼성전자의 폴더블 폰이 대박 나기를 기원한다. 그래서 이 정체된 스마트폰 시장을 멋지게 돌파해 내기를 응원한다.

삼성전자 가전제품

한국에서 가전시장은 LG와 삼성이 좋은 품질로 경쟁하며 시장을 대충 양분하고 있다. 일반 소비자들은 눈에 안 보이는 반도체보다 눈에 보이는 가전제품에 훨씬 더 익숙하다. 부피가 큰 TV, 냉장고, 에어컨, 세탁기, 컴퓨터 등의 가전제품은 보기만 해도 높은 마진을 누릴 것만 같다. 그러나 그건 오해다. 가전 분야는 화려한 외양에 비해 실속이 없다. 마진이 거의 없는 '초경쟁' 시장이다. 삼성전자는 가전 분야에서 매년 40조 원 이상의 막대한 매출이 발생하지만 영업이익률은 5%에도 못 미친다.

가전 분야는 왜 이익률이 낮을까?

나나 여러분이나 스마트폰은 2년마다 바꾸지만 TV, 냉장고, 에어컨, 세탁기는 고장 날 때까지 쓴다. 근데 별로 고장이 안 난다. 가령 우리 집 47인치 LCD TV는 10년이 지났지만 아직 멀쩡하다. 냉장고와 에어컨도 마찬가지. 한국 가전시장을 양분하고 있는 LG와 삼성이 가전제품을 너무 튼튼하게 잘 만드는 게 문제라면 문제일까?

사실 더 큰 문제는 따로 있다. 과거와 달리 지금은 한국 시장에서만 1등하는 제품으로는 큰돈을 벌 수 없다. 세계는 평평해졌다. 글로벌 시장에서 경쟁력이 있어야 돈을 번다. 그런데 글로벌 시장에서는 중국의 메이디, 하이얼, 샤오미 같은 가전 기업들이 한국보다 훨씬 저렴한 가격으로 물량공세를 퍼붓고 있다. 의미 있는 이익을 내기 어려운 '하이퍼 경쟁' 시장이 돼 버렸다는 얘기다. 앞으로도 삼성전자의 가전 분야는 격화되는 경쟁으로 인해 영업이익에 크게 기여하지 못할 가능성이 높다.

삼성전자의 4대 미래전략

투자자들이 삼성전자를 우려의 눈으로 보는 데는 이유가 있다. 이익의 양 날개인 반도체와 스마트폰 분야를 제외하곤 미래의 먹거리가 없으니 말이다. 게다가 앞에서도 설명했듯이 주력 부문이었던 스마트폰 시장은 성숙기에 진입했다. 반도체 분야의 경쟁력은 군건하지만 이조차 시황에 따라 실적 변동성이 크다는 게 문제다.

그렇다면 삼성전자에게 향후 막대한 이익을 가져다줄 새로운 먹거리 산업은 없는 걸까? 삼성전자도 이런 난관을 타개하려고 줄기차게 노력하고 있다. 2018년 8월에는 '4대 미래산업'을 선정하고 이 분야에 총 25조 원을 투자하겠다고 발표했다. 바로 인공지능(AI), 5G, 바이오, 자동차 전장부품이다. 삼성의 4대 미래산업의 핵심을 간략히 간추려 보자.

■ 삼성전자의 4대 미래산업 (2018년 8월 발표)

구 분	내 용
인공지능(AI)	AI를 반도체/ IT 산업의 미래를 좌우하는 핵심 기술이자 4차 산업혁명의 기본 기술로 봤다. 이에 연구 역량을 대폭 강화해 글로벌 최고 수준의 리더십을 확보할 방침이다. 한국 AI센터를 중심으로 영국, 캐나다, 러시아 등 글로벌 AI 연구 거점에 2020년까지 1천 명의 인재를 확보할 계획이다.
5G	5G에서는 세계 최초 5G 상용화를 토대로 칩셋/ 단말/ 장비에 과감히 투자하겠다. 이렇게 구축되는 5G 인프라는 자율주행, 사물인터넷, 로봇, 스마트시티 등 다양한 신산업 발현에 기여할 것으로 전망한다.
바이오	바이오 역시 미래의 핵심 산업이다. 우리가 31%의 지분을 투자하고 있는 삼성바이오로직스는 복제약(바이오시밀러) 분야에서 국제적으로 강력한 경쟁력이 있는 것으로 보인다. 특히 바이오 섹터는 향후 성장성도 높은 좋은 산업이다.
자동차 전장부품	우리의 강점인 반도체, ICT, 디스플레이 기술을 전장부품 사업에다 적극 융합한다. 우리는 이러한 기술들을 자동차에 확대 적용함으로써 자율주행 SoC(System-on-chip, 시스템반도체) 등 미래 전장부품 기술을 선도할 방침이다.

글로벌 기업들에 비해 삼성전자 주가, 확실히 저렴하다

삼성전자의 반도체 위기론이 시장에 팽배하다. 하지만 막연한 우려는 걷어 내고 숫자로만 냉철하게 따져 볼까? 아래의 표를 신중하게 들여다보면, 글로벌 1등 기업들과 비교했을 때 삼성전자는 역시 상당히 저평가된 회사임을 알 수 있을 것이다.

■ 세계 시가총액 상위 7개 기업 (2018년 말 기준)　　　　　　　단위 : 원

순위	기업명	시가총액	영업이익	매출액	자본총계	ROE	PER	PBR	결산
1	마이크로소프트	858조	38조	121조	91조	19%	45.9	9.2	6월
2	애플	823조	78조	292조	118조	49%	18.8	10.0	9월
3	아마존	808조	14조	256조	48조	28%	72.6	16.9	12월
4	알파벳(구글)	742조	35조	151조	195조	19%	23.6	3.7	12월
5	버크셔해서웨이	553조	35조	273조	384조	2%	125	1.3	12월
6	텐센트	433조	13조	54조	54조	28%	32.0	8.1	12월
7	알리바바	391조	12조	42조	64조	19%	48.5	8.1	3월
20위권	삼성전자	257조	59조	244조	248조	20%	6.4	1.1	12월

주석1) 2018년 12월 말 주가 기준. 달러 1,100원, 홍콩달러 145원, 위안화 165원 원화 환산.
주석2) 3/ 6/ 9/ 12월 결산법인은 각 결산 월별 확정치임.
주석3) 삼성전자는 우선주 합산. 알파벳은 A주/ C주 합산. 버크셔해서웨이는 A주/ B주 합산.
주석4) 버크셔해서웨이는 2018년 4분기 28조 원의 순손실, 2018년 순이익 5조 원으로 대폭 감소.
주석5) 사우디아라비아의 '아람코'가 세계 1등이지만 비상장 국영기업이므로 제외함.

삼성전자의 시가총액은 2018년 말 기준 257억 원으로 20위권이다. 미국 상위 5개사와 중국 상위 2개사보다 현저히 낮다. 그런데 실제 회사의 청산 가치를 뜻하는 '자본총계'는 버크셔해서웨이의 384조 원에 이어 세계 2위인

248조 원이다. 단순 수치로만 보면 삼성전자의 장부가치 대비 시가총액은 글로벌 거대 기업들에 비해 상대적으로 크게 저평가돼 있다. 그 이유는 뭘까?

삼성전자가 신흥국으로 분류되는 한국에 상장되어 있어서 저평가당하는 것도 하나의 요인이라고 생각된다. 또 2018년 하반기의 반도체 현물가격 하락으로 성장성에 대한 우려가 작용해 지금의 저평가를 초래하기도 했을 것이다. 게다가 성장성이 높은 플랫폼 기업이 아니라 제조회사라는 점도 일부 작용했을 것이다.

특정 기업 주가의 고평가와 저평가 여부를 판단할 때 가장 흔하게 쓰이는 지수가 PER과 PBR 수치다. 이 지수를 다른 글로벌 회사들과 비교해 봐도 삼성전자의 저평가는 눈에 띈다. PER은 고작 6.4이고 PBR은 1.1에 불과하니까 말이다. 물론 PER과 PBR 수치가 낮은 이유를 저평가로 해석하기보다 향후 성장성이 낮은 기업들의 특징으로 해석하기도 한다. 하지만 삼성전자가 앞으로 성장성이 낮다는 판단에는 동의하기 어렵다. 그보다는 저평가 가능성이 훨씬 높다는 게 나의 의견이다.

삼성전자의 2018년 영업이익은 세계에서 세 번째?

영업이익이란 측면에서 삼성전자를 여타 글로벌 플레이어들과 비교해 보자.

삼성전자의 영업이익은 5년 전인 2014년에 25조 원, 2015년에 26조 원, 2016년에 29조 원으로 이 기간 중 증가폭은 미미했다. 그러나 2017년에 영업이익이 53조 원으로 급증하였으며, 2018년에는 무려 59조 원의 영업이익을 달성했다.

5년 전인 2014년의 영업이익 25조 원 대비 2018년에는 34조 폭증한 59조 원으로 136%의 높은 증가율을 보였다. 이 정도 영업이익을 달성하는 회사가 글로벌 기업 가운데 몇 개나 될까? 딱 2개뿐이다. 전 세계적으로 2018년 영업이익이 59조 원을 넘어선 회사는 애플과 중국 공상은행밖에 없다. 삼성전자가 세계 3위의 알짜회사였다. 놀랍지 않은가.

■ 2018년 영업이익 상위 글로벌 기업 순위   단위 : 원

순위	1위	2위	3위	4위	5위
기업명	애플	공상은행	삼성전자	건설은행	MS
영업이익	78조	61조	59조	51조	38조

주석 : 사우디아라비아의 '아람코'가 세계 1등이지만 비상장 국영기업이므로 제외함.

그럼에도 시가총액만을 따진다면 삼성전자는 세계 3위가 아니다. 고작 세계 20위권이다. 따라서 단순히 밸류에이션으로만 봤을 때는 수익가치 측면에서도 상당히 저평가된 기업이라 할 수 있다.

저평가는 억울하다?

삼성전자의 미래를 불안하게 보는 사람들의 주된 우려는 반도체 분야다. 결국 중국에 따라잡힐 가능성이 높다고 판단하는 것이다. 그러나 내 생각은 다르다. 삼성전자뿐만 아니라 구글, 아마존, 애플 등 세계 최고의 기업들은 모두 경쟁사들의 도전에 노출되어 있다. 하지만 한국에서는 유독 삼성전자에

대해서만 경쟁사를 과대평가하고 삼성전자를 과소평가하는 경향이 있다.

그동안 삼성전자는 좋은 경영 능력을 바탕으로 위기에 잘 대응해 왔다. 삼성전자 같은 1등 기업들은 시장에서의 압도적인 지위, 우수한 경영진, 막대한 자금력을 바탕으로 도전자들의 거센 도전을 물리치고 계속해서 발전해 나갈 가능성이 높다.

2018년 말 삼성전자가 보유한 현금성 자산은 무려 100조 원이다. 이 막대한 자금을 시설투자에만 국한하지 않고 매력적인 글로벌 기업의 M&A에 사용한다면 성장성이 훨씬 높아질 수 있다.

나는 삼성전자가 2008년의 범세계적 위기를 맞아 능동적으로 대응하는 모습을 보면서 좋은 회사라는 걸 느꼈다. 이런 대응 능력을 믿고 1등 기업에 투자하는 것이다. 일반투자자가 해당 기업의 경영진보다 미래를 잘 예측할 수는 없는 노릇이다. 그 기업의 경영진들을 믿고 투자하는 게 더 합리적이다.

기업은 하나의 생명체다. 가만히 있지 않고 늘 변화한다. 정체되어 있는 기업은 죽는다. 외부변화에 능동적으로 대처하는 기업의 생존 확률이 당연히 높다. 물론 1등 기업도 실수할 수 있고, 경쟁에서 패배해 몰락할 수 있다. 하지만 확률적으로 그저 그런 평범한 기업보다 세계 최고의 1등 기업들이 길게 볼 때 더 경쟁력이 높다는 사실을 잊지 말아야 한다.

■ 삼성전자 최근 5년간 수익률 (2014년 1월~2018년 12월)

출처 : 미래에셋대우 홈트레이딩 시스템 해외주식 차트 화면 캡처

■ 삼성전자 연간 수익률 및 주가   단위 : 원

구분	2014년	2015년	2016년	2017년	2018년	5년 누적수익률	연평균수익률
주가	26,540	25,200	36,040	50,960	38,700	–	–
상승률	–3%	–5%	43%	41%	–24%	41%	8%

삼성전자 투자 포인트

앞서 예로 들었던 애플, 아마존, 구글, 마이크로소프트, 넷플릭스, 텐센트, 알리바바 등 세계적인 시가총액 상위 기업들의 공통점은 뭘까? 모두 각각의 주력 분야에서 세계 정상의 지위를 차지하고 있다는 점이다. 이들의 공통

점을 또 하나 찾아보자면 모두 삼성전자의 반도체를 필요로 하는 주요 고객사라는 점이다.

지금 세계 시장을 선도하는 1등 플랫폼 기업들이 다 직간접적으로 삼성전자의 반도체를 쓰고 있다는 얘기다. 이런 글로벌 시장 구도 아래 삼성전자가 성장하지 못할 거라는 예측은, 어떤가, 너무 보수적이지 않은가? 그런 예측은 틀릴 가능성이 높다. 삼성전자는 이 기업들로부터 혜택을 받으며 같이 성장할 가능성이 더 크다.

■ 삼성전자 영업이익   단위 : 원

구분	2017년	영업이익률	2018년	영업이익률
삼성전자	53조6천억	21%	58조9천억	23%

자료 : 금융감독원 전자공시시스템

삼성전자의 2018년 영업이익은 전년 대비 10% 성장했다. 제조업임에도 불구하고 영업이익률도 무려 23%에 달한다. 영업이익은 59조 원으로 아마존의 14조 원과 비교하면 4배가 훌쩍 넘는다. 그만큼 삼성전자의 이익 창출 능력은 우수하다.

스마트폰 시장에서 삼성전자는 애플과 화웨이와의 치열한 경쟁 속에서도 신상품 '폴더블 폰'을 내놓는다. 스마트폰 분야가 성숙기에 진입해 어려운 상황이긴 하지만, 경쟁사 대비 우수한 계열사와 뛰어난 기술력을 갖춘 삼성전자만의 강력한 DNA로 이 어려움을 돌파해 내고 새로운 수요를 창출해 낼 거라 믿는다.

반도체 시장의 경우, 사이클에 따라 부침은 있겠지만 4차 산업이 발전할수록 폭발적으로 수요가 증가하는 시장이다. 앞으로도 삼성전자 최대의 캐시 카우로 계속 성장할 거라 확신한다.

추가로 삼성전자의 4대 미래산업인 '인공지능', '5G', '바이오', '전장부품'에서도 장기적으로 좋은 성과가 있을 거라 믿는다. 이 미래전략 분야에서 의미 있는 성과를 낸다면 삼성전자는 사상 처음으로 글로벌 10위권 안에 진입할 수 있을 것으로 보인다.

특히 눈에 띄는 건 삼성전자가 2019년 4월에 발표한 '반도체 비전 2030'이다. 이는 그동안 약세였던 '시스템반도체(비메모리)' 분야에 향후 10년간 133조 원을 투자해 세계 1위에 도전하겠다는 선언이다. 현재 삼성전자 시스템반도체는 세계 1위인 메모리반도체와 달리 글로벌 시장에서 존재감이 없다. 이 어려운 도전이 성공할 경우 지금까지의 삼성전자와는 완전히 다른 명실상부한 세계 최고 기업이 될 수 있다.

여러분은 혹시 삼성전자 스마트폰을 쓰고 있는가? 혹시 2019년 5월에 출시될 갤럭시 폴드를 살 생각이 있는가? 꼭 삼성전자 제품이 아니더라도 당신이 쓰고 있는 수많은 전자기기에는 알게 모르게 삼성전자 반도체가 들어가 있다. 반도체는 4차 산업의 쌀과 같다. 지금 삼성전자의 높은 성장 가능성을 믿고 투자하라. 세계 1위 반도체 회사의 주인은 바로 당신이다.

나는 삼성전자의 미래를 낙관한다. 아직까지 한국 주식에 투자하면서 삼성전자만큼 믿음직한 기업은 없었다. 해외 주식에 투자하기 싫다면 삼성전자는 좋은 대안이 될 것이다.

1 추억의 삼성전자 광고 "아무도 2등을 기억하지 않습니다!"

2 삼성전자의 주력 제품인 반도체는 경쟁사들과 압도적으로 차이 나는 '초격차超隔差'.

3 롯데칠성 주가 150만 원 〈 현대차 주가 12만 원. 그러나 중요한 것은 시가총액.

4 2018년 47조 원의 영업이익을 내며 삼성전자 전체 이익의 80%를 책임진 반도체.

5 삼성전자의 4대 미래산업. 인공지능(AI), 5G, 바이오, 자동차 전장부품.

6 전 세계적으로 2018년 영업이익이 59조 원을 넘어선 회사는 애플과 중국 공상은행밖에 없다. 삼성전자가 세계 3위의 알짜회사다.

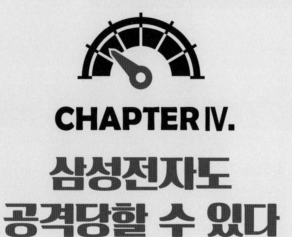

CHAPTER IV.
삼성전자도
공격당할 수 있다

한국 대기업들의
취약한
지배구조는
3대에 걸친
상속 때문?

인간의 수명과 기업의 지배구조

잠시 여담으로 간주하고 생각해 보자. 아무리 천하제일의 부를 누린다
해도 인간의 목숨만큼은 돈으로 살 수 없다니, 아이러니한 일이다. 지금은 고
인이 된 스티브 잡스는 세상의 온갖 우수한 치료를 다 받을 수 있을 정도의 막
대한 재산을 가지고 있었음에도 수명을 연장하지 못했다. 당연한 일이라 여
기면서도 여러 가지를 생각하게 만든다.

다소 엉뚱하게 인간의 수명 운운한 데에는 나름 이유가 있다. 한국 주요
기업의 지배구조가 취약한 이유가 바로 인간의 수명과도 관련이 있기 때문이
다. 한국의 1세대 창업가들은 과거의 척박한 환경에서 기적처럼 회사를 만들

어 성장시키고 발전시켰다. 회사는 국내를 넘어 해외시장에도 진출하며 본격적으로 성장궤도에 오른다. 그런데 여기서 문제가 생긴다. 1세대 창업가들도 영원히 살 수 없는 인간이라는 문제다.

1세대 창업가들이 작고하면서 기업은 자연스레 상속된다. 한국은 자본주의 국가여서, 물론 사유재산을 법적으로 보장하고 있다. 기업을 물려받은 2대 경영자들이 회사를 획기적으로 키운 긍정적인 사례들도 많다. 문제는 대개 회사의 경영권이 3대로 넘어가면서 발생한다.

한국 상속법의 요체는 최고 과세율 50%다. 상속재산의 절반인 50%를 세금으로 내야 한다는 얘기다. 이에 따라 1대 창업주가 40%의 지분을 보유한다 하더라도 2대가 이를 받아 절반을 상속세로 내고 나면 지분율이 20%로 줄어든다. 이후 3대, 4대로 상속이 진행되고 그때마다 50% 상속세를 납부하면 드디어 경영권을 위협받을 수 있는 지분율 10% 이하로 뚝 떨어지게 된다. (더 복잡한 최대주주 할증과세에 대한 설명은 생략한다.)

■ 상속에 따른 지분율 변화

구분	회사 보유 지분율	상속세
창업자 지분율	40%	
2대 지분율	20%	50% 세율로 주식 납부 가정
3대 지분율	10%	50% 세율로 주식 납부 가정

주석 : 실제 세율 및 세법은 조금 더 복잡하지만, 이해를 돕기 위해 최대한 단순화함.

이런 기업들은 후손에게 안정적으로 경영권을 물려주기 위해 상속세 절감에 총력을 기울인다. 정부는 기업들이 상속세를 편법으로 탈루하는 것을 방지하기 위해 현미경 보듯이 기업의 상속 과정을 추적한다. 기업과 정부 사이의 긴장이 사뭇 팽팽하다.

결론적으로 3대 오너가 상속을 통해 기업을 경영하든, 아니면 지분이 분산된 상태에서 전문경영인과 이사회 위주로 기업을 경영하든 일반 주주 입장에서는 전혀 상관없다. 누가 되었건 기업 경영만 잘하면 된다.

어떤 일에든 절대적인 '선악'은 없다. 누가 경영하든지, 주주 입장에서는 기업이 잘 운용되는 게 득이요, 회사가 중·장기적으로 이익을 많이 내는 것이 바로 '선'이다. 그 와중에 소위 '행동주의 펀드'들은 이런 지배구조의 약점을 파고들어 투자이익을 극대화하는 전략을 쓴다.

이들은 지배구조가 취약한 기업을 공격하여 초ᵃ고배당, 알짜 자회사의 매각 등을 요구함으로써 단기적인 주가 부양 후 차익을 실현하는 전략으로 높은 수익을 얻는다. 이런 공격자들이 오직 단기수익만을 추구한다는 점이야말로 그들이 야기하는 커다란 폐해다.

최대주주의 지분율과 경영권 유지

주식시장에 상장된 상장회사의 '최대주주 및 특수관계인(이제부터 이들을 묶어서 '최대주주'라고 표현하자)'은 지분율을 몇 % 이상 가지고 있어야 경영권을 가지게 되는 걸까? 일반인들이 생각하기엔 최대주주가 회사 지분율을 100% 가지고 있어야 진정한 주인 같은 느낌이 들 것 같다.

그러나 일단 주식시장에 상장하려면 주식 분산 요건을 지켜야 한다. 소액주주들이 지닌 주식 비율이 30%를 넘어야 상장이 가능하다. 그래서 신규 상장기업의 최대주주 지분율은 70% 이하라고 보면 된다.

일반적으로 최대주주의 평균 지분율은 30~40% 수준이다. 그러나 외부 자금을 많이 조달한 기업이나 2~3대에 걸쳐 상속이 계속 진행됐던 기업의 경우, 최대주주 지분율이 20% 미만인 경우도 꽤 있을 것으로 예상된다.

이쯤에서 궁금증이 생긴다. 최대주주의 경영권 유지를 위한 최소 지분은 도대체 몇 %일까? 이 물음에 딱히 정답은 없다. 경영권을 확보한다는 의미는 최대주주가 원하는 이사들이 그 기업 이사회의 절반 이상을 차지한다는 뜻이다. 이게 가능하려면 주주총회에서 이사를 선임할 수 있는 수준의 지분을 확보해야 한다.

주주총회의 결의에는 특별결의와 일반결의가 있다. 일반결의의 대상이 되는 사항들은 발행주식 수의 25% 이상이 찬성하면 통과된다. 그래서 이론적으로는 발행주식의 25% 이상을 확보해야만 비로소 경영권을 유지할 수 있다. 이런 경우 특별히 다른 주주들이 최대주주와 적대관계에 있지 않다면 경영권 유지에 문제가 없다. 또한 설사 최대주주의 지분율이 25%에 미달하더라도 최대주주에게 우호적인 주주들의 지분율을 합쳐서 25% 이상이면 의결권 행사 때 도움을 받아 경영권을 유지할 수 있다.

■ 경영권 유지를 위한 최소 의결권

구분	의결 최소 기준	출석 주주 기준
일반결의 요건	발행주식의 25.0% 이상 찬성	출석 주주의 과반 찬성
특별결의 요건	발행주식의 33.4% 이상 찬성	출석 주주의 3분의 2 이상 찬성

그러나 누군가가 최대주주와 적대 관계이면서 지분율을 최대주주보다 많이 혹은 비슷하게 확보해 놓은 상태라면 이야기는 확 달라진다. 공격자는 '위임장 대결' 등을 통해 최대주주와 의결권을 다퉈 승리할 경우 최대주주의 경영권을 빼앗을 수도 있다.

과거 SK와 KT&G를 공격했던 '주주행동주의 펀드'들의 전략을 돌이켜 보자.

10,001,000 DIGEST

1 한국 상속법 최고 과세율 50% ; 1대 창업주 40%→2대 20%→3대 10%

2 지배구조의 약점을 파고들어 투자이익을 극대화하는 '행동주의 펀드'.

3 일반적으로 최대주주의 평균 지분율은 30~40% 수준.

4 경영권 유지는 발행주식의 25% 이상을 확보해야만 가능.

02 SK, 적대적 M&A 세력에 5배의 수익을 내주다

　　2003년 SK글로벌 분식회계 사건은 내 인생에서 영원히 잊을 수 없는 한 장면으로 남아 있다. 이 사건의 여파로 SK는 적대적 M&A 세력인 소버린 자산운용Sovereign Asset Management의 공격을 받는다. 이 사건이 지금도 생생히 기억나는 건, 당시 내가 SK 주식을 많이 가지고 있었기 때문이다. 그때 나는 1년 뒤 결혼할 계획이었다. 그래서 종잣돈을 불릴 목적으로 정유회사인 SK 주식에 4천만 원을 투자했던 것이다.

　　그 시절 4천만 원은 나에게 무척 큰돈이었다. 그런데 갑자기 SK의 자회사인 SK글로벌이 1조5천5백억 원의 분식회계를 저지른 것으로 밝혀지면서 최대주주가 구속되고 시장은 대혼란에 빠졌다. 그보다 2년 전인 2001년 미국 기업 엔론이 15억 달러(1조5천억 원)를 분식 회계한 사건으로 파산하며 미국에서 상장 폐지된 전례가 있어 시장은 더욱 경악했다.

내가 보유하고 있던 SK 주식은 3일 연속 하한가로 폭락하며 내 투자금액은 순식간에 −40%가 됐다. 워낙 순식간에 일어난 일이고 공포가 지배하고 있는 시장이라, 2일 연속 하한가 구간에서도 거래는 되지 않았고, 3일째 하한가 가격에서야 대량 거래가 일어났다. 나도 물론 3일째 하한가에 SK 주식을 모두 처분하며 60%라도 건진 것에 대해 안도했으나, 이것이 바로 SK에 대한 소버린의 공격의 시작이었다.

이 케이스의 특징을 살펴보자. SK 주식을 보유한 투자자들은 억울하게도 자회사인 SK글로벌의 분식회계로 주가가 폭락하는 피해를 보게 되었다. 주가 폭락의 원인을 당시 경영진이 제공한 것이다. 하지만 공포감에도 주식을 팔지 않고 버틴 장기 투자 주주들은 큰 수익을 얻게 된다. 공격자인 소버린은 자산 대비 절대적으로 저평가되어 있는 SK를 절묘한 타이밍에 공략함으로써 자신들이 원하는 수준으로 주가를 부양시켜 엄청난 수준의 차익을 얻어냈기 때문이다.

실질적으로 SK 최대주주 역시 이 공격을 계기로 의도하지 않은 주가 부양을 누리게 되었다. 그 이후 여러 번의 기업분할과 주식스왑을 통해 최대주주 지분을 크게 늘려나가 지배구조 개선에 성공한 사건, 어이없게도 모두가 행복한 결말을 맞은 사건으로 기록됐다. 그러나 SK의 주가 급락으로 인해 공포감에 휩싸여 40% 폭락한 가격에 자산을 처분해야 했던 나 같은 선의의 피해자들은 그 어떤 보상도 받을 수 없었다.

소버린의 공격 배경

소버린은 뉴질랜드 태생의 챈들러 형제가 설립한 투자회사로 알려져 있는데, 사실 그렇게 널리 이름을 떨친 투자회사는 아니다. 소버린이 SK를 공격한 가장 큰 원인은 역시 최대주주의 낮은 지분율이다. SK 최대주주의 지분율은 14% 내외로 비교적 낮은 편이었다. 두 번째 이유는 SK 주가가 자산에 비해서 크게 저평가되어 있었기 때문이다.

2003년 당시 SK는 그룹 안에 자산 총액 1조가 넘는 자회사 또는 손자회사를 무려 7개나 보유하고 있었다. 그중 제일 큰 회사가 저 유명한 SK텔레콤이다. 이런 엄청난 자회사들을 보유하고 있었음에도 SK글로벌 사태가 터지

2003년 SK글로벌 분식회계 사태로 SK의 주식이 폭락한 사례가 있었다.

자 SK의 시가총액은 폭락을 거듭해 급기야 1조 원 수준으로 떨어졌다. 그리고 드디어 방아쇠가 당겨졌다. SK글로벌 분식회계 사건이 발표되면서 주가가

3일 연속 하한가까지 폭락한 것이다. 지금도 이해할 수 없는 게 있다. 그때 소버린은 마치 기다렸다는 듯이 폭락한 SK 주식의 14.99%를 시장에서 단숨에 대량 매집하는 대담성을 보였다는 사실이다. 그 짧은 시간에 2천억 가까운 돈을 과감히 집행하는 의사결정은 어디서 어떻게 나왔을까? 이 순간에도 궁금증이 남는다.

어쨌든 소버린은 2003년 3월에 내가 하한가로 매도한 SK 주식을 6,000원대 가격에서부터 순차적으로 사들이기 시작했다. 이후 13거래일 동안 총 1,768억 원을 투입해 평균 매입단가 9,293원에 14.99%의 SK지분을 전광석화처럼 매입해 버린다. 일반적인 상황에서는 특정 회사의 주식을 이처럼 단숨에 매집하는 건 불가능하다. 그러나 SK글로벌의 분식회계로 인해 공포에 질려 있는 시장 분위기라서 가능하지 않았을까.

나 역시 별의별 걱정을 다 하면서 엄청난 공포에 질려 있었다. 혹시 미국 엔론의 파산처럼 '큰일'이 벌어지는 것은 아닐까, 하고. 이 SK 주식 투자의 손실로 나는 24평이 아니라 17평에서 신혼생활을 시작할 수밖에 없었다. 그때 내가 만약 공포감을 견뎌 내고 주식을 장기 보유했더라면 끝내 5배의 수익을 얻는 짜릿한 경험을 했을 터인데!

소버린은 2004년과 2005년 두 번의 정기주주총회에서 SK 경영권을 확보하기 위해 의결권 대결을 했으나 경영권 장악에 실패했다. 소버린은 단 1명의 이사도 이사회에 진출시키지 못했다. 겉으로 보기엔 SK의 완승 같았지만 사실 그렇게 안정적으로 방어가 가능한 상황은 아니었다. 당시 SK의 최대주주 지분율은 14% 내외로 공격자인 소버린 지분율 15%보다도 적었기 때문이다.

그럼에도 SK가 완승할 수 있었던 것은 소액주주들이 애국심 때문에 표를 밀어 주었기 때문이다. SK는 경영권 방어를 위해 백기사, 우호 지분, 소액주주 의결권 등 모든 수단을 동원해 힘겹게 경영권을 지켰다. 소버린은 알짜 자회사인 SK텔레콤을 분할 매각해 그 매각대금을 현금 배당하겠다고 주장하는 등, 전형적인 주가 부양 목적의 경영권 공격을 시도했다. 한국 M&A 역사에서 외국계 투기자본의 적대적 M&A 공격으로 경영권 방어가 위태로웠던 거의 유일한 사례라고 생각된다.

　장기투자를 위해 왔다고 큰소리쳤던 소버린은 2005년 7월 보유 주식 전량을 매수가격 9,293원의 4배가 넘는 49,011원에 매각함으로써, 최초 1,768억 원의 투자로 2년 만에 무려 427%, 즉, 7,558억 원의 차익을 얻게 된다. 게다가 누적 배당금 485억 원과 환차익 1,316억 원까지 실현했으니, 이를 다 합치면 실제 수익은 9,359억 원이 된다. 최초 투자금액 1,768억으로 수익률을 계산할 경우 수익률은 무려 500% 이상이다.

03 KT&G, 1년 새 50% 수익 올린 적대적 M&A 세력

KT&G가 공격당한 이유 역시 현격히 낮은 최대주주의 지분율이었다. 2005년 말 기준 최대주주는 중소기업은행이었는데, 지분율은 고작 5.85%에 불과했다. 우리사주 5.9%를 합친다 해도 우호지분율은 11%대에 불과했다. 자기주식 9.6%가 있었지만 자기주식은 의결권이 없다. 우호세력에게 매각해야 의결권이 부활하는데, 실무적으로 공격자는 가처분 소송 등을 통해 의결권 부활을 방해한다.

2003년도의 소버린 사태 이후에도 KT&G는 특별한 대비책이 없었다. 사실 KT&G는 주식이 고르게 분산되어 있다는 점에서 높은 평가를 받아 지배구조 우수기업으로 선정됐었다. 그러니 굳이 대비책을 만들 필요성을 못 느꼈을 것 같다. KT&G는 공기업이었으나 2002년 12월에 민영화됐다. 그런데 주식이 워낙 분산되어 있어 SK와도 비교할 수 없을 정도로 지분구조가 취약했다.

14% 안팎의 지분율을 가지고도 공격당한 SK의 선례가 있었지만, KT&G는 방어할 준비가 안 되어 있었다. 2005년 말 기준 일반투자자 성격의 프랭클린 뮤추얼이 7.5%, 행동주의 투자자 성격의 아이칸 파트너스 펀드가 6.1%의 지분을 보유하고 있었다. 최대주주 지분율이 하물며 해외 뮤추얼펀드 지분보다도 낮은 상황이었다. 그만큼 적대적 M&A 공격에 취약할 수밖에 없었다.

스틸 파트너즈Steel Partners와 칼 아이칸Carl C. Icahn은 2005년도에 약 4천억 원 규모의 K&G 지분을 매집했다. 그리고 이듬해 2월 4일 드디어 스틸 파트너즈와 아이칸 연합군이 KT&G를 공격했다. 자신들이 추천한 3명을 사외이사로 선임해 달라고 요구한 것이다. 본격적으로 이사회 장악을 위한 공세를 펼친 셈이다. 칼 아이칸은 교묘한 협박도 일삼았다. 2006년 2월 24일 KT&G 경영진에게 보낸 편지에서 그는 주당 6만 원에 KT&G 주식을 인수하겠다는 제안을 한다. 게다가 2조 원의 자금이 준비되어 있다고 자금력을 과시하며 경영진을 협박한다.

KT&G의 경우 정관에 '집중투표 배제' 조항조차 없어서 이사 선임 위임장 대결에도 불리한 조건이었다. KT&G 주식의 외국인 보유율은 무려 50%에 육박했다. 그중 가장 많은 지분을 보유하고 있던 주주는 단순 장기투자 성격의 프랭클린 뮤추얼이었다. 프랭클린 뮤추얼과 KT&G는 장기적으로 우호적인 관계를 유지해 온 터였다.

아이칸의 연합군은 주주총회 위임장 대결에서 집중투표를 활용하고 프랭클린 뮤추얼의 지원을 받아 1명의 사외이사를 이사회에 진출시키는 데 성공한다. 믿었던 프랭클린 뮤추얼은 결국 KT&G의 뒤통수를 쳤다. 하지만 프랭클린 입장에서 최고의 미덕은 수익률을 높이는 것이었다. 따라서 프랭클린 펀드가 공격자들과 의견을 같이하며 의결권을 행사했다고 해서 그들을 비난할 수는 없는 노릇이었다.

그들은 이후 자회사인 인삼공사 매각과 알짜 부동산의 매각을 요구해 주가를 부양시키는 데 성공했다. 스틸 파트너즈-아이칸 연합군은 장기투자를 추구한다며 공개매수 전략까지 썼지만 실제 목적은 단기투자가 명백했다. 2016년 2월 경영 참여를 공시한 이후 불과 10개월만인 2016년 12월에 보유 주식을 모두 장외 매도한 사실을 그 증거로 제시할 수 있을 것이다. 아이칸의 KT&G 주식 평균 매수가격은 4만 원 내외, 이에 비해 매도가격은 6만 원 수준이었다. 그는 불과 1년 만에 50%의 수익률을 달성하며 약 2천억 원의 차익을 실현했다.

10,003,000 DIGEST

1 KT&G가 공격당한 이유는 현격히 낮은 최대주주 중소기업은행의 지분율 5.85%.

2 스틸 파트너즈-아이칸 연합군은 2005년도에 약 4천억 원 규모의 K&G 지분을 매집.

3 스틸 파트너즈-아이칸 연합군의 실제 목적은 단기투자.

2000년대 초반 경제면 머리기사를 장식했던 칼 아이칸이나 소버린 등 행동주의 펀드들과 최근의 신세대 행동주의 펀드들의 가장 큰 차이점은 뭘까? 15년 전 그들은 주로 시가총액이 크지 않은 기업들을 타깃 삼아 공격했다. 당연히 자금 부담이 적었으므로 최소 5% 이상의 지분을 확보하며 '대량 보유 변동 보고'의 공시를 통해 공격 개시를 선포하는 경우가 많았다. 이런 공격 방식은 여차하면 경영권을 빼앗을 수 있을 정도로 강력했다. 앞에서도 설명했듯이 SK는 소버린이 무려 15%의 지분을 취득한 상태에서 공격해 경영권 방어에 애를 먹었다.

그러나 최근 몇 년간 행동주의 펀드들의 공격 대상은 작은 기업에서 대기업으로 변해 왔다. 전통의 행동주의 투자자 아이칸이나 떠오르는 별 서드

포인트^{Third Point Management}의 대니얼 롭^{Daniel S. Loeb}이 공격한 회사들을 살펴보자. 애플, 야후, 소니, 소더비 등 시가총액이 100조 원을 훌쩍 넘는 초대형 기업들이다.

과거의 행동주의 펀드들은 주로 자금 부담 때문에 거대 기업들의 공격을 자제해 왔다. 그러나 최근에는 그동안 쌓아온 막대한 자금을 바탕으로 본격적인 코끼리 사냥에 나서고 있는 것. 물론 이들의 목적은 기업의 경영권 획득이 아니다. 그러기에는 그들의 지분이 터무니없이 작다.

이들은 예전과 달리 1~5% 정도의 적은 지분만 갖고 움직인다. 주주제안을 통한 의결권 싸움 등으로 작은 금액을 효율적으로 활용하는 것이다. 특히 여론을 활용하는 데 공을 들인다. 그런 식으로 명분을 앞세워 다양한 주주제안으로 기업을 공격해 주가를 띄우고 차익을 실현하는 전략을 쓴다.

헤지펀드인 엘리엇^{Elliot Management} 또한 적은 지분으로 2016년 10월에 삼성전자를 공격한 적이 있다. 그러나 결과는 찻잔 속 태풍에 불과했다. 당연했다. 엘리엇은 공격자로서의 기본조차 갖추지 않았기 때문이다. 고작 0.62%의 지분을 가지고 삼성전자에 주주제안을 하는 건 사실 방어자에 대한 예의가 아니다. 이렇게 터무니없이 적은 지분으로 삼성전자 같은 글로벌 1등 기업을 공격해 원하는 결과를 얻어 내는 건 불가능하다.

당시 엘리엇은 삼성전자에 아래의 5가지를 요구했다.

1) 삼성전자를 지주회사와 사업회사로 분할하고 지주회사와 삼성물산의 합병 고려
2) 주주들에게 약 30조 원의 특별배당(보통주 1주당 약 24만 원) 실시

3) 향후 지주회사 잉여현금흐름의 75%를 배당하겠다는 선언

4) 사업회사를 뉴욕 증시에 복수 상장

5) 독립적인 사외이사 3명 추가

삼성전자는 엘리엇 헤지펀드의 제안을 거부했다. 그러나 그들의 주주제안을 진지하게 검토하는 변화된 모습을 보이기도 했다. 삼성전자 또한 지배구조에 대한 고민이 많았기 때문으로 보인다. 결국 고민 끝에 주요제안은 거부했지만 배당금을 전년 대비 30% 올리는 등, 약간의 성의를 보이기는 했다.

그렇다면 이로써 엘리엇이나 다른 행동주의 펀드들의 삼성전자 공격은 끝난 것인가? 당연히 그럴 리 없다. 2016년 엘리엇의 주주제안은 탐색전에 불과하다. 향후에 좋은 기회가 온다면 엘리엇이든 다른 행동주의 펀드든 삼성전자를 공격할 가능성이 크다.

여기서 '좋은 기회'라는 건 구체적으로 무엇을 가리킬까? 바로 한국의 상법이 변경될 가능성을 말한다.

삼성전자도 방심할 수 없어

첫 번째 질문을 던져 보자. 삼성전자 '최대주주'의 경영권은 안정적인가? 물론이다. 삼성전자의 최대주주 지분율은 2018년 말 기준으로 무려 21%에 달한다. 삼성전자는 주주가치 제고 목적으로 발행주식의 약 14%에 해당하는 보유 자사주를 2017년과 2018년에 각각 절반씩 소각했다. 이로 인해 최대주주 지분율이 2% 이상 상승하는 효과를 봤다.

현재 삼성전자의 최대주주 지분율은 '공정거래법상 금융계열사 의결권 일부 제한'을 감안해도 안정적이다. 시가총액 300조 원에 달하는 거대 기업의 최대주주가 이 정도의 지분율을 가지고 있다면 경영권을 유지하는 데는 현실적으로 전혀 문제가 없다.

두 번째 질문이다. 그런데도 삼성전자는 행동주의 펀드들에게 공격당할 수 있을까? 그렇다, 이 역시 가능하다. 물론 경영권을 빼앗길 정도의 공격에 노출되진 않을 것이다. 앞에서도 설명했듯이 삼성전자의 최대주주 지분율은 안정적이기 때문이다. 그러나 공격자들이 사외이사나 감사를 1명 이상 선임하기 위해 공격하는 전략은 충분히 가능하다. 그 이유는 한국에서 추진 중인 상법 개정안 때문이다.

상법 개정안의 핵심 내용은 '집중투표제' 도입, '감사위원 분리선출제' 도입 등 공격자들에게 유리한 제도로의 변경이 추진되고 있다. 만약 집중투표제나 감사위원 분리선출제가 실제로 도입된다면 행동주의 헤지펀드들에게는 날개를 달아주는 셈이다.

■ 한국의 상법개정안 핵심 쟁점

집중투표제	주주총회에서 이사진을 선임할 때 1주당 1표씩 의결권을 주는 방식과 달리, 선임되는 이사 수만큼 의결권을 부여하는 제도. 5명의 이사를 선임할 경우 1주당 1표가 아니라 5표를 받게 되어 이 표를 1명의 이사에게 몰아 주는 것이 가능해진다.
감사위원 분리선출제	주주총회에서 감사위원이 되는 이사를 다른 사내·사외 이사들과 분리해 선임토록 하는 제도. 이 제도가 파괴적인 이유는 감사위원 선임 단계부터 대주주 의결권을 3%로 제한하기 때문이다. 즉 대주주가 3% 이상 지분을 보유하고 있어도 의결권은 3%로 제한된다. 공격자들은 적은 지분으로도 원하는 감사위원을 선임할 가능성이 높아진다.

원래 집중투표제와 감사위원 분리선출제는 소액주주를 보호하고 최대 주주의 전횡을 방지할 목적으로 만들어진 이상적인 좋은 제도다. 그러나 현실세계에서는 행동주의 펀드들이 기업을 손쉽게 공격하는 수단으로 악용되는 경우도 많다. 향후 이런 상법 개정안 결과에 따라 앞으로 행동주의 펀드들의 기업 공격은 더욱 거세질 수 있다.

사실 삼성전자는 글로벌 헤지펀드들이 공격하기에 매력적인 회사다. 반도체 섹터에서 글로벌 1등 기업이기도 하고, 한국을 대표하는 압도적인 1등 기업 아닌가. 그리고 공격자 입장에서 가장 중요한 밸류에이션에 비해서 주가가 단연 저평가되어 있다. 따라서 공격했을 때 얻을 수 있는 이득이 많다. 이미 설명했듯이, 거대 기업을 마음대로 공격할 수 없었던 과거와는 달리, 자금력이 커진 신세대 행동주의 펀드들은 시가총액이 큰 기업이라도 과감히 공격하는 추세다. 심지어 세계 최고의 시가총액을 유지하던 애플마저 공격당한 선례가 있다.

보통 행동주의 펀드 등의 공격자들이 이사나 감사 선임에 집착하는 이유는 뭘까? 이사나 감사의 권한이 막강하기 때문이다. 공격자 입장에서 보자. 해당 기업에 자신들이 원하는 인물을 사외이사나 감사로 진입시키는 데 성공할 경우, 주가 부양에 유리한 여러 가지 전략들을 기업 내부에서 펼칠 수 있게 된다. 사외이사나 감사위원은 영업 비밀, 미래 계획, 재무상태 등 모든 정보를 습득할 수도 있다.

기업의 이사는 이사회의 구성원으로서 회사의 업무 집행에 관한 의사결정과 다른 이사의 직무 집행을 감독할 수 있는 권한이 있다. 그 밖에도 이사회에서 대표이사에게 업무보고를 요구할 수 있고, 신주발행 무효의 소訴, 주총

결의 취소의 소, 합병 무효의 소 등을 제기할 수 있는 권리도 있다.

한편 감사는 회사의 업무와 회계를 감사하는 상설기관으로 언제든지 이사에 대하여 보고를 요구하거나 업무와 재산 상태를 조사할 수 있다. 또 상법상 각종 결의 취소의 소, 신주발행 무효의 소, 감자 무효의 소, 합병 무효의 소등을 제기할 수 있는 권리가 있다.

삼성전자, 2021년 3월 정기주총이 위험하다

삼성전자, 2021년 3월의 정기주총이 위험하다. 삼성전자의 사업보고서(2018년도)에 의하면 2021년에 임기 만료되는 이사가 총 11명 중에 무려 7명이기 때문이다. 사내이사 4명과 사외이사 3명이다. 삼성전자는 정관에 3명 이상 14명 이하의 이사를 둘 수 있도록 명시했다.

물론 2021년 정기주총에서 아무리 임기 만료되는 이사들이 많아도 삼성전자의 군건한 최대주주 지분율 21%를 감안하면 마냥 걱정할 상황은 아니다. 그러나 행여 상법이 개정되어 집중투표제와 감사위원 분리선출제가 도입된다면 이야기는 확 달라진다. 이 시점에 맞춰서 행동주의 펀드들이 삼성전자를 공격할 가능성이 있다.

앞서 SK나 KT&G 공격 사례를 들었다. 이 케이스들을 분석해 보면 공격자는 단 1명의 이사라도 이사회에 진입시키는 전략이 최우선이다. 이사회에 공격자가 원하는 인물을 진입시키기만 하면, 여러 가지 후속 전략 진행이 용이하기 때문이다. 어느 나라든 주주행동주의 펀드들의 전략은 대부분 공격하는 기업의 이사회에 자기들이 원하는 이사나 감사를 진입시키는 게 기본 전략이다.

주주행동주의 펀드들이 삼성전자의 경영권을 획득하는 건 불가능할 것이다. 그러나 그들이 원하는 이사나 감사 자리를 하나 이상 얻어 낼 수는 있다. 특히 2021년이라면 충분히 해 볼 만하다. 만약 집중투표제나 감사위원 분리선출제를 골자로 한 상법 개정안이 통과되면 날개를 달 것이다. 그 이유는 상법 개정안의 핵심 쟁점을 설명한 위의 표에 나와 있다.

삼성전자의 경우, 외국인 지분율이 55%가 넘는다. KT&G를 공격했던 칼 아이칸은 외국인 지분율이 50%가 넘는 회사의 사외이사 1명 정도는 외국인이 가져가야 하는 게 아니냐는 명분을 내세웠다. 2021년에 삼성전자 주주인 행동주의 펀드들이 동일한 명분을 내세워 외국인 주주들을 규합한다면, 어떻게 막아 낼 수 있을까? 그들이 주주제안을 통해 이사 1명의 선임을 요구할 때, 삼성전자의 10% 주주인 국민연금은 어떤 선택을 할까? 국민연금은 10% 의결권 행사를 놓고 고심에 고심을 거듭할 것이다. 일반 소액투자자들은 어떤 입장일까? 삼성전자가 공격받는 게 반드시 나쁜 상황은 아니다. 이와 같은 공격을 당한 기업의 주가는 단기적으로 오를 확률이 높다. 앞서 SK나 KT&G의 사례를 봐도 그렇다.

최근에 한진그룹의 한진칼과 한진을 동시 공격한 강성부펀드^{KCGI} 사례를 봐도 마찬가지다. 한진칼의 경우, KCGI가 9% 지분 확보를 공시한 2018년 11월 15일 종가는 24,750원이었는데, 2018년 12월 31일 종가는 29,800원으로 45일 만에 20% 폭등했다.

행동주의 펀드들은 원하는 이사나 감사 1명을 선임해 이사회에 진입시킨 뒤 요구사항을 관철하기 위해 다양한 여론전과 주주제안으로 공격할 것이다. 그러나 이들은 보통 단기차익을 꾀하기 때문에 장기적인 관점에서 반드시 주주에게 유리하다고 말하기는 어렵다. 더구나 삼성전자같이 한국을 대표하는 첨단기술을 가진 기업이라면 행동주의 펀드의 공격이 국익 차원에서 문제가 될 수 있다. 그러나 모든 일에 절대적인 선악은 없다. 주주 입장에서는 주가상승의 극대화가 가장 큰 선이다.

결론적으로 삼성전자에 투자하는 일반 투자자들 입장에서는 실적 향상에 따른 주가 상승 시나리오 외에 행동주의 펀드의 공격으로 인한 주가 상승 시나리오를 하나 더 가지고 있다고도 볼 수 있다.

10,004,000 DIGEST

1 고작 0.62%의 지분을 가지고 삼성전자를 공격한 헤지펀드 엘리엇.

2 집중투표제나 감사위원 분리선출제가 실제로 도입된다면 행동주의 헤지펀드들에게는 날개를 달아 주는 셈.

3 삼성전자가 공격받으면 기업의 주가는 단기적으로 오를 확률이 높다.

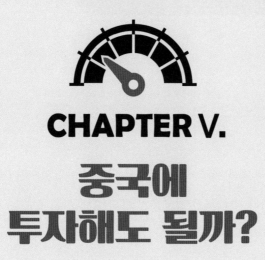

CHAPTER V.

중국에
투자해도 될까?

01 중국 투자는 언제나 배신의 역사

중국은 정말 묘한 시장이다. 10년 전 상하이 종합지수가 6,000포인트를 돌파하는가 싶더니, 그때부터 지금까지 다시는 그 근처에도 못 가고 있다. 하물며 2018년 말 기준으로 이 지수는 10년 전보다 대폭 하락하여 겨우 2,500 포인트에 머물고 있다.

연간 6%를 초과하는 환상적인 GDP 성장률, 14억의 인구대국, 최첨단 기업들과 어마어마한 사이즈의 초대형 기업들이 넘쳐나는 중국! 이 나라의 증시에서는 도대체 무슨 일이 일어나고 있는 것일까?

한국 사람들에게 중국 투자는 언제나 배신의 역사였다. 2007년의 중국 투자 열풍은 2008년의 버블 붕괴로 종결됐다. 대중국 투자자들은 이후 10년 간 고통 받고 있다. 2007년 중국 증시의 초호황 국면에서 한국 금융회사들은 다양한 중국펀드들을 출시했다. 영원히 계속될 것만 같았던 중국 대륙의 폭풍성장에 한국 금융회사와 투자자들은 대규모 자금을 중국펀드에 투자했다. 그러나 2008년 상하이 지수가 붕괴되면서 중국 증시는 제대로 회복되지 못하고 잃어버린 10년의 세월을 보냈다. 2015년에 5,000포인트까지 반등하며 '반짝'했던 상하이 종합지수는 2018년에 다시 2,500포인트까지 추락하며 다시 한 번 투자자들을 절망시켰다.

중국 증시는 일선 증권사 영업직원이나 은행 PB들에게도 공포의 대상이다. 너무도 싼 밸류에이션에 저평가라 판단하고 2018년에 다시 매수를 추천한 중국펀드들이 미·중 무역분쟁 때문에 속절없이 폭락했기 때문이다.

2018년 중국펀드들의 평균 수익률은 25% 이상 하락했다. 계속되는 중국 증시의 하락으로 수익률이 10년째 회복되지 못하면서 중국펀드에 투자한 고객들의 원성이 자자하다. 아래의 표를 보면 중국 증시의 묘한 움직임이 더욱 확연하다. 과거 10년의 데이터가 더 강렬하다. 그러나 데이터의 왜곡을 막기 위해 최악의 급락을 보였던 2008년과 급반등을 보인 2009년을 제외하고 최근 8년간의 데이터로 좀 더 냉정하게 수익률을 분석해 보자.

■ 아시아 주요 증시 최근 8년 수익률
지수 단위 : 포인트

구분	2010년 말	2018년 말	누적상승률	연평균상승률
중국	2,808	2,494	△11%	△1%
일본	10,228	20,014	96%	12%
베트남	485	892	84%	10%
필리핀	4,201	7,466	78%	10%
인도네시아	3,703	6,194	67%	8%
태국	1,033	1,564	51%	6%
말레이시아	1,518	1,690	11%	1%
한국	2,051	2,041	0%	0%

주석 : 각국 증시 기준, 최악의 하락기 2008년과 급반등을 보인 2009년 제외

지난 10년간 그 많은 중국의 돈은 다 어디로 사라지고 중국 증시는 이렇게 지지부진한 걸까? 왜 아시아에서 가장 유망하다던 중국 증시가 아시아의 작은 나라들과 달리 유일하게 하락했을까? 지난 8년을 기다려 온 중국 증시 투자자들은 누적 상승률 △11%라는 참담한 성적표를 받아야 했다. 분석 기간을 10년으로 늘리면 수익률은 더 참담하다.

중국에 투자하면서 얻은 교훈이 있다. 중국 시장도 몇 개의 핵심 기업이 모든 것을 다 가져가는 승자독식의 법칙을 그대로 따르고 있다는 사실이다. 따라서 중국 시장 전체에 투자하는 인덱스 방식보다는 핵심 기업을 골라 집중 투자하는 방식이 좀 더 효율적이다.

그렇다면 중국 경제의 핵심을 이루는 기업들은 어디어디일까? 그렇다, 잘 살펴보면 중국에도 엄청난 기업들이 있다.

10,010,000 DIGEST

1 10년 전 상하이 종합지수 6,000포인트에서 2018년 말 기준 2,500포인트로 대폭 하락한 중국 증시.

2 2018년 중국펀드들의 평균 수익률 25% 이상 하락.

3 중국 시장도 몇 개의 핵심 기업이 모든 것을 다 가져가는 승자독식의 시장.

02 중국 투자, 불확실성이 넘치다

사람들이 사라진다

중국 투자의 가장 큰 위험은 역시 불확실성이다. 느닷없이 CEO가 사라지고, 영화배우가 사라지고, 언론인이 사라진다. 이런 불확실성은 변동성을 극도로 꺼리는 투자자들의 신뢰를 잃게 만드는 최악의 요소다.

자, 첫 번째 사례를 들어 보자.

판빙빙范冰冰은 중국 연예인 중에서 수입 1위의 배우다. 그런 인기 여배우 판빙빙이 지난 2018년 6월 2일 실종됐다. 가택 연금? 망명? 사망? 온갖 추측과 억측이 난무한 가운데 그녀는 무려 123일 만에 다시 모습을 드러낸다. 그리고 2018년 10월 3일 판빙빙은 자신의 공식 웨이보微博에 글을 올렸다. 거액의 탈세를 저지른 데 대한 처절한 반성을 담은 사과문이었다. 요약하자면 법을 지키지 못한 것에 대해 사죄하며 당국에서 부과한 세금과 벌금을 성실히 내겠다는 내용이었다. 중국 세무당국은 이날 약 8억8400만 위안(1,400억 원)의 세금을 통보했다. 판빙빙이 장쑤성 해안 지역에서 연금 상태로 조사를 받았다는 보도도 나왔다. 전세계의 이목이 집중됐던 '판빙빙 실종 소동'은 결국 구금 상태에서 진행된 탈세 조사 때문이었다.

중국의 인기 여배우 판빙빙

중국에선 권력층이나 재벌이 갑자기 실종됐다가 몇 달 뒤에 느닷없이 '이유'가 공개되는 해프닝이 자주 벌어진다. 이번엔 중국 최고의 배우였다는 점에서 더 충격을 줬다.

두 번째 사례다.

양즈후이仰智慧는 란딩藍鼎국제개발 회장이다. 제주도의 대규모 복합리조트인 제주신화월드에 투자했다가 지난 2018년 8월부터 갑자기 모습을 감추어 버렸는데, 2018년 11월 26일자로 경영 일선에 복귀했다. 양 회장은 지난 2018년 8월 캄보디아 프놈펜 국제공항에서 체포된 후 행방이 묘연한 상태였으며, 중국 당국의 조사를 받고 있다는 소문만 돌았다. 란딩국제개발은 홍콩거래소 공시를 통해 "지난 2018년 8월 23일부터 연락이 두절됐던 양즈후이 회장이 2018년 11월 26일 자로 이사회 의장과 최고경영자 직무에 복귀했으며, 이 기간 양 회장은 중국 당국의 조사에 협조했다."고 밝혔다.

사유재산의 보장은 자본주의의 기반이요 근간인데, 판빙빙이나 양즈후이 사례를 보면 중국에서는 아무리 유명인이라도 상황에 따라 언제든 사유재산을 뺏길 수 있음을 알 수 있다. 바로 중국투자의 피할 수 없는 리스크다.

미국과의 패권 경쟁, 단기에 끝나지 않는다

중국제조 2025라는 정책을 이미 설명한 바 있다. 중국을 '제조업 대국'에서 '제조업 강국'으로 키워 내려는 정책으로 2015년부터 추진해 오고 있다. 2025년까지 첨단 의료기기, 바이오 의약 기술 및 원료 물질, 로봇, 통신 장비, 첨단 화학제품, 항공우주, 해양엔지니어링, 전기차, 반도체 등 10개 하이테크 분야에서 대표 기업을 육성하는 게 목표다. 이는 단순히 첨단산업을 육성하려는 계획이 아니라 첨단 기술의 자급자족 달성을 목표로 하고 있으며, 핵심 기술 및 부품ㆍ소재에 대해 2025년까지 국산화 70%를 이룩하겠다는 구상이다.

이런 중국의 구상에 미국은 격분했다. 중국이 자국 기업들에게 불법 보조금을 지급하고 미국 기업들의 지적재산권을 침해하는 등, 다양한 불법행위를 통해 막대한 무역흑자를 내고 있다고 생각한다. 그래서 미국은 2018년부터 대대적으로 중국을 공격하고 있다. 일차적으로는 중국제조 2025의 핵심 품목들에 대한 보복관세를 진행했다. 특히 중국의 반도체 기술력을 견제하기 위해 미국 반도체 장비업체들의 중국 진입을 정책적으로 막고 있다. 참고로 미국 반도체 장비업계의 기술력은 세계 최고 수준이다.

1985년 미국을 비롯한 G5 국가 재무장관들은 극심한 무역적자에 시달리고 있던 미국을 돕기 위해 달러 가치를 떨어뜨리기로 약속한다. 이른바 플라자 합의^{Plaza Accord 혹은 Plaza Agreement}다. 지금 미국의 궁극적인 목표는 그와 비슷한 방식으로 중국 위안화의 가치를 높여서 중국의 수출경쟁력을 떨어뜨리는 것이다. 또 중국의 첨단 기술 발전 속도를 최대한 지연시키려는 목적도 있다. 물론 미국의 희망사항일 뿐, 실현 가능성은 낮다.

중국 입장에서 중국제조 2025는 절대 포기할 수 없는 정책이다. 그리고 미·중 무역분쟁은 사실상 패권경쟁이다. 중국의 기술력과 파워 또한 만만치 않다. 호락호락 당할 리 없다. 중국과 미국은 계속해서 지루한 협상과 결렬 과정을 반복할 것이다.

최근 중국의 통신장비회사 ZTE, 반도체 회사 푸젠진화, 휴대폰 제조 및 통신장비회사 화웨이가 차례로 미국으로부터 직·간접적인 불이익을 받았다. 이런 복잡한 상황으로 인해 중국투자는 불확실성이 크다. 투자자들은 불확실성을 싫어하기 때문에 중국 증시에는 마이너스 요인이 많다.

중국 투자, 불확실하니까 포기해야 할까

지금껏 설명한 것처럼 불확실성이 많다는 이유만으로 중국 투자를 포기하는 게 과연 현명한 결정일까?

중국 시장에서 1등을 하는 기업은 세계 시장에서도 단숨에 1위 수준으로 올라간다. 인구 14억이라는 숫자가 보여 주는 마법이다. 세계 1등 플랫폼 기업인 넷플릭스, 구글, 아마존, 페이스북은 다 중국 시장 진입에 실패했다. 중국 시장에는 교묘하게 자국 기업들을 우대하는 다양한 정책들이 숨겨져 있다. 결국 중국에서는 중국 기업들만 살아남는다.

투자자들은 어쩔 수 없이 중국 1등 기업에 투자해야만 쾌속 성장하는 중국 대륙의 과실을 누릴 수 있다. 그리고 중국의 경제 규모는 미국에 이어 두 번째로 크다. GDP 성장률이 과거보다야 낮아졌지만, 여전히 연 6%대의 '꿈같은' 성장률을 보여 주는 나라다. 이런 매력적인 나라를 투자 대상에서 제외한다고? 썩 좋은 선택이 아니다.

또한 과거 10년간 중국 증시의 하락폭이 컸다는 사실은 반대로 해석하면 거품이 거의 없어졌다는 뜻이다. 증시 격언 중에 이런 것도 있지 않은가? "골이 깊으면 산이 높다!" 고유의 가치보다 많이 하락한 증시는 상승 시 회복 탄력도 크다.

현명한 투자자의 자세는 중국의 성장과실을 제대로 향유할 수 있는 중국 핵심 기업에 집중 투자해 그 막대한 성장 과실을 같이 누려나가는 것이다. 이런 관점에서 지금부터 중국 기업 3개를 순서대로 소개해 보도록 하겠다.

10,020,000 DIGEST

1 전 세계의 이목이 집중됐던 '판빙빙 실종 소동'은 결국 구금 상태에서 진행된 탈세 조사 때문.

2 지금 미국의 궁극적인 목표는 중국 위안화의 가치를 높여서 중국의 수출경쟁력을 떨어뜨리는 것.

3 중국 시장에서 1등을 하는 기업이 세계 시장에서도 1위.

4 과거 10년간 중국 증시의 하락폭이 컸다는 사실은 반대로 거품이 거의 없어졌다는 뜻.

03 알리바바, 아시아 휩쓸고 전 세계로

마윈, 알리바바를 만들다

알리바바^{阿里巴巴}의 마윈^{馬雲}은 한국인들에게 어떤 이미지일까? 척박한 환경에 굴하지 않고 벤처를 일구어 가난한 영어교사에서 중국 최고의 갑부가 된 자수성가의 상징이리라. 하지만 나는 무엇보다 그가 남긴 강렬한 한 마디가 생각난다. "35살까지 가난하다면 그건 네 책임이다!" 폭탄선언 같은 그의 어록이 2014년 한국에 소개되면서 30대와 40대의 격한 분노를 유발시키기도 했다. 그런데 알고보면 그것은 실제 마윈이 한 말과는 다르다. 정확한 그의 발언은 이렇다. "当你30岁40岁还没有什么成就的时候，没有人会可怜你" 대충 이렇게 번역된다. "당신이 30~40세가 될 때까지 아무 것도 이뤄 놓은 게 없다면, 누구도 당신을 동정하지 않을 것이다." 한국에서는 그의 진심이 살짝 왜곡된 채 전해졌던 셈이다.

하지만 설사 오역이라 하더라도 '35살까지도 가난하면 네 책임'이라는 말이 훨씬 더 강렬하다. 나도 잘못 알려진 어록을 처음 들었을 때 슬그머니 화가 났다. "살다 보면 변수도 많은 법인

중국 최대의 온라인 쇼핑몰 알리바바의 창업자 마윈

데, 이거 너무 패기만만하구만! 이 사람, 혹시 너무 꽃길만 걸어온 건가?"

아무튼 누군가의 오역 덕분에 한국에서 분노 유발자가 됐었던 마윈, 그가 만든 알리바바는 과연 어떤 회사인가? 한번 천천히 살펴보자.

중국 1등이자 세계 1등인 전자상거래 기업 알리바바. 우선 그 이름과 관련해 재미있는 일화가 있다. 누구나 추측할 수 있다시피 마윈은 전 세계인들이 다 아는 이야기 〈알리바바와 40인의 도적〉에서 힌트를 얻어 알리바바를 회사 이름으로 정했다. 그런데 알리바바닷컴이란 도메인은 이미 어떤 캐나다 회사가 선점하고 있었다. 그래서 거금 1만 달러(1천1백만 원)를 주고 도메인을 샀다고 한다.

마윈 개인에 대한 전설적인 일화도 있다. 야후 창업자 제리 양과의 인연이다. 알리바바 창업 전인 1997년 마윈은 중국 대외무역부에 잠깐 재직하면서 우연히 제리 양의 만리장성 관광을 위해 가이드가 돼 주었다. 두 사람은 그 후 서로 친분을 이어가다가 2000년에 제리 양이 마윈을 손정의 소프트뱅크 회장에게 소개해 줬다는 이야기다.

손 회장은 마윈을 직접 만나고 단 6분 만에 2천만 달러(220억 원)를 투자하겠다고 결정했다. 이 일화에 대한 나의 느낌은 복잡하다. 설득을 잘한 마윈이 뛰어난 건지, 재빨리 알아보고 판단한 손정의가 뛰어난 건지, 아니면 둘 다 천하의 천재들인지 모를 일이다.

마윈은 재정적으로 어려움을 겪던 시기에 손정의라는 구세주를 만나 투자를 받고 이후 승승장구한다. 하지만 이 투자 결정으로 2018년 말 현재 알리바바의 최대주주는 일본 소프트뱅크다. 주식 지분율은 무려 28%. 이득으로 따지면 손정의의 판정승이라 해야 할까!

시작은 B2B 전자상거래 몰 '알리바바닷컴'

1999년 마윈이 설립한 알리바바의 시작은 '기업과 기업 사이(B2B; business to business)' 전자상거래 몰인 알리바바닷컴이었다. 이 회사의 사업 모델은 특이했다. 전자상거래 모델은 보통 '기업과 소비자 개인 사이의 거래(B2C)'다. 당시 전자상거래 선발주자였던 아마존이나 이베이의 사업모델도 기업이 일반 소비자들에게 상품을 판매하는 방식이었다. 그런데 알리바바닷컴은 중국의 중소기업이 만든 제품을 전 세계 기업들이 구매할 수 있도록 중개하는 기업 간 거래에 주력했다.

중국은 2000년 초에 이미 세계의 공장이었다. 저렴한 인건비를 기반으로 좋은 상품을 만들어 냈다. 가성비 좋은 물건을 만들어 내는 중국 중소기업들과의 거래를 원하는 도소매기업들이 중국을 포함한 세계 전역에 넘쳐났다. 반면 중국의 작은 상점들이나 중소 제조사들은 자기 물건을 판매할 수 있는 공간 혹은 플랫폼이 필요했다. 이렇게 서로를 필요로 하는 기업들을 이어 주는 플랫폼을 알리바바가 만들어 낸 것이다.

또한 알리바바는 B2B 플랫폼을 만들어 냈을 뿐 아니라 접근방식도 경쟁사들과 달랐다. 다른 경쟁사들은 대기업 위주로 사업을 진행했지만 알리바바는 전체의 95%를 차지하는 중소기업에 주력했다. 덕분에 판로를 찾지 못해 고민하던 중국 중소기업들이 다 몰려왔다. 상품을 원하는 도·소매기업들도 몰려왔다. 이들이 모두 알리바바닷컴에 접속했다. 그리하여 도·소매기업들은 원하는 소재와 디자인으로 상품을 만들 수 있는 중소 제조사들을 만날 수 있었고, 양측은 서로 의견을 교환하며 소통한 후 시제품을 받아 본 구매자가 품질에 만족하면 제조사에게 대량 주문해 구매하는 방식이었다.

중국 맞춤형이라 부를 만한 이 B2B 비즈니스는 2000년대 중국의 인터넷 붐과 맞물려 폭발적으로 성장했다. 사실 이런 모델은 알리바바 말고는 찾기 힘든 독창적인 방식이다. 이로 인해 알리바바닷컴은 200여개 국가와 지역의 기업고객을 확보한 글로벌 플랫폼으로 성장하게 된다.

그러나 기실 알리바바는 알리바바닷컴으로 돈을 번 게 아니다.

진짜 성장은 개인 간(C2C) 거래에서

알리바바의 성장은 2003년에 만든 '개인과 개인 사이(C2C; consumer to consumer)' 전자상거래 몰인 타오바오^{淘宝}에서 본격적으로 꽃을 피웠다. C2C 모델을 한국 쇼핑몰로 설명하면 11번가, 지마켓, 옥션 같은 오픈 마켓 비즈니스라고 할 수 있다. B2B 전자상거래 몰로 사업을 시작했지만 본격적으로 돈을 벌기 시작한 것은 타오바오를 통해 온라인 C2C 비즈니스를 시작하면서부터였다.

타오바오는 대기업이 아닌 소형 개인사업자들이 개인들에게 물건을 판매하는 C2C 쇼핑몰이다. 여러분들도 공감하겠지만 중국 시장의 특징 가운데 하나는 한국의 오픈 마켓보다 훨씬 다양하게 짝퉁이 많다는 사실이다. 그렇잖아도 개인과 개인이 거래할 때 가장 두려운 것은 상대방을 믿을 수 없다는 점 아니겠는가? 온라인에서 알게 된 개인으로부터 정가 10만 원인 화장품을 30% 싸게 7만 원에 구매한다고 가정해 보라. 이 거래가 완벽히 안전하려면 둘이 직접 만나서 돈을 주고 상품을 받아야 한다. 하지만 이건 물물교환이지, 온라인 쇼핑이 아니다. 한국의 경우도 상대방에 대한 신용이 가장 걱정거리인 것은 마찬가지. 돈을 보냈는데 물건을 안 주면 어쩌지, 물건을 보냈는데 돈을 안 주면 어떡하지 같은 상호간의 고민을 해결해야 한다.

하물며 인구는 많고 신용은 부족하다는 중국은 오죽할까! 타오바오는 이런 개인 간의 우려를 불식시키기 위해 당시로는 획기적인 '에스크로escrow 제도'를 도입했다. 에스크로 시스템은 구매자의 돈을 타오바오가 잘 보관하고 있다가, 구매자가 이상 없이 물건을 받은 게 확인될 때 판매자에게 대금을 지급하는 구조다. 여러분도 11번가나 옥션에서 거래해 봤다면 '물건을 받았으면 구매를 확정해달라는 푸시'를 받아 본 경험이 있을 것이다. 그것이 바로 '제3자 예탁預託'을 의미하는 에스크로 제도다.

또 하나 타오바오가 채택한 안전장치는 '판매자 신용등급' 제도다. 구매자들의 상품평에 의해 판매자의 신용도를 평가해 등급을 매긴다. 등급이 높을수록 믿을 수 있는 판매자라는 보증이다. 이 방식 역시 한국의 11번가나 옥션 등에서 쓰고 있어, 여러분들에게도 익숙할 것이다.

　지금은 우리에게 너무나 익숙한 이런 방법들도 당시에는 획기적인 아이디어였다. 이 '대박' 아이디어가 중국에서 돌풍을 일으키며 타오바오는 단숨에 대륙 1등 쇼핑몰이 됐다. 무려 14억 명이 살아가는 나라에서 점유율 1등 오픈 마켓 쇼핑몰이니, 거래 금액도 당연히 압도적이다. 타오바오의 2018년도 거래액은 3조 위안(500조 원)에 이를 것으로 추정된다. 참고로 한국의 2018년 온라인 쇼핑 전체 규모가 110조 원이다. 타오바오 한 회사 거래금액의 4분의 1이다.

B2C 티몰, 알리바바를 진격하게 만들다

　B2B로 시작해서 C2C로 꽃피웠으니 B2C는 자연스런 귀결이었을까? 2008년 창립한 '기업과 개인 간(B2C; business to consumer)' 전자상거래 몰인 티몰天猫에서 알리바바의 진격이 시작됐다. 티몰은 까다로운 입점 절차와 인증을 통과한 기업들에게만 판매를 허용한다. 그래서 유명 브랜드 기업 중심으로 쇼핑몰이 운용된다. 특히 짝퉁 문제로 소비자 신뢰가 약한 타오바오의 약점을 말끔히 해결해 준 쇼핑몰이다. 한국으로 따지면 신세계몰, 롯데닷컴, CJ몰, GS샵 등의 브랜드 몰을 생각하면 되겠다.

　티몰은 개점 이래 최고급 브랜드 상품을 찾는 중국 소비자들에게 꾸준한 인기를 얻었다. 소비자들은 티몰을 통해 중국 현지 유명 브랜드와 해외 유명 브랜드 제품을 해당 기업이 직접 운영하는 온라인 매장에서 구입할 수 있다. 당연히 소비자의 신뢰도가 타오바오보다 훨씬 높다.

나이키, 에스티 로더 등 글로벌 브랜드를 포함 10만 개 이상의 브랜드가 티몰에 입점해 있다. 한국 기업 중에는 중국에서 선호도가 높은 LG생활건강, 아모레퍼시픽 같은 화장품 회사들이 많이 들어와 있다.

2015년 5월에는 티몰 안에 한국관을 별도로 오픈했다. 중국 소비자들이 서울 명동에 오지 않고도 안방에서 한국 상품을 살 수 있도록 하는 콘셉트다. 특히 기업 단위 전용관이 아니라 '국가 단위' 전용관은 한국이 처음이어서 더욱 관심을 모았었다. 물론 2016년 사드 사태로 다소 시들해지긴 했지만.

티몰의 2018년도 거래금액은 약 2.5조 위안(400조 원)으로 추정된다. 티몰과 타오바오를 합치면 추정치가 약 5.5조 위안(900조 원)인 셈이다. 같은 해 한국의 온라인 쇼핑 전체 거래액 110조 원의 8배 이상을 알리바바 혼자서 기록한 것이다.

티몰의 매출이 폭발하다, 광군제

우리에게 11월 11일은 '빼빼로 데이'로 통한다. 연인들이 빼빼로를 주고받으며 애정을 확인하는 날이라고 했던가. 최근엔 어이없게도 '의리 빼빼로'라는 것까지 등장해 직장인들에겐 이 날이 윗분들 챙겨야 하는 '신경 쓰이는 날'로 변질되고 있다고도 한다.

그나저나 11월 11일은 한국보다 중국에서 더 축제 분위기다. 중국에서는 독신을 상징하는 '1'을 4개나 지닌 날이라 해서 11월 11일을 '독신자의 날'이라 부른다. 중국어로 '광군제光棍節'다. 이 날은 '솔로를 챙겨주는 날'이어서 소개팅, 파티, 선물 교환 등의 행사가 많이 열린다.

그런데 2009년 광군제에 알리바바 티몰은 대규모 할인행사를 벌였다. 솔로의 날에 혼자인 사람들은 자기 자신을 위한 쇼핑으로써 스스로를 위로하라는 슬로건을 내걸었다. 이 행사가 그야말로 대박을 터뜨린다. 이때부터 광군제는 '중국에서 대규모 할인행사가 진행되는 날'로 그 의미가 살짝 바뀌었다. 광군제 할인행사는 올해로 10년째 계속된다. 매년 티몰이 주도해 오다가 지금은 경쟁 쇼핑몰과 백화점들도 동참해 거국적인 최고의 쇼핑 축제일이 됐다.

그렇다면 궁금하다, 2018년 광군제의 거래액은 얼마나 됐을까?

알리바바는 2018년 11월 11일 할인행사를 통한 거래액이 전년보다 27% 늘어난 약 2,135억 위안(35조 원)을 기록했다고 밝혔다. 이게 바로 대륙의 스케일이다. 징둥닷컴 등 다른 경쟁 몰의 거래액까지 합치면 이날 하루 약 3,000억 위안(50조 원) 이상의 소비가 이뤄진 것으로 추정된다. 알리바바 그룹의 광군제 행사 거래액은 연평균 30% 이상의 급격한 증가율을 보이고 있다.

■ 알리바바 그룹 광군제 행사 거래액   단위 : 원

구분	2016년	2017년	2018년
광군제 당일 매출	20조	28조	35조
증가율	32%	39%	27%

출처 : 알리바바 자료, 환율 165원으로 저자 환산

전자상거래 규모, 미국보다 훨씬 크다

알리바바는 중국 최대 전자상거래 업체다. 미국의 아마존, 중국의 알리바바다. 두 나라 모두 한국과는 비교할 수 없이 큰 시장이다. 그렇다면 이 두

거인 중에서 어느 쪽의 전자상거래 매출 규모가 더 클까? 당연히 중국의 알리바바다. 사실 앞에서 아마존을 세계 최고의 전자상거래 회사라고 소개했지만, 거래액의 절대 규모로 보면 세계 최대 전자상거래 업체는 알리바바다.

중국의 1인당 GDP는 미국과 한국에 비해 한참 뒤떨어진다. 하지만 미국 인구 3억3천만 명이나 한국 인구 5천만 명을 생각해 본다면, 14억 내수 인구를 가지고 있는 중국의 전자상거래 규모는 애당초 뛰어넘을 수가 없다. 이런 최대의 인구 자체가 바로 중국 전자상거래 시장의 가장 큰 특징이라 하겠다.

■ 한국, 미국, 중국의 온라인 쇼핑 규모 (2018년 추정치)   단위 : 원

구분	한국	미국	중국
온라인 쇼핑 매출액 추정	110조	550조	1,200조

출처 : 한국- 통계청, 미국- 각 언론사 자료 참조, 중국- iResearch

위의 표에서 드러나다시피 총 규모 110조 원의 한국에 비해서 미국이 500조 원 정도로 5배, 중국은 1,200조 원 규모로 10배 이상이며 미국에 비해서도 2배 이상이다. 이중에서 티몰과 타오바오를 합친 알리바바의 온라인 거래액은 약 900조 원으로 중국 온라인 쇼핑의 60% 이상을 차지한다. 아마존의 미국 온라인 쇼핑시장 점유율이 50% 수준이니, 알리바바는 아마존보다도 더 독점적인 지위를 누리고 있다.

■ 전체 소매거래액 중 온라인 쇼핑 침투율 (2018년 추정치)

구분	한국	미국	중국
온라인 쇼핑 침투율	24%	10%	24%

출처 : 한국- 통계청, 미국- 각 언론사 발표, 중국- 미래에셋대우 리서치센터

한편 한국과 중국의 2018년 전체 소매거래액 중 온라인 쇼핑의 비중은 무려 24%다. 상거래 장소가 온라인으로 빠르게 이동한다는 뜻이다. 이 속도 면 5년 뒤에는 점유율 40%를 넘길 것으로 예상된다. 대략 2명 중 1명은 온라 인에서 물건을 구매할 날이 멀지 않았다는 얘기다. 하지만 미국은 온라인 쇼 핑 점유율이 아직 10% 초반이다. 상대적으로 온라인 쇼핑시장의 성장 여력 이 더 크다고 해석할 수 있다.

아마존에 비해서 알리바바는 직배송에 집중한 전략이 아니라 기업 간 전자상거래 전략으로 시작했다는 특징도 눈여겨볼 만하다. 따라서 고객충성 도는 알리바바보다 아마존이 조금 더 우위일 듯하다. 하지만 결론적으로 거 래 규모에 있어서 알리바바는 아마존보다 2배 이상 크다. 현재 시가총액은 아 마존에 많이 뒤지지만 거래 규모만 보면 세계 최대의 전자상거래 업체는 바 로 알리바바다.

라자다 인수, 아시아 전자상거래 시장 공략

중국 전자상거래 시장을 평정한 알리바바는 아시아 시장으로 눈길을 돌 린다. 그리고 바로 라자다Lazada라는 기업을 인수한다. 라자다는 독일 업체가 2012년 싱가포르에 설립한 동남아시아 최대의 전자상거래 기업이다. 인도네 시아, 말레이시아, 필리핀, 태국, 베트남 등에 진출해 있다. 진출한 6개국 중 싱가포르를 제외한 5개에서 점유율 1위를 기록하고 있다. 일명 '동남아 아마 존'으로 불린다.

알리바바는 2016년 4월 라자다 지분 56%를 10억 달러(1조1천억 원)에 인수했다. 이후 2017년 6월에 10억 달러(1조1천억 원), 2018년 3월에 20억 달러(2조2천억 원)를 더 투자해 지분을 91%까지 늘렸다.

물론 알리바바 같은 거대 기업에게 40억 달러는 그리 큰돈이 아니다. 오히려 성장하는 동남아시아 전자상거래 시장을 선점했다는 의미가 크다. 유럽과 일본을 선점한 아마존이 동남아시아 시장에서는 라자다에 밀려 고전하고 있다. 두 거인의 동남아시아 전쟁은 일단 알리바바의 판정승이다.

동남아시아 전자상거래 시장은 2018년 기준 130억 달러(14조 원) 정도로 아직 그리 크지 않다. 중국에는 도저히 비할 바가 못 된다. 그러나 라자다가 진출한 6개국의 인구는 무려 6억 명이다. 게다가 전체 소매 거래에서 온라인 쇼핑이 차지하는 비중이 아직 5% 미만이다. 앞으로 침투율 24%인 중국의 절반만 따라온다고 해도 성장 잠재력은 어마어마하다.

아시아에서 알리바바는 인도네시아의 토코페디아^{Tokopedia}와 인도의 빅바스킷^{Big Basket} 같은 전자상거래 업체에도 투자했다. 전자상거래 분야에서 중국을 넘어 아시아를 휩쓸고 세계를 넘보는 중이다. 알리바바는 아직 배가 고프다.

신유통 선언, 결국 오프라인 시장까지

마윈은 2016년 10월 알리바바 내부개발자 회의에서 '신유통^{新零售}'을 언급했다. 지금 중국 소매시장에서는 이 단어가 가장 뜨거운 감자다. 신유통은 '제품 생산부터 판매에 이르는 모든 과정에서 온·오프라인 매장 구분 없이 최첨단기술을 모두 구현해 스마트하게 판매하고 전달하는 것'을 말한다. 결국은 온·오프라인이 융합된 첨단 매장에 본격 진출하겠다는 선언이기도 하다. 아마존의 오프라인 진출과 방향이 비슷하다. 이 신유통 선언의 돌격대 역할을 하는 매장들을 살펴보자.

먼저 신선식품 전문매장인 허마셴성盒馬鮮生부터. 발음도 어려운 허마셴성은 귀여운 파란색 하마 캐릭터를 쓴다. 2016년 1월 상하이에 첫 매장을 낸지 2개월 만에 알리바바가 1억5천만 달러(1,650억 원)를 투입했다. 신선식품 전문기업 홀푸드에 대한 아마존의 투자전략과 유사하다.

허마셴성은 회원제 신선식품 온·오프라인 복합매장이다. 신선식품이란 아마존 편에서도 지적했듯이 강력한 배송 능력이 없으면 함부로 진입하기 어려운 분야다. 알리바바는 빅 데이터, 사물인터넷, 클라우드, 핀테크, 스마트 물류 등 현존하는 모든 첨단기술을 아낌없이 허마셴성에 쏟아 부었다.

허마셴성은 일반식품들도 판매하지만 핵심 경쟁력은 채소, 과일, 수산물, 고기 등의 고품질 신선식품에 있다. 오프라인 매장에서 직접 눈과 귀로 체험할 수 있고 매장 내에서 조리 및 식사도 할 수 있다. 결제는 오직 알리페이로만 가능하다.

이런 사용자 경험을 온라인 구매로 연결시키는 것이 알리바바의 전략이다. 현재 온라인 주문 비중이 60%를 돌파했다. 제품 선택, 포장, 배달까지 대행업체 없이 직접 수행한다. 온라인 구매 시 오프라인 매장 근처 3km 이내는 30분 내 배달해 주는 신속 배송 시스템을 도입했다. 주문과 동시에 천장의 레일과 연결된 장바구니에 제품을 담아 물류센터로 보내는 과정이 10분 안에 처리돼 가능한 일이다. 상품 수요는 인공지능으로 예측한다.

허마셴성 체인은 주로 상하이, 베이징 같은 대도시로 확장되고 있다. 현재 중국 전역에 100여개 매장을 보유 중이며 계속 확대되고 있다. 허마셴성은 알리바바 신유통 전략의 대표주자다.

중국 최대의 전통적 오프라인 할인마트인 따룬파大润发의 신유통 전략도 주목할 만하다. 알리바바가 이 마트를 소유한 선 아트 리테일Sun Art Retail의 2대 주주가 된 뒤 양사의 협력이 강화되고 있으며, 따룬파는 내부 시스템을 대폭 개조하고 있다. 일단 허마셴성의 스마트 물류시스템을 접목시켰다. 또 무인 계산대와 온라인 상품 조회용 대형 키오스크를 도입했다. 궁극적으로 온·오프라인 동시 쇼핑이 가능하게 만들려는 목표다. 향후 전국 매장에 이 같은 방식을 확대 도입할 계획이다.

소형 슈퍼마켓인 티몰 스토어도 주목할 만하다. 티몰 스토어의 핵심은 빅 데이터 분석을 통해 매장 반경 1킬로미터 이내 고객들이 가장 많이 쓰는 상품 위주로 진열하는 것이다. 자연스럽게 인근 고객들의 취향을 저격하고 쓸데없는 재고 보유를 줄였다. 티몰 스토어는 2017년 8월 항저우에 1호점을 오픈한 뒤로 중국 3~4선 중소형도시 위주로 빠르게 확산되고 있다. 기존 소규모 가게를 개조하는 방식이라 비용이 많이 들지 않는 게 장점이다.

타오 카페Tao Café라는 것도 생겼다. 알리바바의 무인無人 점포다. 알리바바가 기술력을 과시하기 위해 시범적으로 매장을 오픈했지만 아직 전국적으로 확대할 계획은 없다.

지금까지 장황하게 설명한 바와 같이 알리바바는 오프라인 소매에 특화된 다양한 기업들에 자금을 투자하며 본격적으로 오프라인 시장에 진격하고 있다. 2017년 1월에는 26%의 지분을 갖고 있던 백화점 체인 인타임 리테일Intime Retail에 26억 달러(2조9천억 원)를 추가 투자해 총 74%의 지분을 확보했다. 2017년 5월에는 슈퍼마켓 체인 롄화마트联华超市의 지분 18%를 인수하며 2대주주가 됐다. 또 2017년 11월에는 중국판 월마트로 불리는 대형 할인점 1위 기업 선 아트 리테일 지분 36.2%를 224억 홍콩달러(3조1천억 원)에 인수하며 2대주주가 됐다.

간단하게 요약하면 알리바바 신유통의 핵심은 오프라인 시장에 본격적으로 진입하겠다는 선언이다. 알리바바도 아마존처럼 온라인 쇼핑몰 1등에 만족하지 않는다. 온·오프라인을 통틀어 시장점유율 50%를 확보하는 게 최종 목표인 것으로 보인다.

알리페이, 중국에서 '현금'을 퇴출시켜 버린 주범

위에서 허마셴성은 오직 알리페이로만 결제한다는 말을 했다. 중국어로 '즈푸바오支付宝'라고 부르는 이 알리페이Alipay가 무엇이기에? 중국 현지에서 알리페이가 뭐냐고 물으면 틀림없이 외계인 취급을 당할 것이다. 알리페이는 위에서 설명한 C2C 쇼핑몰 타오바오가 거래자 사이의 신용문제를 해결하기 위해 2003년에 도입한 에스크로 제도에서 출발했다. 그러니까 알리페이를 통해 구매자의 구매대금을 보관하고 있다가 물건 수령이 확인된 후에 판매자에게 대금을 지급하는 서비스였다. 이후 알리페이의 기능이 대폭 확장되어 오프라인에서도 이용되면서 중국을 무현금 사회로 바꿔 버렸다.

중국에서는 음식은 물론이고 거의 모든 계산을 알리페이로 한다.

구체적으로는 알리페이에 은행계좌를 연동한 뒤, QR코드를 스캔하기만 하면 오프라인에서도 결제가 된다. 온라인결제와 송금은 기본 기능이다. 이젠 알리페이를 못 쓰는 경우를 찾아보는 게 훨씬 더 어렵다.

알리페이에 대한 중국인의 이미지는 어떨까? 쉽게 말해서 그들은 알리페이를 그냥 현금으로 생각하고 쓴다. 중국에서는 거지도 알리페이로 구걸한다지 않는가? 우리가 흔히 "현금이 하나도 없이 어떻게 살아?"라고 말하는데, 중국에서는 이를 "알리페이 없이는 절대 살 수 없지!"로 바꾸어도 지나친 과장이 아니라는 얘기다.

이렇게 중국을 무현금 사회로 만든 범인, 알리페이. 중국에서 알리페이 사용자는 2018년 말 기준 이미 7억 명을 돌파했다. 지구촌 전체로 따지면 약 10억 명이 사용하고 있다. 이런 이유로 중국에서는 스마트폰만 있으면 현금 없이 돌아다녀도 아무런 불편함이 없다. 지하철, 택시, 쇼핑 등 생활의 모든 것이 알리페이로 해결된다. 전기세, 수도세까지도 알리페이로 지불할 정도다.

지금은 지문인식 및 안면인식 기능도 추가돼 보안성이 더 향상됐다. 이런 가운데 알리바바는 알리페이를 통해 고객들의 빅 데이터를 꼼꼼히 모으고 있다. 사용자의 취향은 물론 실시간 위치정보까지 수집하며 진화를 거듭하고 있다. 하지만 텐센트의 위챗 페이微信支付; WeChat Pay도 놀라운 속도로 추격하고 있어, 텐센트와 알리바바의 뜨거운 경쟁이 볼 만하다.

중국에선 은행에 예금하면 바보?

2003년 알리페이가 처음 도입된 이후 그 사용자는 10년간 폭발적으로 증가했다. 그래서 알리페이 잔고 계정에는 자금이 계속 쌓여 왔다. 알리페이 사용자들이 물건을 구입한 후 남은 자투리 금액들을 계속 남겨두기 때문이다. 새로운 금융사업 확장을 모색하던 알리바바는 이 자금을 효율적으로 운용할 방법을 고민하다가 혁신적인 투자 시스템을 만들어 냈다. 바로 '남은 돈 주머니'란 뜻을 지닌 '위어바오余额宝'다. 알리페이에 남은 자투리 자금을 운용할 목적으로 만든 시스템이니 절묘하게 어울리는 이름 아닌가.

2013년 출시된 위어바오는 나오자마자 중국 재테크 시장에 돌풍을 일으킨다. 금융당국이 시중은행 이자율을 결정하는 중국에서는 예금금리가 2~3% 수준으로 낮다. 그러나 머니마켓펀드(MMF)에 위탁 운용하는 위어바오는 금리가 높다. 출시 초기엔 5~6%, 이후에도 4% 내외의 이자율로 큰 인기를 끌고 있다. 게다가 수시입출금 방식이다.

사실 내 생각에 위어바오의 인기는 한국에 처음 도입된 MMF나 CMA의 인기와 별반 다를 바 없다. 안정적인 국공채 위주의 MMF와 CMA가 한국 증권사에서 인기리에 판매된 시기는 2000년대 중반부터다. 중국과 마찬가지로 한국 MMF와 CMA는 수시입출금 방식인데도 초기에 은행 보통예금보다 2%

이상 높은 금리를 제공했었다. 지금도 은행 보통예금보다 1% 이상 높은 금리를 제공한다. 그래서 한국의 MMF와 CMA도 인기를 끌고 있다.

그러나 한국의 경우 50개 증권사가 경쟁적으로 MMF와 CMA 상품을 판매하며 점유율이 분산된 점은 중국과 크게 다른 점이다. 게다가 은행들도 MMDA라는 유사 상품으로 치열하게 경쟁하고 있다. 반면 중국에서는 금융회사가 아닌 전자상거래 기업의 위어바오가 압도적인 점유율로 MMF 시장을 휩쓸고 있다. 알리페이라는 최고의 결제 플랫폼이 있고, 중국의 금융규제가 엄격하지 않은 데다, 결제 편의성이 뛰어난 장점 때문이라고 생각된다.

그 결과 운용 규모에서 어마어마한 차이가 발생한다. 2017년 말 위어바오 잔고는 약 1조6천억 위안(260조 원)에 달했다. 이 정도면 한국은 말할 것도 없고 MMF 수탁고 세계 1위를 자랑하던 미국의 JP모건까지 가볍게 제치는 금액이다.

현재 알리페이와 위어바오 서비스를 제공하는 기업은 알리바바가 아니다. 2014년에 알리바바의 자회사로 독립한 앤트 파이낸셜Ant Financial, 중국어로 마이진푸蚂蚁金服다. 2018년 4월 외부 투자자들은 이 기업의 가치를 1,500억 달러(165조 원)로 평가했다. 놀랍게도 글로벌 금융회사 시가총액 10위권에 해당하는 수준이다.

최근에는 위어바오의 엄청난 성장에 불안감을 느낀 중국 금융당국의 직접적인 규제와 은행권 금리자율화 영향으로 성장세가 약해지고 있다. 2018년 초 약 1조6,000억 위안(260조 원)이던 수탁고는 3분기 말 3,000억 위안(45조 원) 줄어든 1조3,000억 위안(215조 원) 수준에 머물렀다. 그리고 2018년 말 위어바오의 금리가 3% 미만으로 하락하면서 은행금리와의 차이도 좁혀지고 있다.

결론적으로 위어바오는 중국 당국의 규제와 금융사들과의 치열한 경쟁으로 더 이상 큰 성장이 어려울 수 있다는 점에 주의해야 한다.

돈 먹는 하마와 돈 버는 효자

'문어발 투자'를 선호하는 알리바바가 동영상 비즈니스에 관심을 안 둘리가 없다. 알리바바는 2015년 11월 동영상 포털 사이트 유쿠优酷视频; Youku를 현금 46억 달러(5조 원)에 인수했다. 당시 유쿠의 이용자는 4억 5천만 명 정도. 사용자 1명을 10달러(1만1천 원)로 평가해 인수 가격을 정한 셈이다.

중국은 유튜브나 넷플릭스 같은 글로벌 동영상 기업이 진입하기 어려운 시장이다. 교묘한 자국 기업 우대정책을 쓰기 때문이다. 유쿠는 중국에서 가장 먼저 동영상 포털 사업을 개시한 기업이다. 원래 '중국의 유튜브'로 불리며 점유율 1등이었다. 그러나 시장 대응에 실패해 지금은 바이두의 아이치이爱奇艺와 텐센트의 텐센트 비디오腾讯视频에 밀려 동영상 포털 3위로 인식되고 있다. 경쟁업체 중 유쿠가 콘텐트 경쟁력이 제일 약한 것으로 알려져 있다.

가입자 수 또한 2018년 말 기준 1위 아이치이의 6억 명, 2위 텐센트 비디오의 5억 명에 이어 유쿠는 4억5천 명 수준이다. 참고로 중국의 유료가입자는 전체 회원 수의 15% 정도로 알려져 있다. 유료가입자 수는 저작권 보호정책이 강화되면서 지속적으로 증가할 예정이다.

유쿠는 아직까지 적자다. 한마디로 돈 먹는 하마다. 그러나 앞의 넷플릭스 편에서 설명했듯이 한국의 IPTV 3개사도 초반에는 계속 적자였지만, 지금은 3개사 모두 막대한 이익을 보고 있다. 유쿠에게도 시간이 필요해 보인다. 하지만 이런 플랫폼 싸움에서 3위 업체는 늘 힘든 법. 유쿠에 너무 큰 기대는 걸지 않는 편이 좋을 듯하다.

반면에 클라우드 비즈니스인 알리바바 클라우드 서비스는 돈을 벌어다 주는 효자 사업이다. 글로벌 클라우드 시장 점유율에서 알리바바는 IBM을 제치고 세계 4위다. 앞에서 미국 기업들의 클라우드 사업 마진율이 높다고 언급했지만, 알리바바 역시 클라우드 사업에서 이익을 내고 있다. 아직 아마존만큼은 아니지만, 이익률이 꾸준히 좋아지고 있다.

알리바바 클라우드의 2018년 매출은 약 210억 위안(3조5천억 원)이다. 전년 대비 성장률은 90% 수준으로 매년 2배 가까이 성장하고 있다. 중국 내 시장점유율도 40% 수준으로 10%대인 텐센트를 멀찌감치 따돌리고 있다. 그만큼 알리바바에게는 효자 사업이다.

그 밖의 미래 전략과 M&A 회사들

위에서 설명한 여러 비즈니스 외에 알리바바가 보험 목적으로 투자한 회사들도 엄청 많다. 이걸 모두 설명하는 건 비효율적인 데다, 사실 나도 다는 모른다. 어쨌든 알리바바는 중국에서 돈 될 만한 모든 '스타트업' 회사에다 발을 걸치고 있다고만 해 두자. 그래서 안전하다고 볼 수 있다. 행여 괜찮은 비즈니스를 놓치면 최소한 지분 투자라도 함으로써 그 성장의 과실을 같이 향유하고 있다.

중국 시장에서 알리바바와 텐센트는 돈 될 만한 스타트업들을 마구잡이로 인수하며 M&A 전쟁을 벌이고 있다. 치열한 싸움인데 어느 한쪽의 완승으로 끝날 전쟁은 아니다. 두 거인은 열심히 싸워가며 중국대륙의 성장 과실을 사이좋게 나눠 가질 것이다.

알리바바가 투자했지만 앞에서는 언급하지 않은 대표적인 회사 몇 개만 들어보겠다. 요즘 중국에서 가장 뜨거운 배달 앱 서비스 어러머^{饿了么}와 식품·생활 서비스 커우베이^{口碑}, SNS 서비스 모모^{陌陌}와 웨이보^{微博}, 공유자전거 서비스 오포^{ofo}, 물류서비스 차이냐오^{菜鸟} 네트워크 등이 있다. 이 외에도 엄청나게 많다. 그들을 다 알 필요는 없다. 다만 알리바바가 이런 유망한 회사들에 투자해 미래 성장을 도모한다는 것만 이해하면 된다.

■ 알리바바 주식 수익률 (2014년 1월~2018년 12월)

출처 : 미래에셋대우 홈트레이딩 시스템 해외주식 차트

주석 : 알리바바 2014년 9월 19일 미국 증시 상장. 따라서 4년 3개월간 차트임.

구분	2014년	2015년	2016년	2017년	2018년	5년 누적수익률	연평균수익률
주가	104	81	88	172	137	–	–
상승률	53%	−22%	9%	95%	−20%	101%	20%

알리바바 투자 포인트

알리바바의 시가총액은 2018년 말 기준 400조 원으로 중국기업 중 2위다. 1위인 텐센트와 순위가 엎치락뒤치락한다. 전 세계 순위로는 7위를 기록했다. 그러면 영업이익은 어느 정도 실현하고 있을까?

■ 알리바바 영업이익　　　　　　　　　　　　　　　　　　　　　　　　단위 : 원

구분	2017년	영업이익률	2018년	영업이익률
알리바바	8조1천억	31%	11조9천억	28%

출처 : 회사 자료, 달러 환율 1,100원으로 저자 환산, 3월 결산 법인

2018년 알리바바 영업이익은 전년 대비 무려 47% 성장했다. 영업이익률도 28%로 높은 편이다. 그 이유는 인터넷 광고시장 매출이 크기 때문이다. 알리바바는 중국 검색포털 1위 업체인 바이두의 2배에 가까운 30%대의 인터넷 광고시장 점유율을 기록하고 있다.

같은 해 총매출액은 약 41조 원이었다. 전년 대비 60% 성장한 규모다. 정말 폭발적인 고성장 기업이다. 매출의 대부분은 여전히 전자상거래 분야에

집중돼 있다. 동년 영업이익은 12조 원으로, 중국 최대 기업 텐센트보다는 1조 원 정도 뒤지는 이익이었다.

지금 미국과 중국이 벌이고 있는 무역분쟁의 주원인은 중국의 막대한 수출과 이로 인한 미국의 무역적자다. 이 때문에 미국이 집중 견제하고 있어서, 중국은 수출보다 내수시장을 부양해야 하는 입장이다. 중국이 내수시장을 부양할 때 가장 큰 수혜를 입는 기업이 어디일까? 전자상거래 시장을 무려 60% 장악하면서 이제 아시아를 휩쓸고 세계 시장까지 넘보는 회사는 누구인가? 나아가 오프라인 시장으로 진격하며 궁극적으로 중국 소매시장 전체의 50%를 차지하려는 기업은 어디인가? 동영상 스트리밍 시장에, 온갖 유망한 스타트업들에 아낌없이 자금을 투입해 내수 성장의 과실을 꼼꼼하게 챙기려는 1등 기업은 어디인가?

중국 투자를 원하는 당신에게 알리바바는 단연 최고의 선택지 중 하나일 것이다. 여러분들에게 묻고 싶다. 중국에서 알리바바보다 더 마음 편하게 투자할 만한 1등 기업, 또 있을까.

10,030,000 DIGEST

1 "당신이 30~40세가 될 때까지 아무 것도 이뤄 놓은 게 없다면, 누구도 당신을 동정하지 않을 것이다."
—마윈

2 B2B 플랫폼을 만들어 냈을 뿐 아니라 전체의 95%를 차지하는 중소기업에 주력한 알리바바.

3 구매자의 돈을 보관하고 있다가, 구매자가 이상 없이 물건을 받은 게 확인될 때 판매자에게 대금을 지급하는 획기적인 '에스크로(escrow) 제도' 도입.

4 티몰과 타오바오의 거래 금액은 약 5.5조 위안 (900조 원). 같은 해 한국의 온라인 쇼핑 전체 거래액 110조 원의 8배 이상.

5 온라인 시장 규모, 한국 110조 원 < 미국 500조 원 < 중국 1,200조 원.

6 알리바바의 '신유통新零售' – 신선식품 전문매장인 허마셴성, 오프라인 할인마트인 따룬파, 소형 슈퍼마켓인 티몰 스토어, 무인 점포인 타오 카페.

7 알리페이 사용자 2018년 말 기준 7억 명 돌파.

8 클라우드 비즈니스인 알리바바 클라우드 서비스는 돈을 벌어다 주는 효자 사업.

04 텐센트, 중국인은 모두 위챗을 쓴다

도대체 어떤 회사이기에?

2019년 벽두부터 한국을 떠들썩하게 한 사건이 있었다. 바로 김정주 넥슨 회장의 회사 매각설이다. 한국 게임업체 1위 기업인 넥슨이 매각된다는 소식에 정초부터 언론들이 바쁘게 움직이며 사실 확인에 들어갔다.

단연 주목을 끈 건 지분가치가 무려 10조 원으로 추정되는 넥슨을 누가 인수할 것인가였다. '주머니가 깊은' 텐센트를 언론들이 유력한 후보로 지목하며 관심이 쏠렸다. 도대체 텐센트가 무슨 회사이기에?

나같이 게임에 전혀 관심이 없을 독자들을 위해 먼저 국내 최고 게임업체 넥슨을 간단히 소개한다. 넥슨은 〈바람의 나라〉, 〈메이플 스토리〉, 〈던전 앤 파이터〉등 한국 게임사에 획을 긋는 게임들을 출시했다. 고백하건대, 이 주옥같은 게임들을 나는 단 한 번도 해 본 적이 없다. (믿기지 않겠지만 내 취미는 독서다.) 특히 넥슨의 대표작 던전 앤 파이터는 중국에서 선풍적인 인기를 끌며 전 세계 온라인 게임 중 총수익 1위라는 화려한 성적을 기록했다. 텐센트가 이 놀라운 게임에 지급하는 로열티만 연간 1조 원 수준이다.

게임 회사인 넥슨의 로고

그러면 텐센트는 어떻게 설명할 수 있을까? 텐센트는 2018년 말 기준 중국 시가총액 1위다. 중국에서 제일 비싼 회사라는 얘기다. 중국 기업보다는 미국 기업이 더 익숙한 한국에서는 텐센트가 다소 생소할 수 있다. 한국 소비자들은 주로 미국 기업의 제품과 서비스를 많이 사용하기 때문이다. 반면 중국 IT기업들은 14억 명의 내수시장 위주로 활동하거나 동남아 쪽으로만 진출하기 때문에 한국 사람들이 접하기 어렵다.

그래도 평소 게임을 좋아하거나 중국 관련 비즈니스를 한다면 텐센트를 잘 알 것이다. 텐센트를 한국 기업과 비교해 설명하기 위해서 수학공식을 차용한다면 '(카카오톡 + 네이버 + 넥슨 + 멜론)×10 = 텐센트' 정도 되지 않을까?

텐센트의 어떤 사업부터 소개해야 할지 고민이다. 마침 넥슨 매각설로 텐센트의 게임 이야기가 많이 나오고 있으니, 일단 게임 분야부터 시작해 보자.

사실상 글로벌 1등 게임회사

텐센트의 2018년 총매출은 약 50조 원. 이중 게임 관련 매출액이 전체의 34%인 17조 원이다. 텐센트의 여러 사업 중 가장 비중이 높다. 물론 점차 게임 매출 비중이 축소되고 있지만, 현재로서는 여전히 '게임회사'라고 표현할 수 있겠다. 물론 대부분의 중국인들은 텐센트를 게임회사로 생각하지 않겠지만 말이다.

텐센트의 게임 부문 매출은 원화 기준 12조(2016)→16조(2017)→17조(2018)로 커져 왔다. 다른 사업도 큰 폭으로 확장되고 있지만 게임 부문도 여전히 성장 중이다. 미국 게임시장 조사업체 뉴주Newzoo에 따르면 2018년 글로벌 게임시장은 약 1,379억 달러(152조 원) 규모로 추정된다. 이 가운데 11% 이상을 텐센트가 차지하고 있는 것이다. 그뿐이 아니다. 텐센트는 세계적으로 저명한 대형 게임회사에 대한 지분 투자도 활발히 해 왔다.

■ 주요 게임회사에 대한 텐센트의 투자   단위 : 원

회사명	국적	대표게임	투자금액	지분율
수퍼셀(Supercell)	핀란드	클래시 오브 클랜	10조	84.3%
에픽(Epic) 게임즈	미국	포트나이트	3,600억	48.4%
라이엇(Riot) 게임즈	미국	리그 오브 레전드	4,800억	100%
투자금액 합계		-	11조	-

출처 : 각 언론 발표 자료. 저자 원화 환산

위 회사들의 대표작이 바로 〈클래시 오브 클랜〉, 〈포트나이트〉, 〈리그

오브 레전드〉다. 당신이 게임을 모른다고 아무리 주장해도 이 이름들만큼은 틀림없이 들어 본 적이 있을 것이다. 아니라고? 그렇다면 이들을 알린 유명한 광고를 기억해 볼까?

먼저 〈클래시 오브 클랜^{Clash of Clans}〉. 이건 PC게임이 아니라 모바일 게임이다. 나도 해 본 적은 없지만 TV광고는 많이 봤다. 영화 〈테이큰〉의 명배우 리암 니슨이 광고에 등장해 화제가 되지 않았던가. 특히 2015년에는 광고 단가가 가장 비싸다는 미국 슈퍼볼 광고에 1분 등장해 입소문이 났다. 유튜브에서도 1억 회 가까이 조회된 바로 그 광고다. 아낌없이 비용을 썼던 이 게임 회사는 한국에서도 당당히 지상파TV에서 광고를 했다. 오죽하면 "이 게임 안 하는 사람은 있어도, 그 광고 못 본 사람은 없다."는 말까지 나왔을까?

어쨌든 〈클래시 오브 클랜〉은 2015년 한국을 포함한 전 세계 150여 국

게임 〈클래시 오브 클랜〉의 한 장면

가에서 모바일 게임 1위를 기록하며 돌풍을 일으켰다. 2018년 말에는 구글 플레이스토어 누적 다운로드 5억 회를 넘겼다. (한국의 경우, 모바일게임 부동의 1위는 엔씨소프트의 〈리니지M〉이다. 〈클래시 오브 클랜〉은 20위 권 밖으로 밀려났다.)

2016년 텐센트는 이 유명한 게임을 창조한 핀란드의 수퍼셀을 무려 10조 원의 가격에 인수해 버린다. 소프트뱅크가 보유하고 있던 지분을 약 2배의 가격에 인수한 것. 이미 〈클래시 오브 클랜〉이 전 세계적으로 인기를 누리던 시점이라 인수자금이 막대했다.

텐센트는 왜 천문학적인 금액으로 이 회사를 인수했을까? 바로 모바일 게임 시장의 폭발적인 성장을 점쳤기 때문이다. 다시 말해 모바일게임 개발 기술을 빠르게 취득하려는 의도가 있었던 것으로 보인다.

두 번째로 소개할 게임은 〈포트나이트Fortnite〉, 한국에서도 이 게임 광고는 정말 많이 봤다. 게임에 도통 관심이 없는 나의 기억에도 생생히 박혀 있을 정도니까. TV 볼 때 뜬금없이 나타나 "포린이들(포트나이트+어린이)", "한국인이랑 할 때가 완전 쉬워", "근데 한국 애들은 너무 바빠~ 항상 도망 다니느라", "1,000억 원의 상금 중에서 한국인이 가져갈 수 있는 건 0원." 등으로 우리를 자극했다.

가상한 노력에도 불구하고 한국에서 〈포트나이트〉의 시장점유율은 2018년 12월 현재 30위권 밖이다. 비슷한 장르인 〈배틀그라운드Battlegrounds〉가 선점했기 때문이라는 분석도 있다. 어쨌든 한국과 달리 세계 시장에서는 유저가 2억 명을 넘어서 폭발적인 인기를 끌고 있다.

텐센트는 2012년과 2013년 2차에 걸쳐 〈포트나이트〉를 만든 미국의 에픽 게임즈 지분 48.4%를 약 3,600억 원에 매집했다. 이번엔 게임이 대박 나기 전에 미리 투자했으니 텐센트로선 복덩이가 굴러든 것이다.

마지막 세 번째는 〈리그 오브 레전드League of Legend〉. 2018년 한국과 중국 양쪽에서 모두 PC게임 1위를 기록한 작품이다. 그야말로 인기 충천이다. 광고할 이유조차 찾을 수 없는 게임이다. 텐센트는 이 게임을 만든 미국 라이엇 게임즈에 2009년부터 3차에 걸쳐 약 4,800억 원을 투자해 지분을 100% 장악했다. 그러나 라이엇 게임즈의 경영에는 간섭하지 않는 것으로 알려진다.

이렇듯 텐센트는 글로벌 게임업체에 공격적으로 투자하고 있다. 그 이면에는 그들의 영리한 M&A 전략이 숨겨져 있다. 유망한 게임 개발회사를 발견하면 그 게임을 유통하는 데 그치지 않고 아예 개발회사 지분을 사들인다. 그렇게 외국산 게임의 유통과 자체 게임 개발이라는 두 가지 전략을 병행해 왔고, 이를 바탕으로 큰 성공을 이뤄 냈다. 결국 중국 1위를 뛰어넘어 세계 1위 게임 회사로 성장했다. 지금도 여전히 공격적인 투자로 글로벌 게임시장을 재편하는 중이다.

초기 폭풍성장, 한국 게임회사들 덕택이었다?

세계 최대라는 텐센트의 지위로 볼 때 믿기 어려운 사실이 있다. 한때는 텐센트가 한국 기업들에게 소위 '을'이었다는 사실이다. 2018년 말 중국 1위, 세계 6위의 시가총액을 자랑하는 그 공룡 텐센트가 말이다. 어떤 내력이 있었을까?

과거로 거슬러 올라가 보자. 한국의 액토즈 소프트가 개발한 〈미르의 전설〉을 중국 기업 샨다盛大游戏가 유통(퍼블리싱)한 것이 2001년. 이는 한국 게임이 중국 대륙을 그야말로 강타한 첫 케이스가 되었다. 이 게임을 계기로 중국에 온라인게임이 대성황을 이루게 되고, 한국 게임회사들의 몸값도 올라갔다. 한국이 잠시 '갑'의 지위를 누렸던 시절의 이야기다.

2003년부터 텐센트는 한국 게임회사들과 접촉하지만, 한국의 메이저 게임회사들은 그때만 해도 덜 알려진 텐센트보다 오히려 샨다를 선호했다. '을'의 입장에서 계속 기회를 엿보던 텐센트는 2007년 스마일게이트의 〈크로스파이어〉를 계약하면서 드디어 홈런을 터뜨린다. 한국에서 〈크로스파이어

〉는 〈서든 어택〉에 밀려 크게 흥행하지 못했던 온라인 1인칭 슈팅 게임이다. 텐센트가 '매의 눈'으로 이 게임의 가치를 알아보고 중국 시장에 출시하면서 2008년부터 대박이 난 것.

이어서 두 번째 텐센트의 홈런이 된 한국게임이 바로 넥슨(네오플)의 〈던전 앤 파이터〉다. 이 게임은 온라인에서 여러 명이 같이 즐기는 '대규모 다중사용자 온라인 롤플레잉 게임' 스타일이다. 1인칭 슈팅 게임인 〈크로스파이어〉와는 또 다른 장르다.

이런 게임들이 중국에서 대히트를 치면서 텐센트는 갈고리로 돈을 긁어 들였다. 물론 그들과 손잡은 스마일게이트나 넥슨도 엄청 돈을 벌었을 테지만.

아, 여기까진 텐센트가 초창기 게임 산업에 진출했을 때의 스토리다. 지금은 상황이 완전히 바뀌었다. 막대한 돈을 벌어들인 텐센트는 그 자본력으로 성장 가능성 있는 한국 게임회사들에 자본을 대거 투자하고 있다. 그로 인해 한국 게임업계를 선도하는 막강한 영향력을 보유하게 되었다.

■ 한국 기업에 대한 텐센트의 투자 (2018년 말 기준)　　　　단위 : 원

회사명	투자금액	지분율	비고
카카오	720억	6.7%	
넷마블	5,300억	17.7%	모두의 마블 등
네시삼십분	1,000억	11.5%	
카카오게임즈	500억	6%	
크래프톤(블루홀)	5,000억	미공개(2대주주)	배틀그라운드
합계	1조2,520억		

출처 : 각 언론 발표

현재 한국 게임시장의 가장 큰 손은 텐센트다. 그리고 한국 게임 〈던전 앤 파이터〉와 〈크로스파이어〉는 지금도 중국 게임시장 2위, 3위를 차지하고 있다. 한국 게임업계와 텐센트는 알게 모르게 협력관계에 있다고나 할까. 그러나 한국의 게임회사들이 중국의 하청업체로 전락할 수 있다는 점을 우려하지 않을 수 없다. 압도적인 내수시장 규모와 외국 게임사 단독으로 중국에 진출할 수 없는 제도적인 이점을 살려 텐센트는 폭발적으로 성장했다. 반면 한국에선 게임 산업의 전반적인 사업 환경이 먹구름이다. 특히 1등 게임개발사 넥슨의 매각 검토에 게임업계의 긴장감은 극도에 달해 있다. 이래저래 우리만 힘들게 되었다.

천하의 텐센트도 정부 규제는 못 피해

인구가 많다 보니 중국은 저절로 세계 최고의 게임시장이 돼 버렸다. 2018년 말 현재 여기서 유통되는 온라인게임 1위는 〈리그 오브 레전드〉, 2위는 〈던전 앤 파이터〉, 3위는 〈크로스파이어〉다. 모두 텐센트가 유통하는 게임들이다.

동일한 시점 기준 한국 시장은 어떨까? 역시 라이엇 게임즈가 개발한 〈리그 오브 레전드〉가 1위다. 원래는 한국이 게임 종주국이었는데 이제는 중국 회사의 게임이 석권하는 상황이 됐다. 2위는 〈배틀그라운드〉로, 게임 개발은 한국의 크래프톤(블루홀)이 했지만 텐센트가 2대주주로 되어 있다.

텐센트의 자체 개발역량도 크게 향상되었다. 그들이 독자적으로 개발하고 유통까지 맡은 〈왕자영요王者榮耀〉가 중국 모바일게임 1위에 올라 있다. 〈리

그 오브 레전드〉의 모바일 버전 같은 느낌을 주는 게임이라고 한다.

글로벌 게임 트렌드는 모바일게임의 폭풍 성장이다. 중국도 PC 온라인 게임의 '모바일화'로써 그런 추세를 따라가고 있다. 넥슨의 〈던전 앤 파이터〉 모바일 버전도 2019년에 중국에서 출시될 예정이다. 텐센트가 유통할 것으로 예상되어 유저들의 기대가 크다.

현재 중국 게임시장 구도는 텐센트의 압도적인 독주와 2위 넷이즈^{网易}의 추격으로 형성되어 있다. 그런데 텐센트가 정말 걱정하는 건 넷이즈가 아니라, 중국 정부다. 게임에 대한 정부의 시각이 우호적이지 않기 때문이다. 온라인 및 모바일 게임이 중국 인민에게 유해하다고 간주하는 경향이 강하다. 그런 정부가 2018년 8월 '어린이 청소년 근시 예방 종합 방안'이란 제목의 메가톤급 게임 규제안을 전격 발표했다.

중국 국가통계국에 의하면 5세 이상 인구 중 시력장애 인구가 5억 명에 달하고, 특히 청소년의 70% 이상이 근시다. 이를 개선하기 위한 네 가지 규제를 발표한 것이다. ①게임 총량에 대한 규제 ②신규 온라인게임 수량 제한 ③적정 연령대 표기 ④미성년자의 게임시간 제한 등이다. 이에 따라 정부는 게임 유료서비스의 필수요건인 '판호^{版号}(게임유통허가권)' 발행을 제한했다. 이런 규제는 텐센트뿐 아니라 중국 시장에 진출한 한국과 글로벌 게임업계 전체에 충격을 줬다. 텐센트 주가에도 부정적인 영향을 끼쳐 2018년 규제 발표 이후 6개월간 30% 이상 하락했다. 그러나 이러한 규제에도 불구하고 세계 게임 산업의 성장세는 장기적으로 지속될 전망이다. 마이크로소프트, 구글, 아마존도 모두 클라우드를 앞세워 게임시장에 뛰어들 기세다. 마진이 높은 매력적인 시장이기 때문이다.

구분	2018년	2019년	2020년	2021년
예상 매출액	152조	167조	182조	198조
예상 성장률	13%	10%	10%	10%

출처 : 미국 게임시장 조사업체 '뉴주' 자료, 저자 환산

하지만 텐센트는 애초부터 단지 게임시장에만 머무를 생각이 없었다. 지금이야 게임이 최대의 '캐시 카우'이고, 이익의 절반 정도가 게임에서 나오고 있지만, 텐센트는 게임 비중을 낮추고 사업을 다각화하려는 노력을 지속해 왔다. 더 큰 미래를 그리고 있는 것이다.

중국인들은 모두 위챗을 쓴다

지금까지는 게임 부문을 설명했다. 하지만 중국 현지에서 텐센트의 이미지는 게임회사가 아니다. 그들에게 텐센트는 14억 인구 중에 아이들을 제외한 11억 명이 사용하는 모바일 메신저 '위챗微信; WeChat'을 만든 회사다. 이것이 중국인들의 인식이다. 이제부터 텐센트의 창업으로 거슬러 올라가 본다.

중국의 국민 메신저라고 불리는 위챗의 심볼 마크

창업자인 마화텅馬化騰은 1998년 컴퓨터 인스턴트 메신저인 QQ를 중국에서 시작했다. 사업 초기에는 자금 부족으로 어려움을 겪기도 했는데, 미래가 불확실하던 2001년과 2002년에 이름도 생소한 내스퍼즈Naspers가 비상장기업 텐센트에

약 400억 원을 투자했다.

내스퍼즈는 남아공의 다국적 미디어 그룹이다. 엄청난 내공을 지니고 있다는 투자회사 MIH를 자회사로 두고 있다. 내스퍼즈는 MIH를 통해 텐센트 지분 30% 이상을 확보해, 10%를 보유 중인 마화텅을 제치고 현재 텐센트의 최대주주다. 수익률은 몇 천 배에 이른다. 이렇게 또 하나의 대박신화가 탄생했다.

2000년대부터 큰 인기를 끈 QQ는 '국민 메신저'가 되어 사용자 수가 10억 명에 육박했다. 한국에서도 비슷한 시기인 2005년부터 컴퓨터 인스턴트 메신저 '네이트온'이 유저 1천만 명을 돌파해 국민 메신저로 등극했다. 그러나 QQ와 네이트온의 운명이 갈린 건 역시 애플 때문이다. 스티브 잡스가 2008년 스마트폰을 만들어 낸 후 모바일 시장을 선점한 기업과 그렇지 못한 기업의 승패는 명확히 갈렸다.

텐센트는 발 빠르게 스마트폰 시장에 적응, 2011년 모바일 메신저 위챗을 내놓았다. 1년 먼저 나온 한국의 카카오톡을 모방한 것으로 보인다. 현재 위챗의 사용자는 11억 명, 중국의 모바일 국민 메신저로 자리 잡으며 텐센트의 효자 플랫폼이 됐다. 반면 네이트온은 2010년 혜성같이 나타난 카카오톡이 모바일을 선점하면서 스마트폰 시장 진입에 실패했다. 이후 2014년에 카카오톡이 PC 버전을 발표하자, PC 메신저 시장에서도 2위로 밀려났다.

한국의 인터넷 기업들에겐 억울한 면이 있다. 독창적인 아이디어를 먼저 내도 영어권이 아니라서 글로벌 시장을 단숨에 공략하기가 어렵다. 또 인구가 고작 5천만 명인지라 내수시장만으로는 한계가 있다. 게다가 중국은 외국계 기업 독자 진출을 막아놔서 중국 기업과 손을 잡아야 한다. 이런 불리함 때문에 독창적인 아이디어를 내고도 중국이나 미국에 추격당하는 경우가 많다.

어쨌든 우리가 모두 카카오톡을 쓰듯이, 중국인들은 모두 위챗을 쓴다. 인구대국 중국에서 이런 모바일 메신저 '단일 플랫폼'이 나왔으니 그 막대한 경제효과는 상상을 초월한다. 애초 위챗의 기능은 모바일 메신저였다. 하지만 지금은 다양한 기능이 추가되면서 중국인들의 시간을 압도적으로 점유하고 있고, 단일 플랫폼으로 그들을 '위챗 생태계'에 가둬놓으려고 좋은 방법들을 계속해서 찾아냈다.

그 결과 지금은 위챗을 단순히 국민 메신저라는 표현만으로 설명할 수 없다. 메신저를 넘어 소셜 미디어(SNS), 전자상거래, 결제, 게임, O2O(온-오프라인 연계) 등 다양한 기능이 추가된 '원스톱 서비스 앱'으로 발전했다.

위챗 생태계에서 놀며 거래하세요

위챗에는 한국의 '카카오스토리' 같은 소셜 미디어 기능이 있다. '위챗 모멘트朋友圈'라고 한다. 지금은 사용자들이 카카오스토리에서 인스타그램으로 많이 넘어간 느낌이지만, 위챗 입장에서는 다행스럽게도 중국에는 페이스북이나 인스타그램 같은 외국 기업이 진입할 수 없다. 그 덕택에 위챗 모멘트가 많이 활발히 이용된다.

위챗 모멘트는 개인의 일상이나 맛집 따위를 공유한다. 카카오스토리처럼 사용자가 승인한 사람들에게만 오픈되는 폐쇄형 SNS다. 따라서 개인정보 보호가 용이한 게 장점이다. 사실 이 점을 소중히 여기는 사람들은 페이스북이나 웨이보처럼 오픈된 SNS를 꺼린다.

최근에는 사용자들이 친한 친구들 외에 업무 관련자들도 승인해 주는 경향이 있다. 이렇게 상업적인 이용이 늘면서 사용자들이 개인의 일상을 예전보다 덜 올리는 추세고, 그래서 옛날보다 재미가 없어졌다는 평도 있다. 하지만 위챗 모멘트가 단순히 개인 일상이나 맛집만 공유하는 게 아니라, 내가 팔고 싶은 상품을 자연스럽게 소개하고 추천받고 광고하는 기능도 있다. 추천은 친구가 하는 것이라 신뢰감이 높기 때문에 구매로 연결될 확률도 높아진다. 홍보비나 수수료가 들지 않아 최적의 입소문 지인 마케팅이다. 과거에는 소위 '투잡'으로 많이 활용됐다.

'웨이샹微商'이라는 신조어도 생겼다. 위챗 모멘트 기반의 C2C 방식으로 상품을 홍보하고 판매하는 전문적인 개별 상인을 가리킨다. 지금은 범위가 확장되어 위챗 모멘트, 웨이보, 모모 등의 SNS를 활용해 상품을 판매하는 개인과 기업의 오픈 마켓 쇼핑몰을 통칭하는 단어가 바로 웨이샹이다. 위챗 사용자 중에는 화장품 등의 해외 구매대행(보따리상) 광고를 본인 위챗 모멘트에 올려서 연결된 친구들에게 판매하는 경우가 많았다. 이것이 인기를 얻으면서 웨이샹 시장이 가파르게 성장했다. 결국 중국에서 웨이샹을 키워 낸 게 바로 위챗 모멘트라고 할 수 있다.

이런 이유로 중국에서는 SNS를 활용한 판매와 구매가 증가하는 추세다. 일명 웨이샹 시장은 2018년 기준 약 120조 원 규모로 추정된다. 지금은 전문 웨이샹의 경우 연 소득이 1억 원 이상으로 알려지면서 고소득 인기 직종이 됐다.

위챗 광고, 텐센트가 찾아낸 수익모델

위챗 모멘트로 단순히 물건만 파는 것은 거의 소규모 판매자들이다. 대규모로 상품을 판매하려는 중국 기업들은 '위챗 공중계정公众号'이란 것을 많이 활용한다.

위챗 공중계정? 이건 또 뭘까? 카카오톡과 비교해 설명하자면 '카카오 플러스친구' 같은 것이다. 위챗 생태계가 대세인 중국에서 마케팅하려는 기업들에게 이 공중계정은 반드시 가입해야 할 플랫폼이다. 2018년 말 현재 약 3천만 개의 공중계정이 운영되고 있는데, 기업이나 언론 혹은 1인 미디어 등이 많이 사용한다. 구독자(팔로워)를 늘려서 상품 홍보, 자사 최신 뉴스, 프로모션 정보 등의 메시지를 꾸준히 보내는 것이다.

가령 나는 카카오톡을 통해 롯데백화점과 카카오 플러스친구를 맺고 있다. 이 플러스친구는 세일 기간이면 어김없이 카톡으로 친절하게 정보를 보내 준다. 위챗 공중계정도 이와 유사한 방식으로 활용된다.

'위챗 쇼핑몰'은 위챗 공중계정에 가입한 기업들이 계정 내에서 위챗 프로그램을 통해 별도로 개발해 운용하는 쇼핑몰이다. 소비자가 해당 기업의 위챗 공중계정에 접속하면 위챗 쇼핑몰로 연결될 수 있다.

텐센트는 중국 유일의 메신저 플랫폼 위챗을 기반으로 다양한 수익모델을 만들어 내는 데 성공했다. 위챗 공중계정에 가입하려는 기업들은 인증 비용을 내야 한다. 또 거기에 광고를 올리는 기업들은 광고비를 낸다. 텐센트의 소중한 수익이 된다.

위챗 모멘트 광고 역시 소중한 수익모델이다. 그 종류도 타깃광고, 지역

광고, 이미지광고, 동영상광고 등 다양하다. 물론 광고비도 다양하다. 위챗 가입자 11억 명을 대상으로 맞춤형 광고를 할 수 있으니 기업 입장에서 텐센트와의 거래는 엄청 효율적이다.

이렇게 텐센트는 모멘트와 공중계정을 활용해 위챗 생태계에 사람들을 머물게 하면서 수익모델을 확보하는 데도 성공했다. 다시 말해 텐센트는 게임 이외에도 강력한 SNS 수익모델을 지닌 훌륭한 회사다. 참고로 텐센트의 2018년 총매출 가운데 SNS 매출은 23%인 12조 원, 광고 매출은 20%인 10조 원 규모다. 아직 게임 점유율인 34%에는 못 미치지만 지금도 무섭게 성장 중이다.

중국에서 현금을 몰아낸 두 번째 범인

위챗이 모바일 메신저 시장을 독점했다고 해서 반드시 돈을 버는 건 아니다. 위챗을 활용해서 새로운 수익모델을 만들어내야 했다. 이런 고민은 모든 인터넷 기업들의 공통적인 이슈다.

텐센트가 창출한 수익모델 중 다른 하나가 '위챗 페이微信支付; WeChat Pay', 즉, 위챗 플랫폼을 활용한 결제 서비스다. 온라인 결제는 기본이고 오프라인에서도 QR코드만으로 결제된다. 사실 결제서비스 시장은 알리바바의 알리페이가 선점한 상황이었지만, 텐센트는 위챗 메신저와 위챗 모멘트 기능으로 사용자가 폭발적으로 늘자 이를 기반으로 2013년 위챗 페이 서비스를 시작했다.

후발주자인 위챗 페이가 알리페이를 빠르게 추격할 수 있었던 원인은 뭘까? 애초 알리페이는 전자상거래 결제를 목적으로 만들어져 결제에 특화된 앱이라 사용빈도가 적다. 반면 위챗 페이의 기반인 위챗은 국민 모바일 메신저라, 당연히 앱 사용시간이 훨씬 많다. 우리의 카카오톡 사용빈도가 높은 것과 같은 이치다. 이처럼 위챗 페이의 사용빈도나 체류시간 자체가 압도적으로 많은 것이 강점이었다.

또 있다. 2014년에 재미있는 기능을 넣어 서비스하기 시작한 온라인 세뱃돈 '위챗 훙바오紅包'도 위챗 페이의 빠른 확산을 도왔다. 세뱃돈을 보낼 사람 수와 총금액만 정하면 위챗 친구들에게 무작위로 훙바오가 발송된다. 추첨 방식이어서 마치 복권 같은 느낌이었다. 또는 친구 7명을 채팅방에 초대해 훙바오 3개를 보내면 먼저 클릭해 봉투를 연 친구부터 선착순으로 세뱃돈을 받았다. 이게 최대 명절인 춘절(설날)에 큰 화제가 됐다. 훙바오 마케팅은 위챗 페이 사용자를 급격히 늘려 주었다. 위챗 페이가 알리페이에 대승을 거둔 해였다. 이런 연유로 위챗 페이는 현재 알리페이를 빠르게 추격하며 양강 구도를 만들어 냈다.

지금 중국은 무현금 사회에 바짝 다가서 있다. 지하철, 택시, 쇼핑, 음식 배달, 공과금 납부 등등 스마트폰만 있으면 위챗 페이나 알리페이로 연결돼 전혀 문제없다. 결제와 송금은 기본이다. 하물며 노점에서도 위챗 페이 결제가 가능하다.

텐센트는 알리바바의 위어바오를 모방해 '리차이통理財通'을 시작하기도 했다. 현금을 리차이통이라는 위챗의 MMF에 넣어두면 입출금 관리도 되고 연 3~4% 내외의 이자도 받을 수 있다. 다만 정부의 규제와 은행권과의 경쟁 심화로 최근에는 성장세가 주춤해지고 있다.

현재 위챗 페이 가맹점들은 결제액의 0.6%를 수수료로 낸다. 텐센트 입장에서는 또 하나의 소중한 수익모델이다. 알리페이에는 수수료가 없기 때문에 수수료율이 더 낮아질 가능성은 있다. 그러나 위챗 페이는 여전히 중요한 수익모델이다.

적자 지속 아이템과 흑자 지속 아이템

'텐센트 비디오騰讯视频'는 중국 2위의 동영상 서비스 플랫폼이다. 위챗을 쓰는 모바일 사용자 풀이 기반인지라, 2018년 말 기준 약 5억 5천만 명의 회원을 확보하고 있다. 이 가운데 약 15%가 유료회원이라고 한다. 위챗 덕택에 경쟁사보다 유리한 측면이 있다.

텐센트 비디오는 아직도 적자다. 막대한 콘텐트 제작비와 서버 비용이 들기 때문이다. 그러나 CHAPTER. 3에서 설명했듯이, 한국의 IPTV 3개사도 초반에는 적자 투성이었지만 지금은 모두 막대한 이익을 누리고 있다. 시간만 주어진다면 텐센트 비디오도 반드시 효자 사업으로 변신할 것이다.

'텐센트 뮤직騰讯音乐'은 중국 시장 점유율 70%의 최대 음원 플랫폼 기업. 1~3위 음원 사이트인 'QQ 뮤직', '쿠거우 뮤직', '쿠워 뮤직'과 노래방 앱인 '위싱'을 보유해 8억 명의 이용자를 확보하고 있다. 세계적으로도 스포티파이, 애플 뮤직에 이어 세 번째로 크다.

2018년 현재 유료회원은 위챗 이용자 전체의 15% 수준인 1억 2천만 명으로 추정되고, 현재 중국에서 가장 많은 저작권을 확보한 것으로 알려져 있다. 따라서 저작권 보호가 점차 강화되는 중국의 추세로 볼 때 유료이용자 수의 급격한 증가가 기대된다.

텐센트 비디오와는 달리 텐센트 뮤직은 수익이 괜찮은 효자 자회사다. 2018년 12월 미국 나스닥 상장으로 약 1조2천억 원을 조달해, 향후 투자 자금을 충분히 확보한 상태다. 텐센트 뮤직의 2018년 매출액은 전년보다 2배 가까이 늘어난 약 200억 위안(3조3천억 원)으로 추정된다.

'텐센트 클라우드腾讯云' 서비스도 효자 산업이다. 이익률이 높은 편이다. 다만 일찍 진입해 시장을 선점한 알리 클라우드의 점유율이 40%인 데 비해 텐센트 클라우드는 10% 초반으로 점유율이 낮은 게 아쉽다.

중국 클라우드 시장의 성장은 지금 폭발적이다. 중국정보통신연구원은 클라우드 핵심기술 특허가 미국에 이어 중국이 2위라고 발표했다. 텐센트 클라우드는 해외 진출에도 적극적이다. 미국, 독일, 인도, 한국 등 주요 10여국에 이미 데이터 센터를 설립했다. 특히 게임회사들에 대한 클라우드 서비스에 강점을 보이고 있다. 슈퍼 셀, 넷마블 등 글로벌 게임회사들은 이미 주요 고객들이다. 텐센트 클라우드는 장기적으로 주된 수익모델이 될 것이다. 앞으로 알리바바와의 점유율 격차를 얼마나 좁혀나갈지가 관건이다.

공격적인 M&A로 '알리바바'를 포위하라

텐센트도 알리바바처럼 국내외 다양한 기업에 지분투자를 하며 문어발처럼 사업을 확장하고 있다. 그들이 지분을 가진 회사를 다 알 필요는 없다. 너무 많기도 하고 지금도 투자는 진행되고 있기 때문이다. 다만 그 방향성만 파악하면 될 듯하다.

텐센트의 해외 게임회사들에 대한 투자는 이미 설명했다. 그 외에 또 하나 주목할 만한 흐름은 전자상거래나 소매업 투자를 통해 알리바바의 고유 영역에 본격 진입하려 한다는 점이다. 결국 위챗이라는 원스톱 서비스 앱을 활용해 전자상거래 및 소매업까지 장악하려는 의지가 아닐까. 이를 위해 중국 2위 징동京东닷컴에 21%의 지분투자를 감행해 최대주주가 되었으며, 3위 웨이핀후이唯品会에도 7%의 지분을 확보했다. 특히 2015년에 창업한 모바일 공동구매쇼핑몰 핀둬둬拼多多의 지분 17%를 사들이고 이 몰을 집중 지원하며 알리바바를 포위하고 있다. 핀둬둬는 창업 3년만인 2018년에 전자상거래 점유율 5%를 달성하며 알리바바 점유율을 잠식하고 있다.

그 밖에 신선식품에 특화된 영휘永辉마트 지분 5%, 의류업체 하이란 홈海澜之家 지분 5%, 쇼핑몰 완다 커머셜 지분 4%를 확보하며 오프라인 소매시장에도 공격적으로 진입하고 있다.

중국 리테일 시장은 지금 10여개 사업 분야에서 벌어지는 범-텐센트 진영과 범-알리바바 진영의 전쟁 와중에 있다. 과거에는 서로 영역을 지켜 주었지만 지금은 영역 침범 없이는 추가적인 성장이 어렵다. 한쪽 진영이 완승하는 건 불가능한 전쟁이고, 결국 이 둘이 중국 시장을 양분할 거라 예상된다. 투자자 입장에서는 한쪽의 일방적인 승리에 배팅하지 말고 양쪽에 다 투자하는 현명한 전략이 필요하다. 그것은 투자자만의 특권이니까.

텐센트는 이 밖에도 수백 개 기업에 크고 작은 금액을 투자하고 있다. 그중에는 택시 앱으로 유명한 디디추싱滴滴出行, 얼마 전까지 모바이크로 불렸던 공유자전거 앱 메이퇀 바이크美团单车, 음식 배달 앱 메이퇀디엔핑美团点评 등이 대표적이고 미국 전기차 회사 테슬라 등에도 투자하고 있다.

텐센트는 위챗이라는 원스톱 서비스 앱을 기반으로 중국을 넘어 세계에서 가장 거대한 플랫폼을 가지게 되었다. 그러나 텐센트는 아직 만족하지 않는다. 거대한 중국 소매시장을 차지하기 위해 텐센트 생태계의 진화는 여전히 현재진행형이다.

■ 텐센트 최근 5년간 수익률 (2014년 1월~2018년 12월)

출처 : 미래에셋대우 홈트레이딩 시스템 해외주식 차트

■ 텐센트 주가 및 연간 수익률 단위 : 홍콩달러

구분	2014년	2015년	2016년	2017년	2018년	누적수익률	연평균수익률
주가	113	153	190	406	314	–	–
수익률	5%	35%	24%	114%	-23%	191%	38%

텐센트 투자 포인트

텐센트의 시가총액은 2018년 말 현재 약 433조 원으로 중국 기업 중 1위다. 세계에서는 6위에 해당하는 규모다.

■ 텐센트 영업이익
단위 : 원

구분	2017년	영업이익률	2018년	영업이익률
텐센트	11조	28%	13조	24%

자료 : 회사 발표, 홍콩달러 환율 145원으로 저자 환산

전년에 비해서 2018년의 영업이익은 18% 성장했다. 플랫폼 기업답게 영업이익률도 24%로 높은 편이다. 총매출 54조 원은 게임 매출 17조 원(32%), SNS 매출 12조 원(22%), 광고 매출 10조 원(19%) 등으로 구성되어 있다.

중국 정부 규제의 영향으로 게임 부문 성장이 다소 주춤한 상태다. 그러나 여전히 세계 1등 게임회사다. 그리고 텐센트는 단지 게임사업만 하는 회사가 아니라는 사실이 더 중요하다. 14억 인구가 쓰는 서비스 앱 위챗을 기반으로 중국 전체를 장악하려는 회사다.

중국 내수시장이 커지고 고급화될 때 가장 큰 혜택을 볼 기업 2개를 꼽으라면 바로 텐센트와 알리바바가 아닐까? 앞으로도 이들이 중국 내수시장을 양분할 가능성이 높다. 따라서 이 2개 회사에 같이 투자하는 전략이 현명해 보인다.

개인들은 위챗 모멘트를 활용해 상거래로 돈을 벌려고 한다. 기업들은 위챗 공중계정을 통해서 돈을 벌려고 한다. 한국 게임회사들은 텐센트와 유통계약을 맺어 중국에서 돈을 벌려고 한다. 하지만 곰곰 생각해 보라. 이 모든 플랫폼을 제공해 주고 수수료를 벌어가는 텐센트야말로 진정한 승리자가 아닐까? 이런 훌륭한 기업에 투자하는 것이 투자자의 현명한 자세다.

10,040,000 DIGEST

1 (카카오톡 + 네이버 + 넥슨 + 멜론) X 10 = 텐센트

2 텐센트의 2018년 총매출은 약 50조 원. 게임 관련 매출액이 전체의 34%인 17조 원.

3 막대한 자본력으로 성장 가능성 있는 한국 게임회사들에 대거 투자.

4 중국 정부, 2018년 8월 '어린이 청소년 근시 예방 종합 방안'이란 게임 규제안 발표.

5 텐센트는 14억 인구 중 11억 명이 사용하는 모바일 메신저 '위챗'을 만든 회사.

6 텐센트가 창출한 수익모델은 '위챗 페이', 즉 위챗 플랫폼을 활용한 '결제 서비스'.

7 중국 리테일 시장은 지금 10여개 사업 분야에서 벌어지는 범–텐센트 진영과 범–알리바바 진영의 전쟁 중.

05 항서제약, 중국도 제약-바이오 전망이 밝다

　누구나 알 것 같은 가벼운 퀴즈로 시작해 보자. 세계에서 가장 인구가 많은 나라는? 물론 14억 명의 중국. 그럼, 세계 2위의 인구대국은? 물론 인도! 그렇다면 인도의 인구는? 의외로 이건 잘 모르는 사람이 많은데 약 13억이다. 중국과의 차이가 고작(!) 1억 명이라는 얘기. 그럼, 마지막으로, 인도는 앞으로 중국 인구를 추월할 수 있을까? 이 문제는 쉽지 않다. 다만 중국이 1980년부터 소위 '1가구 1자녀'라는 산아제한 정책을 써 왔기 때문에 인도에게 추월당할 가능성이 높다. 유엔도 2022년이면 인도의 인구가 중국을 넘어설 것으로 전망한다. 그런데 2015년 중국 정부는 이 1가구 1자녀 제한을 폐기했다.

　도입부가 장황해졌는데, 사실 내가 주목하고 싶은 건 중국의 인구 절대치가 아니라, 노령화 속도와 노인인구다. 2015년 기준 중국의 65세 이상 노인인구 비중이 10.5%다. 고령화 속도가 세계 최고인 한국은 이미 14%를 돌파한 상태. 그러나 노인인구 절대치로는 당연히 중국이 한국보다 압도적으로 많아서, 역시 2015년 기준 65세 이상 인구는 중국이 1억 4,400만 명, 한국이 650만 명이다. 이 절대 수치가 사실 중요한 포인트다.

2035년이면 중국의 65세 이상 인구가 3억(전체 인구의 20%)에 달할 것으로 유엔은 전망하고 있다. 소위 '초고령 사회'로 진입하는 것. 이 3억 명 노인의 소비지출을 예상해 보자. 무엇보다 제약·바이오 소비 지출규모가 엄청 커질 것임을 쉽게 예측할 수 있다. 아무래도 노인들이 병원도 많이 가게 되고 이런저런 약도 많이 먹게 될 테니까. 즉, 의료 시장의 급격한 성장이 예상된다.

이렇게 되면 국가의료보험 서비스를 운영하는 중국 정부는 의료비용 급증이 부담스럽다. 그렇잖아도 2010년 이후 의료보험 지출이 연평균 20%씩 증가하면서 재정을 압박해 왔던 터다. 초고령 사회에 접어드는 2035년이면 현재의 의료보험재정 시스템으로는 감당할 수 없는 수준이 된다. 게다가 중국 제약·바이오 분야의 기술력 및 경쟁력은 아직 시원찮다. 정부는 이래저래 고민이 많다.

낙후된 의료서비스, 가짜 백신 파동

이렇게 폭발적으로 제약·바이오 수요가 커지고 있으나, 중국의 의료서비스는 매우 낙후돼 있다. 중국은 국민의료보험 제도를 2003년에 도입했고 가입률만 따지면 90% 이상으로 순조롭게 정착했다. 그런데 공공의료시스템은 후진적인 수준이다. 의사들은 급여가 낮고 사회적 지위도 높지 않다. 그나마 좋은 병원들은 대도시에 몰려 있다. 또 약 가격은 복잡한 유통구조 때문에 상대적으로 비싼 편이다.

중국은 호적에 따라 출생지에서만 의료보험 혜택을 받을 수 있는 정책을 펼쳐 왔다. 그래서 의료수준이 낮은 지역에서 태어난 사람들의 경우 의료서비스의 질이 낮다. 예를 들면 암 전문의가 없는 지역에서 태어난 환자가 암에 걸리면 생존 확률이 떨어졌다. 최근 들어 호적 제도의 문제점을 개선하고 있으나 아직 속도가 더디다.

중국인들은 각 지역에 있는 1, 2차 중소형 병원을 거의 신뢰하지 않는다. 그래서 3차 대형병원으로만 환자들이 몰려 10%도 안 되는 최고등급 대형병원들이 외래진료의 절반을 감당했다는 통계도 있다. 세계 최강의 의료시스템과 의료보험제도에다 높은 의료수준과 합리적인 가격체계까지 모두 갖춘한국과는 많이 다른 모습이다.

2018년 7월 백신시장 점유율 2위를 자랑하는 창성바이오長生生物가 부적합 판정을 받은 백신을 유통한 사실이 드러났다. 약 30만 명의 영·유아가 이 가짜 백신을 접종한 것으로 알려져 난리가 났다. 당황한 중국 정부는 인터넷까지 통제하는 초강수를 쓰며 간신히 사태를 수습했다. 해외 순방 중인 시진핑 주석이 직접 철저한 조사를 요구했고, 리커창 총리가 심야에 긴급 담화를 발표하기도 했다. 하지만 가짜 백신으로 인한 사망자 수는 공개되지 않았다. 낙후된 중국 의료시스템의 민낯을 보여 주는 사건이었다.

복제약 중심의 의약산업, 2015년부터 개혁

낙후된 의료서비스와 의약산업 때문에 고민이 깊은 중국 정부는 국내 제약회사들의 경쟁력이 낮은 것은 복제약 중심의 기형적인 구조 때문이라고 판단했다. 그동안 중국 제약회사들은 많은 비용과 R&D 투자를 요구하는 신약 개발은 회피해 왔다. 대신 가격경쟁과 리베이트를 통한 병원 영업으로 승부하는 전략을 써 왔다. 그 결과 전체 의약품시장에서 40%가 복제약이고, 처방약의 95%가 복제약일 정도로 시장이 복제약 중심으로 형성됐다. 신약 경쟁력은 당연히 형편없는 수준이다.

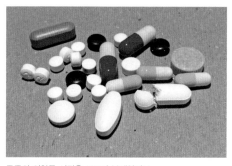

중국의 의약품 시장은 40%가 복제약이고,
처방약의 95%가 복제약일 정도로 열악하다.

그런데 문제는 시장의 중심을 형성하고 있는 복제약마저 성능이 떨어진다는 점이다. 그렇기 때문에 국민들이 국내 제약사들의 약을 불신해 왔다. 2018년의 가짜 백신 파동만 봐도 그런 불신의 이유가 쉽게 이해된다. 이런 틈새를 뚫고 글로벌 제약회사들이 중국에 진출해서 높은 신뢰를 받으며 점유율을 높이고 있는 상황이다. 일례로 중국 항암제 점유율 1위는 자국 회사가 아닌 다국적 회사 로슈Roche다.

정부는 고민 끝에 복제약 검증 강화와 신약개발 검증 및 지원이라는 카드를 꺼내들고 개혁을 시작했다. 2015년에 도입한 의약산업 개혁 주요내용은 아래와 같다.

(1) 복제약과 오리지널 약을 비교해 효능을 검증하는 '동등성 평가'의 전격 실시. 중국 제약회사들은 복제약을 만들 때 값싼 원료를 써 왔고 실제 성능도 오리지널에 비해 크게 떨어졌다. 이 제도로 검증이 대폭 강화되어 복제약이 오리지널과 매우 흡사한 성능임을 증명해야 한다. 동등성 평가는 검사 비용이 높아 제약사들은 품질에 자신 있는 소수의 복제약에 대해서만 선별적으로 동등성 평가를 신청했다. 이로 인해 검증되지 않는 복제약들이 상당수 정리됐다.

(2) 신약 승인제도의 강화. 제약회사가 신약 임상을 신청했는데 임상 데이터 수준이 기준치에 미달하면, 3년간 재신청을 못하도록 규제했다. 게다가 한발 더 나아가 해당 기업의 다른 신약 신청도 1년간 못하도록 강력하게 규제했다. 이 제도의 파괴력은 엄청났다. 2015년 기준으로 신약 임상신청 건수 1,600여개 중 80%가 재검토 기간 중 신청을 철회했다. 이는 중국 제약회사들이 신청했던 임상의 대다수가 가짜였음을 의미한다. 이 임상신청 철회 해프닝은 국내외 전문가들을 깜짝 놀라게 한 사건이었다.

(3) 신약 승인과 관련된 심사인원 대폭 증강. 이로써 승인에 걸리는 시간이 대폭 줄어들었다. 추가로 '우선심사 승인제도'도 도입했다. 이 제도는 혁신신약 등 수요가 많을 것으로 예상되는 의약품을 우선적으로 심사하는 제도다. 이렇게 속도감 있게 고품질의 신약이 개발 될 수 있도록 제도를 정비했다.

가격 인하, 핵심은 양표제와 대량구매

중국 정부가 약가를 인하하기 위해 쓴 첫 번째 무기가 '양표제兩票制'다.

중국은 원래 제약 유통구조가 매우 복잡했다. 제약사가 약품을 생산하면 1차 판매업자에 판매하고 이 업자가 다시 2차 판매업자한테 판매하는 등, 심할 경우 6~7차 판매업자까지 거친 다음에야 비로소 병원에 이르는 구조였다. 이 과정에서 유통기업들이 엄청난 마진을 남기기 때문에 약품 가격이 폭등하고, 개인은 터무니없이 비싼 약값을, 정부는 보험재정에 큰 부담을 느끼는 구조였다. 이런 문제를 개선하기 위해서 만든 제도가 바로 양표제다.

양표제는 제약회사와 병원 간 유통과정에서 거래영수증을 두 번만 발행해 유통구조를 단순화한 정책이다. 즉 공장이 약품을 판매업자에게 팔 때와 판매업자가 다시 병원과 약국 등에 팔 때, 이렇게 단 두 번만 영수증을 발급하는 제도다. 중간 유통마진을 줄여 약품 가격이 크게 하락하게 된다. 2017년부터 전격 시행됐다. 하지만 각 유통업체가 감당했던 비용을 제약회사가 떠안게 되면서 판매비가 급증해 제약회사 입장에서는 좋은 제도가 아니다.

약가를 인하하기 위한 두 번째 방법은 '경쟁입찰' 방식의 도입이다.

중국은 의료보험제도에 속해 있는 '국가기본약품제도' 목록에 지정된 약품의 경우 의료보험의 지원을 받게 돼 소비자 가격이 낮아진다. 대신 많이 지정되고 많이 처방될수록 중국 의료보험 재정에는 큰 부담이 된다. 국가기본약품제도에 포함된 약들은 대형 종합병원에서 처방약으로 주로 쓰인다. 여기서 새로이 도입한 제도가 '의약품 시범 대량구매'다. 이는 동등성 평가를 통과한 복제약과 국산화로 대체 가능한 약품을 선별해 지방정부들이 공동으로 경쟁입찰을 진행해 가격을 인하하는 제도다. 제약사로서는 낙찰 시 대량판매가 가능하기 때문에 경쟁적으로 가격을 낮추게 된다.

이런 방식으로 2018년 11월 15일에 대량구매를 시행했는데, 22개의 지방정부 중 11개가 참여했다. 입찰 대상이었던 31개 약품의 가격이 44%나 떨어졌다. 입찰에 성공한 제약사는 대량 납품의 기회를 얻었지만, 당시 약가가 폭락하면서 제약주들의 주가도 큰 폭으로 하락했다.

앞으로도 중국 정부의 의약품 시범 대량구매는 확대 시행될 것이고, 참여하는 지방정부도 늘어날 것이다. 단, 이 정책은 복제약 중심으로 많이 이루어지고 있다. 따라서 신약개발에 몰두하는 대형 제약사들에게는 영향이 크지 않을 전망이다. 그렇잖아도 신약개발 제약사들은 정책적으로 키워야 해서 신약 가격은 보호해 주기 때문이다.

인류 공공의 적, 지금도 불치의 암

영화 〈보헤미안 랩소디〉, 꿈의 '1천만 관객'에 육박! 2018년 개봉된 외국 영화 가운데 단연 압권이었다. 이 다큐의 주인공 프레디 머큐리는 주지하다시피 에이즈로 사망했다. 그가 죽은 1991년에는 에이즈 치료제가 없었다. 이 불치병은 그야말로 전 인류에게 공포의 대상이었다. 에이즈가 인류를 멸망시킬 거라는 무시무시한 예언까지 떠돌았다.

그런데 지금은? 물론 에이즈 환자는 여전히 생겨나지만 더 이상 불치병으로 인식되지는 않는다. 완치까지는 아니어도, 치료약의 개발로 사망률이 획기적으로 낮아졌고 장기적인 관리도 가능하게 됐기 때문이다. 이렇듯 인류를 구원할 신약들이 속속 개발되고 평균수명은 계속 높아지고 있다.

2011년 가을 스티브 잡스가 췌장암으로 사망했다. 두 가지 이유로 놀랐다. 첫째, 암이 아직도 정복되지 않았음을 새삼 절감했기 때문이다. 저런 유명

인도 불과 57세라는 젊은 나이에 암으로 세상을 떠나는구나! 암은 아직도 인류가 정복하지 못한 미지의 영역이라는 사실이 뼈아프게 다가왔다. 둘째, 잡스 같은 슈퍼 부자조차 수명은 살 수 없다는 걸 확인했기 때문이다. 아무리 치료하기 어렵다 한들, 엄청난 돈의 힘에는 굴복할 수도 있었을 텐데, 라고 생각한 사람들이 많았지만 현실은 그렇지 않았다.

통계청이 발표한 2017년 한국인의 사망원인 1위는 암이다. 그리고 2위 심장질환, 3위 뇌혈관 질환이 뒤따랐다. 여전히 압도적인 사망원인 1위, 아직도 불치병, 완벽한 치료법도 없다. 다만 발생 부위별로 생존율에는 차이가 있다. 한국의 경우 위암 환자의 5년 생존율은 80%에 육박한다. 반면 췌장암 환자의 5년 생존율은 20% 미만.

그렇다면 중국의 암 발생 현황은 어떨까? 국가암센터의 데이터에 따르면 중국의 2017년 암 발병은 총 429만 건이다. 매일 평균 1만2천 명의 신규 암환자가 생긴다는 얘기다. 국제 암 연구기구에 의하면 2018년 전 세계 암 발병 건수가 1,810만이라고 하니, 중국이 세계 암 발병의 25%를 점유하는 셈이다.

반면 중국의 항암치료는 여전히 열악하다. 중국 암환자의 5년 생존율은 30%에 불과하다. 반면 미국과 한국은 70%에 달한다. 중국에서 태어났다는 이유만으로 목숨과 직결된 암 생존율이 한국과 미국의 절반도 안 되는 상황을 중국 국민들은 어떻게 받아들일까?

현재 글로벌 시장에서 승인받은 항체신약은 80여개에 이르는 데 이중 중국에서 판매되는 신약은 10개 내외다. 결론적으로 세계의 첨단 의학기술은 계속 발전하고 있는데 중국 국민들은 이 혜택을 제대로 누리지 못한다는 것. 그래서 부유층에서는 해외 원정치료를 당연시하는 분위기다. 인도, 미국, 홍콩, 한국에 가서 치료받는 경우가 많다. 중국 정부는 제약 바이오 시장에서 자국 기업들의 품질을 하루 빨리 끌어올리려 애쓰고 있다.

국제 암 연구기구가 조사한 자료에 따르면 전 세계의 암 발병 추세는 남자가 5명 중 1명, 여자가 6명 중 1명꼴이다. 또 암으로 인한 사망률은 남자가 8명 중 1명, 여자가 11명 중 1명이다. 지금 세계 전역에서 이 인류 공공의 적을 무찌르기 위해 치료제 개발에 매진하고 있다. 화학항암제인 1세대 치료제, 표적항암제인 2세대를 거쳐 지금은 면역항암제인 3세대 치료제 개발이 한창이다.

돈으로 수명을 살 수만 있다면야

위중한 병에 걸린 사람에게 전 재산의 절반을 내면 병을 고쳐 주겠다는 의사가 나타났다고 치자. 그 사람은 재산이 아까워 생명을 포기할까? 의료분야의 시장성이 향후 급격히 커질 수 있는 이유는 크게 두 가지다. (1) 급격한 노령화로 인해 의료분야 수요자가 급격히 증가한다. 특히 중국은 노령화가 심각한 나라 아닌가. (2) 병 치료에는 절대 돈을 아끼지 않는 것이 인지상정이다. 재산이 아깝다고 목숨을 포기하는 사람은 없지 않겠는가. 이런 이유로 제약·바이오분야는 향후 가장 유망한 섹터 중의 하나다. 특히 중국이라면 폭발적인 성장이 예상돼 더더욱 그렇다.

제약·바이오산업의 가장 중요한 부분은 기술개발 능력이라고 생각하는 이들이 많다. 그러나 사실 가장 중요한 것은 신약개발에 투자할 수 있는 충분한 자금을 갖췄느냐다. 기술개발 능력도 중요하지만 자금력이 탄탄한 기업을 선별해 투자해야 한다.

그런 관점에서 주목해야 할 기업으로 중국 제약·바이오산업 선두 그룹인 항서제약을 소개하고자 한다. 항서제약은 특히 항암제 관련 수많은 포트폴리오를 보유하고 있다.

항암 치료제 선두, 항서제약

한국 증권사들의 중국 주식 리포트에서 빠지지 않고 추천 받는 회사가 바로 '항서제약恒瑞医药'이다. 물론 약간 의아한 면이 있긴 하다. 항서제약은 글로벌 1등 이미지와는 거리가 멀기 때문이다. 시가총액은 2018년 말 기준 32조 원에 불과해, 한국의 '셀트리온 3형제'보다도 작다. 그런데도 2018년 6월 말 기준 한국 예탁결제원에 보관된 해외주식 순위에서도 항서제약은 3위에 오르는 기염을 토했다. 1위는 아마존이었다. 왜 한국 증권사와 투자자들은 항서제약을 선호하는 것일까? 당연히 앞으로 엄청나게 성장하리라고 믿기 때문일 터이다. 좀 더 자세하게 물어보고 따져보자.

첫째로, 우선 중국 제약시장은 얼마나 클까? 14억 인구대국답게 당당 세계 2위다. 사실 아직 세계 최대가 아니라는 사실이 믿기지 않는다. 1위는 압도적인 격차로 미국인데, 아마도 중국의 1인당 GDP가 현저히 낮기 때문일 것이다.

그렇다면 둘째로, 이처럼 막대한 규모의 시장을 보유하고 있는 중국에서 매출액 세계 30위 안에 들어가는 제약회사는 몇 개나 될까? 정답은 제로다. 없다. 아직 중국 제약회사 중에서 '글로벌'이란 수식어를 붙여 줄 회사는 없다.

자, 셋째로, 그럼 머지않아 세계 30위 안에 진입할 후보는? 중국 내수시장에서 1등을 차지하면 조만간 세계 30위에 드는 기업이 나올 것이다. 그 후보가 누구일까? 당연히 항서제약이다.

중국에서 항서제약은 항암제 매출 2위 기업이다. 1위는 외국 기업인 로슈가 차지하고 있다. 항서는 자국 기업 중 1위다. 마취제 및 조영제 판매에 있어 중국 대표 기업으로 '국가중점 첨단기술 기업'에 선정되기도 했다. 해마다 매출액의 10%를 신약개발에 투자하며, 미국, 유럽, 일본 등 세계 각지에 R&D센터와 임상실험센터를 보유하고 있다.

2018년 기준 항서제약 제품별 매출을 살펴보면, 항암치료제 43%, 마취제 27%, 조영제 13%, 기타 16%의 구성인데, 점점 항암제 비중이 커지고 있다. 항서제약이 중국 제약회사 중에서 가장 주목 받는 이유도 바로 항암제 쪽에 특화된 기술력을 갖추고 있기 때문이다. 이미 설명했듯이 암은 아직 인류가 정복하지 못한 질병인 동시에, 그래서 시장 규모가 막대한 질병이기도 하다.

남자는 5명 중 1명꼴로, 여자는 6명 중 1명꼴로 암에 걸린다고 했으니, 전체 인구 중의 비율로 따지면 약 18%가 되고, 중국의 경우엔 14억 인구 중 2억5천만 명이 살아가면서 암에 걸릴 거라는 얘기다.

중국 정부는 예전부터 전반적으로 자국기업 우대정책을 써왔다. 정말 부득이한 경우가 아니면 외국 기업의 진출을 장려하기보다 자국 기업들을 키우겠다는 의지가 강하다. 그래서 글로벌 최강 기업들도 중국에서는 힘을 못 썼다. 제약업에 있어서도 마찬가지다. 지금은 로컬 기업들의 현저히 낮은 기술력 때문에 해외 제약사들이 성장하고 있지만, 중국은 필사적으로 자국 제약회사들을 키우고자 한다.

어떤 방식으로 자국 기업을 키우려 할까? 해당 산업의 최상위권 내국 기업을 집중 지원하는 방식을 쓴다. 우리가 중국 제약업계 선두기업인 항서제약를 주목하는 까닭이 바로 여기 있다. 항서제약은 정부가 작정하고 지원할 가능성이 높다. 매출의 10% 이상을 매년 연구개발비로 쓰고 있어, 중국 업체 중 최고다.

항서제약의 매출에서 복제약 비중은 70% 내외로 추정된다. 여전히 복제약 비중이 높다. 그러나 앞으로는 신약 매출의 비중이 현저히 늘어날 것 같다. 보유한 신약 파이프라인(후보물질)이 무려 24개다. 이런 혁신 신약 24개의 임상을 진행 중이다. 특히 시장 규모가 큰 항암치료제 후보물질을 많이 보유하고 있다. 항암제 개발에 성공만 하면, 틀림없이 정부가 음으로 양으로 적극 밀어 줄 것이다.

앞에서도 강조했지만 중국의 암 치료 시장규모는 어마어마한 데다, 정부도 국가적인 비용절감 차원에서 자국 기업을 밀어 주려는 의지가 강하다. 선두 기업인 항서제약의 성장성은 무궁무진하다. 중국 제약 · 바이오 시장이 커질수록 항서제약이 혜택을 볼 것이다.

항암제 세대별 발전 단계

투자자가 투자 대상 기업의 모든 상품과 그 성분을 다 이해하면 가장 이상적이기는 하다. 그러나 현실적으로 그런 걸 속속들이 공부하고 알 수는 없다. 또 그렇게 공부한다고 해서 투자 성공률이 획기적으로 높아지는 것도 아니다. 그래서 좀 더 현실적으로 그냥 업계 1등 기업에 투자하는 것이다. 1등이라는 순위 자체가 그 기업의 기술력과 점유율 등을 모두 반영하니까.

항서제약은 24개의 다양한 신약후보물질 임상을 동시에 진행하고 있다. 중국 제약회사 중에 가장 신약후보물질이 많은 회사로도 유명하다. 그런데 우리가 항서제약에 투자하기 위해 그 모든 물질을 다 검토해 봐야 할까? 그건 아닐 것이다. 하지만 전혀 설명 없이 넘어가기도 어려우니 몇 가지 신약 성분을 설명해 보겠다. 지루하면 이 부분은 건너뛰어도 무방할 것이다.

먼저 항암 치료제의 발전단계를 간단히 훑어볼까? 항암치료제는 크게 나누어 아래와 같이 3단계로 발전한다고 알려져 있다. 지금은 3세대인 면역 항암제 개발이 한창이다.

■ 항암제 세대별 발전 3단계

(1) 1세대 화학항암제

독성물질을 몸에 넣어 암세포를 죽이는 최초의 단계. 이 항암제는 정상 세포까지 함께 공격하는 단점이 있다. 그래서 암환자가 화학항암제로 치료받으면 머리카락이 빠지고 구토를 하는 등, 건강과 일상이 동시에 무너지는 단점이 있다.

(2) 2세대 표적항암제

정상세포는 놔두고 암세포만 찾아서 공격하도록 개발한 항암제. 암세포가 증식하는 과정에서 나타나는 특정 표적인자를 찾아내 공격한다. 스위스 제약사 노바티스가 1999년 개발한 글리벡(이매티닙 성분)이 최초의 표적항암제로 인식된다. 신체적인 부작용이 적은 게 장점이다. 장기간 사용 시 암세포가 표적항암제의 원리에 적응해 공격당하지 않도록 돌연변이를 일으킨다. 돌연변이에는 항암제가 듣지 않아 오래 사용하면 내성이 생기는 게 단점이다.

(3) 3세대 면역항암제

면역세포를 이용한 치료의 단계를 말한다. 우리 몸 속 면역세포는 비정상적인 세포가 생기면 공격하는 특성을 가지고 있다. 문제는 암세포도 면역세포를 공격한다는 점이다. 면역항암제는 암세포의 공격 경로를 막거나, 면역세포 자체를 더 강하게 만들어 거꾸로 면역세포가 암세포를 공격하도록 돕는다. 직접 면역세포를 투입하는 치료제, 암의 면역세포 회피 기전을 차단하는 치료제 등 다양한 방법을 연구 중이다.

항서제약의 항암제 3총사

항서제약 매출의 중심이거나, 곧 허가가 기대되는 항암제 신약 3개만 알아보자. 이 회사의 항암제 3총사다.

(1) 아파티닙(Apatinib)

아파티닙은 앞서 설명한 3단계 중 둘째인 표적항암제의 일종인데 위암 치료에 특화된 약이다. 유일하게 주사제가 아니라 먹는 약이어서 경쟁력이 있다. 이것은 항서제약이 자체 개발한 약은 아니다. 임상 전 단계에서 발견한 화합물을 항서제약이 계약을 맺고 사용한다. 이후 자체적으로 추가 임상을 진행해 중국 판권을 보유한 상태다. 2005년에 사용 계약했는데 실제 국가식품약품관리국^{CFDA} 승인은 2015년에야 진행됐다.

현재 항서제약은 중국 전역에서 위암치료제로 아파티닙을 판매하고 있다. 이어서 2017년 7월 중국 의료보험인 '국가기본약품제도' 목록에 신규 편입되면서 정부에서 의약품 가격의 일부를 지원받게 되었다. 이에 따라 가격은 35% 인하되었고, 약값의 70%까지 지원됨에 따라 판매량은 계속 증가하고 있다. 아파티닙의 중국 내 매출은 2017년 약 3천억 원, 2018년 약 4천억 원으로 추정된다. 향후에도 매출이 꾸준히 상승할 것으로 기대하고 있다.

2007년에 중국을 제외한 지역의 판권을 한국의 에이치앨비 그룹이 사들여 보유하고 있다. 에이치앨비 그룹이 중국을 뺀 글로벌 시장에서 이 약을 판매할 권리가 있다고 보면 된다. 에이치앨비는 현재 미국에서 3상 임상을 진행 중에 있다. 최종 승인 시 신약개발 후 글로벌 12개국부터 순차적으로 공략하겠다는 야심찬 계획이다.

최근 에이치앨비는 아파티닙을 '리보세라닙'이라는 이름으로 변경했다. 글로벌 신약 중에 비슷한 이름이 있기 때문이라고 한다. 중국에서는 계속 아파티닙이란 이름을 쓴다.

(2) 캄렐리주맙(camrelizumab)

캄렐리주맙은 간암 치료 후보물질이면서 비소세포폐암 치료제로도 사용 가능하다. 발음하기조차 힘든 캄렐리주맙 물질을 설명하려면 부득이 3세대 항암제부터 봐야 한다. 3세대인 면역항암제는 '원래 우리 몸에 있던 면역세포가 가장 강력한 치료제'라는 아이디어에서 시작됐다. 그래서 면역세포가 암세포를 공격하도록 만든다. 현재 암 환자 치료에 쓰이고 있는 면역항암제는 '면역관문억제제'로 통한다. 캄렐리주맙은 인간의 대표적 면역세포인 T세포 표면에 붙어 있는 단백질 PD-1과 결합 작용해 암세포 표면에 있는 PD-L1과 결합하는 것을 억제하는 방식의 면역관문억제제다. 제약 전문용어들이 불편하다면, 이런 방식의 항암치료제가 최근 전 세계적으로 가장 뜨거운 관심을 받는다는 사실만 기억해 두자.

덧붙여 국가식품약품관리국에서 2019년 중에 캄렐리주맙 신약을 승인해 줄 것으로 기대한다. 이미 중국에는 다국적 제약사 머크의 '키트루다' 신약과 BMS의 '옵디보' 신약이 허가를 받은 상태지만, 캄렐리주맙이 승인되기만 한다면 시장에 빠르게 침투할 것이다.

요즘 항암치료제 시장에서는 '병용併用 투여'라는 또 다른 방식이 인기다. 쉽게 말해 두 가지 물질을 같이 투여해 치료효과를 높이는 것이다. 항서제약과 에이치엘비는 간암 치료에 캄렐리주맙과 아파티닙을 병용하여 미국에서 임상 3상을 진행하기로 했다. 항서제약은 이 병용투여 임상에 많은 기대를 걸고 있다.

(3) 피로티닙(Pyrotinib)

피로티닙은 항서제약이 자체 개발한 유방암 치료용 표적항암제다. 우선 심사 약품목록에 편입되어 2018년 8월 승인을 받았다. 한국을 포함해 전 세계적으로 마찬가지 상황이지만, 유방암은 중국에서도 여성 암 발생 1위다. 매년 약 30만 명의 환자가 생긴다. 그만큼 시장규모가 크다.

현재 중국에는 유방암 표적항암제로 로슈의 허셉틴과 노바티스의 타이커브 등이 판매되고 있다. 하지만 이들보다 피로티닙의 성능이 더 좋은 것으로 알려져, 향후 판매량이 높을 것으로 보고 있다. 또 정부가 작년에 허셉틴과 타이커브를 의료보험인 '국가기본약품제도' 목록에 신규 편입해 유방암 표적항암제의 가격이 상당히 인하된 상태다. 피로티닙도 이 목록에 포함될 것으로 기대되며, 이 경우 가격 경쟁력이 있을 것으로 기대된다.

중국 최고의 R&D 역량과 신약 파이프라인을 보유한 1등 항서제약은 현재 24개의 혁신 신약의 임상을 진행 중이다. 카페시타빈, 합성 헤파린, 티오테파, 카스포펀진 아세테이트 등으로 알려진 이들 신약물질에 대한 상세 설명은 생략한다.

지금까지 설명한 항서제약 항암제 3총사의 예상 매출은 어떤 규모일까?

■ 항암제 3총사 매출 전망 (2020년) 단위 : 원

약품명	유형	치료대상	예상매출	비고
아파티닙	표적항암제	위암	5,000억	현재 판매 중
캄렐리주맙	면역항암제	간암, 폐암	4,000억	2019년 승인 기대
피로티닙	표적항암제	유방암	2,000억	2018년 8월 승인

자료 : 중국 자료 참고 및 저자 추정

2018년을 기준으로 글로벌 항암제 시장은 160조 원 내외, 중국 항암제 시장은 약 20조원 내외로 추정된다. 같은 해 항서제약의 전체 항암제 매출액

은 약 1조2천억 원이었지만, 2020년에는 위 항암제 3총사만으로도 1조1천억 원을 넘어설 예상이다. 중국 항암제 시장은 중·장기적으로 급격히 커질 것이다. 다양한 종류의 항암제 신약개발이 예정돼 있는 항서제약의 시장점유율도 더 높아질 것으로 예상된다.

■ 항서제약 주식 최근 수익률 (2014년 1월~2018년 12월)

출처 : 미래에셋대우 홈트레이딩 시스템 해외주식 차트

■ 항서제약 연간 수익률 및 주가
단위 : 위안

구분	2014년	2015년	2016년	2017년	2018년	5년 누적수익률	연평균 수익률
주가	12	21	24	43	43	–	–
상승률	0%	73%	12%	83%	0%	253%	51%

주석 : 2019년 3월에 실시된 20% 주식배당 이후의 조정가격 반영

항서제약 투자 포인트

앞에서도 설명했지만 항서제약의 시가총액은 2018년 말 기준 고작 32조 원 정도다. 글로벌 1등 회사들과는 비교할 수 없이 작은 규모다. 그러나 중국 항암제 시장의 성장성은 무궁무진하다.

■ 항서제약의 영업이익 단위 : 원

구분	2017년	영업이익률	2018년	영업이익률
항서제약	6천1백억	27%	6천7백억	23%

자료 : 미래에셋 리서치센터, 위안화 165원 환율로 저자 환산

영업이익의 절대치로 보더라도 아직 1조 원도 되지 않는다. 그러나 그만큼 성장 여력이 크다는 뜻이기도 하다. 2018년 매출은 전년 대비 27%나 성장했다. 중국 제약바이오 기업 평균 성장률인 8%를 압도하는 성장률이다. 영업이익 역시 전년 대비 7% 성장했다.

중국 제약·바이오산업의 폭발적인 성장 가능성을 굳이 통계적으로 계산할 필요는 없다. 간단한 산수만 알아도 쉽사리 예측할 수 있다. 14억 인구 대국의 항암제 시장이 커질 가능성을 믿는다면 업계 선두인 항서제약을 믿고 투자하라. 어쩌면 이 투자로 당신의 평생 의료비를 단숨에 해결할 수 있을지도 모른다.

CHAPTER VI.
승리의 포트폴리오;
일단 1천만 원을 모았으니

01 승리의 포트폴리오 만들기

이제 결론을 내려야 할 때가 왔다.

이 책의 도입부에서 묘사했던 '우선 1천만 원 모으기' 상황을 되새겨 보자. 각자의 상황에 따라, 각자의 입맛에 맞는 방식으로 '의미 있는 종잣돈' 수준이라 할 수 있는 1천만 원을 모을 수 있을 것이다. 사회초년병이라 할지라도 굳게 마음먹고 1년 정도만 노력하면 달성할 수 있는 목표라고 했다.

일단 1천만 원을 마련했는가? 그것이 당신의 인생을 개조할 수 있는 종잣돈이다. 인생이라는 마라톤의 출발점이다. 여든, 아흔, 백 살에 이르렀을 때의 당신의 모습이 바로 지금의 1천만 원으로 결정될 수 있다. 이처럼 소중한 자금, 이를 악물고 짧지 않은 기간에 힘겹게 마련한 씨앗을 어디에 어떻게 투자해 꽃피울까?

내가 제안하는 것은 바로 '글로벌 1등 기업' 주식에 투자하는 방법이다. 지금까지 설명해온 8개 글로벌 1등 기업의 주주, 즉, 주인이 되는 것이다. 그중 당신의 입맛에 맞는 회사를 딱 하나만 골라 전액 투자할 수도 있고, 1천만 원을 두어 개 기업에 나누어 투자할 수도 있으며, 8개 모두에 골고루 나눠 투자할 수도 있을 것이다. 축적된 종잣돈이 더 크다면 투자의 규모도 따라서 늘어날 것이다. (언젠가는 당신이 1억 원, 10억 원을 자신 있게 투자할 수 있게 되기를 진심으로 기원한다.) 투자 대상을 고를 때는 당신의 직업과 연관이 있거나 당신의 취미와 관련 있는 기업을 택하는 것도 좋은 방법이다.

승리의 포트폴리오

일단 1천만 원을 모았으니, 최상의 수익률을 구현할 수 있을 것으로 예상되는 포트폴리오를 짜야 할 것이다. "계란을 한 바구니에 몽땅 다 넣어두지 말라."는 대표적인 투자 격언에 따라 리스크를 최소화한다는 의미에서 지금까지 공부했던 글로벌 1등 기업 8개 모두에 투자하는 전략을 따르도록 하자. 또한 쉽고 간단한 계산을 위해서 각 기업에 투자하는 금액이 동일하도록 포트폴리오를 구성해 보자. 당신이 시도해 볼 수 있는 첫 번째 '승리의 포트폴리오'다. 만약 투자금액이 1억 원이라면 그에 걸맞게 종목별 투자금액을 더 늘리면 된다.

■ 승리의 포트폴리오 구성 예시   단위 : 원

	투자 기업	투자금액	국적
1	넷플릭스	100만	미국
2	마이크로소프트	100만	미국
3	아마존	100만	미국
4	알파벳(구글)	100만	미국
5	삼성전자	100만	한국
6	알리바바	100만	중국
7	텐센트	100만	중국
8	항서제약	100만	중국
9	현금	100만	한국
10	현금	100만	한국
	합계	1천만	

주석 : 아마존과 알파벳의 경우 1주당 가격이 100만 원을 초과한다는 점에 유의.

아무리 글로벌 1등이라 할지라도 당신이 투자하기에는 적합하지 못하다고 생각하는 기업이 있을 수 있다. 그 이유가 무엇이든 상관없다. 그럴 땐 그 기업을 제외시키자, 과감히. 아무리 봐도 다른 회사보다는 훨씬 더 전망이 좋아 보이는 기업이 있을 수도 있다. 그럴 땐 그 기업의 비중을 높여 주자, 과감히. 극단적인 경우엔 1천만 원을 모두 한 주식에 투입할 수도 있다. 당신의 심사숙고에 의한 결정이라면 상관없다.

위의 예시에서 당신이 궁금해 할 요소가 하나 있다. 마지막 두 개의 투자 대상이 '현금'으로 상정되어 있다는 점이다. 내가 왜 전체 금액의 20%를 현금에 투자하는 것으로 (현금을 보유하는 것으로) 포트폴리오를 짰을까? 주

가의 폭락은 현실적으로도 가끔 발생하고 이론적으로도 얼마든지 생길 수 있는 비극이므로, 이에 대비해서 20%만큼은 꼭 현금으로 지니고 있으라는 의미다. 이것은 어떤 경우에도 지켜야 할 대단히 중요한 규칙이다.

이렇게 우리 나름의 '승리의 포트폴리오'를 구성해 봤다. 그럼 이제 당신이 2014년 초에 이 승리의 포트폴리오대로 투자를 실행했으며, 2018년까지 그 주식들을 보유했다고 가정해 보자. 이런 경우, 당신은 실제 어느 정도의 수익을 올렸을까? 8개 기업의 5년간 주가 상승을 감안해 누적수익률을 계산해 봤다. 아래 표에서 알 수 있듯이 누적수익률은 193%였다. 연평균수익률로는 39%다. 만약 5년 전 당신이 글로벌 1등 기업에 1천만 원을 투자했다면 그 종잣돈이 지금은 약 3천만 원으로 늘어나 있다는 얘기다.

■ '승리의 포트폴리오' 최근 5년간 수익률 (8개 기업 전체)

	2014년	2015년	2016년	2017년	2018년	5년 누적	연평균
평균 상승률	6%	49%	15%	64%	2%	193%	39%

주석 : 5년간(2014년 1월 1일~2018년 12월 31일) 8개 기업 주가상승률 평균

물론 이것은 과거의 수익률을 보여 주는 통계수치일 뿐이다. 과거의 수익률이 절대 미래의 수익률을 보장하지는 않는다. 다시 말해 2019년 당신이 위와 같은 투자를 실행한다고 해서 똑같은 수익을 얻으리라고 생각해선 안 된다는 얘기다. 지극히 당연한 사실이지만, 투자자들은 종종 이 사실을 잊어버린다. 투자는 냉정해야 한다.

10,100,000 DIGEST

1 승리의 포트폴리오는 글로벌 1등 기업 8개 모두에 투자하는 전략.

2 주가의 폭락은 가끔 발생하는 비극이므로 20%만 큼은 꼭 현금으로 지니고 있자.

3 8개 기업의 5년간 주가 상승을 감안해 계산해 보면 누적수익률 193%, 연평균수익률 39%.

02 해외주식 투자하기 실전 팁

해외주식에 이미 투자하고 있는 한국인들의 수는 이미 헤아릴 수 없이 많다. 그러나 관심은 있지만 아직 해외주식에 투자하지 못하고 있는 사람들은 그보다 더 많을 것이다. 무엇이 두렵고 껄끄럽고 어렵고 낯설어서 해외주식 투자를 여태 실행하지 못하고 있는 것일까? 그런 사람들이 가장 궁금해 하는 것은 뭘까?

쉽게 생각하자. 망설일 이유가 없다. 해외주식에 투자하는 것은 국내주식에 투자하는 것과 근본적으로 다를 것이 없으니까. 아마존 주식을 사는 방법은 삼성전자 주식을 사는 방법이나 다를 바 없으니까. 네이버에 투자하기 위해 네이버를 공부하는 거나 마찬가지로 텐센트에 투자하기 위해 텐센트를 공부하면 되니까. 한국의 대형 증권사들은 국내주식 투자를 위해 완벽한 시스템을 갖추고 있는 것처럼, 해외주식 투자를 위한 시스템도 이미 다 갖추고 있으니까.

미국 뉴욕 증권거래소의 외부 모습

만약 당신이 최초의 씨앗 1천만 원을 마련했다면, 그리고 위에서 예로 들었던 승리의 포트폴리오를 신뢰한다면, 더 이상 주저할 필요 없이 증권회사를 선택해 계좌를 개설하자. 그리고 곧바로 해외주식 투자를 실행에 옮기자.

증권계좌 개설의 두 가지 방법

첫 번째는 증권회사(의 지점)를 방문하지 않고 당신의 스마트폰을 통해 비대면으로 계좌를 개설하는 방법이다. 스마트폰과 신분증만 있으면 계좌 개설이 가능하다. 단, 각 은행 인터넷뱅킹을 이용하는 사람만 이러한 비대면 계좌 개설이 가능하다. 스마트폰으로 각 증권사의 계좌 개설 애플리케이션을 내려 받기만 하면 직관적으로 쉽게 조작할 수 있도록 잘 정리되어 있다.

두 번째는 직접 증권회사(의 지점)를 방문해서 개설하는 방법이다. 가장 확실하고 수월한 방법이다. 궁금한 게 있으면 증권사 직원에게 직접 물어볼 수도 있고 여러 가지 도움을 얻을 수도 있다. 그래서 주식투자 초보자라면 이 방법으로 계좌를 개설하라고 추천하고 싶다. 우리나라의 대형 증권사들은 모두 해외주식 매매 시스템을 갖추고 있다. 주저하지 말고 찾아가 계좌를 열어 놓자.

실제 해외주식을 사는 두 가지 방법

일단 계좌를 개설했다면 공부하고 연구했던 기업의 주식을 구입할 단계다.

그 첫 번째 방법은 본인이 컴퓨터나 스마트폰을 이용해서 직접 주식을 사는 것이다. 그러기 위해서는 증권사의 주식매매 프로그램을 PC나 스마트폰에 설치해야 할 것이다. 이렇게 당신이 직접 컴퓨터나 스마트폰으로 해외주식을 매수하는 경우엔 약간의 노력이 필요한 대신 무엇보다 수수료가 저렴하다는 장점이 있다.

두 번째는 지점에 전화를 걸어 주문을 내는 방법이다. 이 방법은 주문을 정확하고 편리하게 낼 수 있어서 좋긴 하지만 수수료가 다소 비싼 게 단점이다. 당신이 초보자이고 복잡한 절차 없이 간단하게 주식을 사고 싶다면 이 방법을 써도 괜찮다.

국내주식과 해외주식 매매 방법의 차이

해외주식에 대한 투자는 우선 자금을 입금한 뒤에 반드시 환전이라는 절차를 거쳐야 한다는 점이 한국주식 매매와 다른 점이다. 해외주식은 국외의 자산이므로 당연한 이야기다. 우리가 이 책에서 살펴봤던 글로벌 1등 기업들의 주식이 상장된 국가는 (삼성전자를 제외하고는) 미국, 중국, 홍콩이다. 주식을 매수하려면 해당국가의 미국달러, 중국위안화, 홍콩달러로 정확히 환전해야 한다. 다행히 이 환전 과정도 각 증권사 프로그램으로 다 처리할 수 있다. 물론 전화로 증권사 지점에 환전을 요구할 수도 있다.

두 번째 차이는 한국의 주식매매 가능 시간과 해외 각국의 주식매매 가능 시간이 다르다는 점이다. 특히 미국은 시차 때문에 거래할 수 있는 시간이 한국과 많이 다르다. 한밤중에 해외주식 거래한다고 잠을 설칠 수야 없으니 혹시 매매를 예약할 수는 없을까? 당연히 가능하다. 주간에 미리 주식의 매수나 매도를 예약해 두면 된다.

■ 주요 국가별 주식 매매 가능 시간

국가	현지 시간 기준	한국 시간 기준
한국	09:00~15:30	09:00~15:30
미국	09:30~16:30	23:30~06:00 22:30~05:30 (서머타임)
중국(상해)	09:30~11:30 (오전장) 13:00~15:00 (오후장)	10:30~12:30 (오전장) 14:00~16:00 (오후장)
홍콩	09:30~12:00 (오전장) 13:00~16:00 (오후장)	10:30~13:00 (오전장) 14:00~17:00 (오후장)

해외주식 투자수익에도 세금을 내야 할까?

해외주식 투자에서 발생한 수익금에 대해서도 세금을 내야 할까? 결론부터 말하면 세금을 내야 한다. 1~12월까지 1년간 발생한 실현수익금에 대해서는 수익의 22%를 양도소득세로 내야 한다. 단 실현수익이라는 표현이 가리키듯이, 주식을 실제로 팔아서 수익이 실현된 경우만 해당된다. 주식을 매도하지 않고 이익이 발생한 것으로 평가되기만 할 때는 세금을 내지는 않는다.

다행히 해외주식 양도소득세는 분류과세로 금융소득종합과세에는 포함되지 않는 '단일과세'다. 그리고 연간 소득 250만 원까지에 대해서는 세금이 공제된다. 예를 들어 1천만 원을 투자해 1년 뒤 40% 오른 가격에 팔아 400만 원의 수익이 발생했다면, 먼저 이 가운데 250만 원을 공제해 준다. 따라서 실제로 세금을 매기는 과세표준은 150만 원이다. 결국 150만 원(과표)×22%(세율) = 33만 원이 실제 납부할 세금이다. 이익의 크기에 비해 크게 부담스러운 세금은 아니다.

물론 주식을 팔아 생긴 이익이 커질수록 전체 이익 중 공제액 비중은 상대적으로 낮아져서, 세금은 점점 22%에 가까워진다. 가령 1억 원 정도의 이익이 생기면 세금은 거의 2천2백만 원이라고 생각하면 될 것이다. 이러한 양도소득세는 다음해 5월까지 확정신고하면 된다.

그래도 한국의 금융소득종합과세 최고 세율이 무려 46.2%이니, 거액자산가의 경우 일반적인 금융상품보다 해외주식에 직접 투자해 22%의 단일세율을 적용받는 편이 훨씬 유리할 수 있다.

10,200,000 DIGEST

1 계좌 개설 방법.
1. 스마트폰을 통한 비대면 개설 방법
2. 직접 증권회사를 방문하는 대면 개설 방법

2 국내와 해외주식 매매 방법의 차이
1. 반드시 환전해야 한다.
2. 주식매매 가능 시간이 다르다.

3 해외주식 양도소득세는 분류과세로 금융소득종
합과세에는 포함되지 않는 '단일과세'. 연간 소득
250만 원까지 세금 공제.

03 주가 하락에 대비하는 방법

주가 하락을 함부로 예측하지 말라

"투자 시점을 언제로 잡아야 합니까?"

업무 현장에서 가장 많이 받는 질문이다. 제대로 대답하기 불가능하고 정답도 없는 질문이다. 가장 쌀 때 사서 최고점에서 파는 '타이밍 맞추기'는 원칙이고 이상이고 이론일 뿐, 어차피 현실적으로 불가능하다. '그 종목이 얼마나 멋지고 가치 있는지를 알게 된 바로 지금'이 투자하기에 가장 좋은 시점이다.

아마존 주식은 2008년부터 10년간 10배 이상 올랐다. 아마존 주식을 살까 말까 매년 고민하면서도 차일피일 투자를 미루기만 했던 투자자, 저렇게 올라 버린 주가가 이제부터 뚝뚝 떨어질 것을 두려워했던 투자자는 어떻게 됐을까? 틀림없이 '강 건너 잔치 구경'만 하면서 슬퍼하고 있을 것이다.

주가 폭락을 함부로 예측하지 마라! 대상 기업을 충분히 연구하고 그 가치를 확신했다면, 현금 비중만 남겨놓고 적절한 금액을 당장 투자하는 게 바람직한 출발이다. 기업은 좋다고 생각하지만 주가가 너무 올라서 두렵다면, 앞으로도 투자는 실행하기 어렵다.

닥터 둠Dr. Doom이란 별명으로 잘 알려진 누리엘 루비니Nouriel Roubini 뉴욕대학교 교수는 2008년 글로벌 금융위기를 예측하면서 유명해졌다. 하지만 나는 시장에 대한 그의 비관론을 신뢰하지 않는다. 그가 줄곧 위기를 경고해온 10년 동안 미국 주식시장은 10년간 계속 올랐다.

비관론을 펼쳐 온 또 다른 닥터 둠 마크 파버Marc Faber도 마찬가지다. 미국 증시가 폭락할 거라고 10년째 외치고 있지만 이 사람도 10년째 틀리고 있다. 이런 명언이 있다. "조심스러운 낙관론자들이 승리한다." 물론 예측 가능한 위험은 냉정하게 따져 봐야 한다. 하지만 끝없는 비관론자들은 계속 비관만 할 뿐 돈을 벌지 못한다.

미래의 어느 시점에 정말 대폭락이 온다면 루비니나 파버 같은 비관론자들은 자신들의 견해가 맞았다고 주장할지 모른다. 그러나 고장 난 시계조차 두 번은 시간이 맞는 법 아닌가? 10년간 계속 틀리다가 한번 우연히 맞아떨어지는 이론이라면, 그런 예언에 무슨 의미가 있을 것인가.

그렇다면 대폭락은 오지 않는 것인가? 그건 아니다. 금융시장의 역사를 살펴보면 대폭락이나 강력한 조정은 주기적으로 왔다. 대폭락이 오지 않는다는 말이 아니라, 대폭락이 언제 올지 예측하는 게 불가능함을 강조하고 싶다. 위기의 10년 주기설에 의해 2018년에도 대폭락이 온다는 주장이 많았다. 그러나 글로벌 증시는 20% 조정 받는 수준에서 안정됐다. 대폭락은 시장이 50% 이상 폭락하는 것을 말한다. 1997년 IMF, 2001년 IT버블 붕괴, 2008년 글로벌 금융위기, 모두 50% 이상 주식이 폭락했다.

10년 주기설 역시 우연의 일치로 보인다. 미국 증시의 경우 역사적으로 17년 이상 장기 상승한 경우도 있다. 대폭락의 시기를 예측하고 거기 맞춰 대응하려고 노력하기보다는 혹시 모를 폭락에 대비해 어느 정도의 현금을 보유하는 것이 훨씬 더 현실적이다.

과거 역사로 볼 때 투자의 승리자들은 100% 현금을 보유하고 있던 사람들이 아니다. 적정 수준의 주식과 적정 수준의 현금을 같이 보유하고 있던 조심스러운 낙관론자들이 크게 승리했다. 이런 격언을 들어봤는가? "밀 가격이 떨어질 때 밀을 가지고 있지 않던 사람은 밀 가격이 오를 때에도 밀을 가지고 있지 않는 법이다." 그렇다, 주식 가격이 떨어질 때 주식 없이 예금만 보유하고 있던 사람이 주가가 상승으로 돌아선다고 해서 예금을 해지하고 주식에 투자하는 일은 현실세계에서 일어나지 않는다.

대폭락이나 강한 조정이 걱정된다면 적정한 현금을 보유하며 위험에 대비하는 게 최고의 수익률을 얻는 최선의 방법이다. 조심스러운 낙관론자들이 쓰는 필승의 비법이 바로 그런 것이다.

내가 산 주식이 50% 폭락했다면?

물론 최고의 주식들도 폭락한 사례는 많다.

우리 모두의 기억에 생생한 2008년 10월, 전 세계가 글로벌 금융위기로 흉흉했다. 지금 세계 최고의 기업으로 칭송 받는 아마존 주식조차 불과 몇 개월 만에 무려 60% 폭락했다. 알파벳(구글) 또한 불과 1년 만에 최고가 대비 67% 폭락했고, 그 유명한 마이크로소프트 주식도 최고점에 비해 60% 폭락하며 투자자들을 공포에 질리게 했다. 미국 주식뿐이었겠는가! 삼성전자는 이때 불과 5개월 만에 주가가 47% 폭락했다.

꼭 글로벌 금융위기 때만도 아니다. 최근의 사례에서도 알 수 있다. 2018년 10월부터 12월까지 3개월간 글로벌 초우량 기업들의 주가는 순식간에 평균 30% 넘게 폭락했다. 이 기간 아마존, 넷플릭스, 애플의 하락률은 모두 30% 내외다. 하지만 2019년 1월부터 다시 강하게 반등하기 시작했다. 2019년 4월 말에는 이미 하락률을 대부분 회복한 종목도 있다.

내가 투자한 최고의 주식이 50% 폭락하는 일은 현실세계에서 가끔 발생한다. 애초에 투자할 때 50% 폭락할 수도 있다고 생각하고 투자하지 않으면 큰 낭패를 보게 된다. 그래서 나는 일찍이 주식에 '투자'한다는 표현보다는 조금 더 느낌이 강렬한 '투기'한다는 표현을 사용했다. 경각심을 주기 위해서다. 물론 초우량 기업에의 투자는 절대 '투기'가 아니다. 마음을 단단히 먹고 투자하라는 경고성 표현이다. 주식에 투자하는 순간 아무리 좋은 1등 주식이라도 큰 변동성에 노출되는 것은 어쩔 수 없는 일이다. 폭락할 수 있다고 생각하고 투자하지 않으면 안 된다.

정리해 보자. 최고의 주식이 50% 이상 폭락하면 어떻게 해야 하는가? 추가 매수의 기회로 삼으면 된다. 추가 매수를 하려면 세 가지 조건을 갖춰야 한다.

첫째, 추가 매수할 수 있는 현금이 있어야 한다. 현금이 없으면 당연히 불가능하다. 앞의 포트폴리오 구성 부분에서 20%의 현금보유를 제시한 건 이런 깊은 뜻이 숨겨져 있다.

둘째, 내가 보유한 종목이 절대 망하지 않고 이 어려움이 지나면 좋아질 거라는 확신이 있어야 한다. 부실한 기업이라면 이 어려움을 이겨 내지 못하고 도산할 수도 있다. 글로벌 1등 주식, 세계 최고의 주식을 사라고 반복적으로 말하는 이유다.

셋째, 슬픔과 괴로움을 이겨 낼 수 있는 강한 심지가(멘털이) 있어야 한다. 아무리 투기하는 마음으로 주식을 매수했다 해도 50%의 손실이 생겼다면 슬픔과 분노와 공포의 감정에 휩싸일 수밖에 없다. 이런 어려운 감정을 이겨 내고 추가 매수까지? 말처럼 쉬운 일이 아니다. 하지만 이런 심리 상태를 이겨 낼 수 있는 이유는 내가 산 주식이 글로벌 1등이기 때문이다. 최고의 주식을 사라고 강조하는 이유를 알겠는가? 내가 가진 주식이 진정 글로벌 1등, 최고의 주식이라면 강한 심지로 추가 매수하는 게 옳은 길이다.

이 추가 매수, 즉, '물타기'의 기술에서 가장 중요한 건 내 주식이 정말 글로벌 1등인지를 다시 한 번 확인하는 것이다. 만약 어중간한 평범한 주식에 물타기를 했다가는, 원래 투자금은 물론이거니와 추가 매수한 돈까지 모두 허공으로 사라질 수 있다. 최고의 1등 회사라면 주가가 폭락하더라도 곧 강하게 회복할 힘이 있다. 물타기를 잘하는 사람이 최고의 고수다. 용기와 인내, 그리고 또 용기가 필요하다.

내가 산 주식 가격이 순조롭게 올라가는 대세 상승기에는 모두 행복하다. 누구나 문제없다. 하지만 하락기에는 고수와 하수가 갈린다. 주가가 폭락하기 전에 그것을 인지하고 먼저 파는 사람은 현실세계에 거의 없다. 있다 해도 단지 운이 좋았을 뿐이다.

주가가 50% 이상 폭락했을 때 두려움을 못 이겨 파는 사람은 하수다. 물론 보유 종목이 어중간하게 재무구조가 나쁜 기업이라면 그나마 옳은 선택일 수 있지만, 글로벌 최고의 주식이 50% 폭락했을 땐 무조건 파는 게 능사가 아니다. 보유 주식을 냉정하게 재검토하자. 확실히 글로벌 최고 기업이 맞는가? 그렇다면 과감하게 추가 매수하는 사람이 고수다. 심리적으로 매우 어렵지만 이 선택을 잘하는 사람이 큰돈을 번다.

이렇게 말하는 사람도 있다. "그렇다면 아예 처음부터 현금만 갖고 있다가 주식이 폭락하면 그 후에 사는 편이 낫지 않나요?" 그러나 위의 격언을 상기하자. 밀 가격이 떨어질 때 밀을 가지고 있지 않던 사람은 가격이 올라도 밀을 갖지 못하는 법이다. 현금만 들고 주식을 아예 하지 않던 사람이 50% 폭락의 공포 분위기에서 주식을 사겠는가?

최적의 매도 시점이라고요?

주식투자가 예금과 다른 점은 '확정'금리가 아니라는 점이다. 주식투자자는 같은 종목을 매매하더라도 사람마다 수익률이 모두 다르다.

가령 같은 아마존 주식이라도 1,000달러, 1,010달러, 1,020달러에 산 사람들이 있을 테고, 심지어 2,000달러에 매수한 사람도 있을 것이다. 이들의 수익률이 각각 다를 수밖에! 매도도 마찬가지다. 1,800달러에 파는 사람도 있고, 1,900달러나 2,000달러에 파는 사람도 있다. 매도 가격은 투자자마다 제

각각이다. 동일 종목에 투자해도 수익 보는 사람, 손해 보는 사람이 다 있다. 그래서 불공평하고도 흥미진진한 게 주식시장이다.

특히 매도는 정말 어렵다. 애초에 '적정한' 매도가격이란 존재하지 않는다. 충분히 올랐다 싶어 팔았는데 그 후로 2배, 3배 더 오르는 경우도 많다. 그렇기에 매도에 대해서 내가 명확하게 가이드라인을 제시하기란 애당초 불가능하다. 다만 5년의 기간에 목표 수익률이 100% 이상이라는 것을 처음에 제안했으니, 이를 감안해서 여러분이 적절히 판단하는 게 최선이리라. 나는 그저 행운을 빌어 드린다!

10,300,000 DIGEST

1 대상 기업을 충분히 연구하고 그 가치를 확신했다면, 현금 비중만 남겨놓고 적절한 금액을 투자하는 게 바람직한 출발.

2 "밀 가격이 떨어질 때 밀을 가지고 있지 않던 사람은 밀 가격이 오를 때에도 밀을 가지고 있지 않는 법이다."

3 최고의 주식이 50% 이상 폭락? 추가 매수의 기회로 삼으면 된다.

4 애초에 '적정한' 매도가격이란 존재하지 않는다.

04 우리 모두로 하여금 소비하게 만드는 기업들

부지불식간에 소비를 하지 않고는 못 배기게 만드는 기업들이 있다. 속된 말로 '지름신'이 나에게 강림하도록 만드는 회사들 말이다. 나뿐만 아니라 온 세상의 소비자들을 현혹시키는 못된(?) 회사와 그 상품들. 기어코 돈을 쓰게 만드는 이 회사들이야말로 내가 그토록 강조해 온 바로 그 글로벌 1등 기업이다.

알게 모르게 내 삶에 스며들어와 있는 글로벌 1등 기업들을 다시 생각해 보자.

줄곧 갤럭시8을 쓰고 있었던 나는 좀 더 큰 화면을 갖고 싶어 결국 갤럭시 노트8을 사고야 말았다. 이렇게 나의 소비성향을 부추긴 삼성전자가 얄미운가? 벌을 주고 싶은가? 아니다, 미워하거나 벌을 주는 대신, 삼성전자의 주인이 되면 어떨까? 삼성전자가 날 위해 돈을 벌어 줄 테니 말이다. 삼성의 경영진들이 날 기쁘게 하려고 온갖 노력을 다할 테니 말이다.

넷플릭스를 알고 나서 내 통신비는 조금 절감됐다. 1만2천 원을 내긴 하지만 별도의 콘텐트 요금을 받지 않는다. 때문에 나 같은 영화광에게는 국내 통신사의 영화 콘텐트를 별도 구매하는 것보다 이득이다. 비용을 줄여 준 넷플릭스한테 월정액만 낼 게 아니라, 넷플릭스의 주식을 사서 그 주인이 되는 건 어떨까? 넷플릭스는 나를 위해 아시아 지역 한류 콘텐트 활성화에 사활을 걸며 열심히 일하지 않겠는가? 그런 넷플릭스의 주인이 바로 나라면 정말 근사한 일이다.

혹시 개인용 컴퓨터를 살 때 윈도우와 MS오피스 정품을 산 경험이 있는가? 그렇다면 그 비용이 수십만 원 들었을 것이다. 윈도우10 화면을 볼 때마다 그 돈이 아깝다는 생각이 들지 않는가? '직딩'들은 회사에서조차 엑셀, MS 워드, 파워포인트를 패키지로 사용한다. 우리의 야근을 유도하기 위해 만들어진 게 틀림없는 파워포인트는 오늘도 수많은 직딩들로 하여금 밤을 새게 만들고 있다. 이 MS오피스를 전 세계에 판매하며 돈을 갈퀴로 긁어가고 있는 마이크로소프트. 그러면 얄미운 이 회사의 주인이 되어 보는 건 어떨까? 슬금슬금 올라가는 주가를 지켜본다면 오늘의 파워포인트 야근도 훨씬 덜 괴롭게 느껴질 것이다.

나와 당신의 소비를 끊임없이 유도하는 상품과 서비스. 매력만점의 그 상품과 서비스를 제공하는 글로벌 1등 기업들. 당신의 생애 첫 '1천만 원'을 그들에 투자하라. 당신의 굳은 결의와 부단한 노력과 확고한 꿈이 만들어 낸 최초의 종잣돈 '1천만 원'으로 세계를 이끄는 그 기업들의 당당한 주인이 돼

라. 진정 글로벌 최고라는 수식어가 부끄럽지 않은 투자 대상을 당신이 고르기만 한다면, 그들은 결코 당신을 배신하지 않을 것이다. 딱히 크다고 할 수도 없고 딱히 적은 금액이라고 할 수도 없는 그 '1천만 원'이 당신의 인생을 풍요롭게 할 것이며, 부에 대한 당신의 관점을 확립시켜 줄 것이고, 궁극적으로 당신을 삶의 목표에 다가가도록 해 줄 것이다.

행운을 빈다.

주의사항

1. 이 책의 모든 내용은 저자의 개인적인 의견일 뿐, 저자가 재직하고 있는 미래에셋대우의 공식의견이 아닙니다. 이 점을 특히 주의해주시기 바랍니다.
2. 해외주식과 국내주식 및 미술품은 모두 원금보장상품이 아닙니다. 투자의 판단 및 투자 결과에 대한 모든 책임은 투자자 자신에게 있습니다.

1 비용을 줄여 준 넷플릭스한테 월정액만 낼 게 아니라. 넷플릭스의 주식을 사서 그 주인이 되는 건 어떨까?

2 MS오피스를 전 세계에 판매하며 돈을 갈퀴로 긁어가고 있는 마이크로소프트. 얄미운 이 회사의 주인이 되어 보는 건 어떨까?

3 매력만점의 상품과 서비스를 제공하는 글로벌 1등 기업들. 당신의 생애 첫 '1천만 원'을 그들에 투자하라.

BONUS. An Extra Tip
1천만 원으로
그림 사기?

01 1천만 원으로 그림시장 진출?

2018년 미술 경매시장 현황

주식, 부동산, 외화, 와인, 우표처럼 미술작품도 투자의 대상이다. 그림을 싸게 샀다가 시간이 흐른 다음 비싸게 팔면 이익이 된다. 그러므로 우리의 첫 '1천만 원'을 투자해 봄직한 대상이기도 하다.

그림투자의 장점은 뭘까? 우선 실물투자라는 점. 설사 가격이 횡보하거나 폭락하더라도 그림 자체는 그대로 남는다. 또 있다. 세금을 아예 안 내거나 적게 낸다는 것도 장점이다. 하지만 그런 것들은 소소한 장점일 뿐이다. 그림을 잘만 고른다면, 그 가격 상승률이 부동산이나 주식에 비할 바가 아니다. 역사적으로 그랬다. 탁월한 장점으로 꼽을 수 있을 것이다.

미래에 가격이 크게 뛸 만한 그림이어야 한다는 게 물론 문제다. 갤러리에서 거래됐던 100명의 작가 중 90명 이상은 10년 뒤에 거래 자체가 잘 안 된다. 아무도 눈길을 주지 않는 그림만 덩그러니 남는다. 그래서 그림투자는 다른 투자보다 훨씬 까다롭다.

우선 좋은 그림들이 어떤 가격에 사고 팔리는지 대충 감이라도 잡기 위해서, 2018년에 거래된 최고가의 그림 경매 가격을 살펴보자.

■ 2018년 세계 미술품 경매 최고 낙찰가 순위 단위 : 원

순위	낙찰가격	작가	작품	경매회사
1위	1,728억	아메데오 모딜리아니	누워 있는 누드	소더비 뉴욕
2위	1,265억	파블로 피카소	꽃바구니를 든 소녀	크리스티 뉴욕
3위	1,010억	에드워드 호퍼	찹 수이	크리스티 뉴욕
4위	1,000억	데이비드 호크니	예술가의 초상	크리스티 뉴욕
5위	943억	카지미르 말레비치	절대주의 구성	크리스티 뉴욕

출처 : 각 언론 발표 자료 참조, 저자 원화 환산

아무리 그림에 관심이 없어도 이런 가격에는 깜짝 놀랄 것이다. 천억 원이 넘는 그림이라니! 도대체 어떤 정신 나간(!) 사람들이 이 그림들을 사는 것일까?

이 책의 제목에 들어간 '1천만 원'으로는 참으로 가당치도 않은 투자 항목이다. 워낙 세계적으로 유명한 그림들이니 그런 것 아닐까? 국내에

세계 경매 시장에서 인기가 많은
모딜리아니의 그림

서 팔리는 한국 화가들의 그림들은 어떨까? 혹시 우리의 '1천만 원'으로도 투자할 수 있지 않을까? 아니다. 국내 화가 작품이라도 유명한 그림은 절대 못산다. 아래의 표를 보면 알 수 있다. 2018년 한국에서 가장 비싸게 거래된 작품들이다.

■ 2018년 한국 미술품 경매 최고 낙찰 　　　　　　　　　　　　　　　 단위 : 원

순위	낙찰가격	작가	작품	경매회사
1위	85억	김환기	3-Ⅱ-72 #220	서울옥션 홍콩경매
2위	47억	이중섭	소	서울옥션 한국경매
3위	40억	김환기	항아리와 시	서울옥션 홍콩경매
4위	33억	김환기	27-ⅩⅠ-71 #211	서울옥션 홍콩경매
5위	30억	김환기	22-Ⅹ-73 #325	케이옥션 한국경매

출처 : 각 경매회사 자료

2018년엔 드디어 한국 경매시장에서도 100억 원에 육박하는 낙찰가가 나왔다. 고무적인 현상이다. 하지만 그림에 관심 없는 이들은 여전히 고개를 갸우뚱한다. 도대체 그림 한 점에 100억 원이라니! 그림의 가격이 어떻게 결정되기에? 100억 원의 가치를 거실에다 턱하니 걸어 둘 수 있는 간 큰 사람이라니! 아니, 그림 한 점에 100억 원을 쏟아 붓는다는 게 말이 되는가.

위의 표에서 '작가' 칼럼을 보라. 5점 가운데 4점이 김환기 작품이다. 역시 그림에서도 유명 작가의 그림만 계속 비싸진다! 그림시장도 승자독식 시장이다. 한국에서 김환기는 바로 '미술계의 삼성전자'다. '김환기의 적敵은 오직 김환기'라는 말도 있다. 주식시장이나 부동산시장과도 크게 다르지 않은

것 같다.

2018년 한국의 미술품 경매시장은 사상 처음 연간 거래액 2천억 원을 돌파했다. 지난 1998년 서울옥션이 첫 경매를 시작한 이래 최고 실적이다. 하지만 한국 경매시장은 여전히 매우 작은 규모다. 세계로 시선을 넓혀 보자. 테파프TEFAF, 즉, 유럽 아트 페어The European Fine Art Fair가 발간한 보고서에 따르면, 2017년 세계 미술시장 거래 규모는 약 637억 달러(71조 원)다. 2016년의 약 569억 달러(64조 원)에 비해 12% 성장했다. 그중에서 한국 경매시장이 차지한 비중은 고작 0.3%. 화랑 등 경매 외 거래를 다 합쳐도 5천억 내외로 0.6%에 불과한 수치다. 코스피 1일 거래대금이 5조 원임을 감안하면 작아도 너무 작고, 부동산이나 채권보다도 훨씬 작은 시장이다. 주변에 그림투자 하는 사람을 본 적이 있는가? 아마 별로 없을 것이다. 정확한 공식 통계는 없지만 국내 그림투자자는 수만 명 미만으로 추정된다.

이렇게 국내 그림시장 규모는 작지만 감안할 게 있다. 한국 컬렉터들은 해외에서 직접 그림을 구매해 한국으로 가져오는 경우가 많다는 점이다. 아무래도 국내 작가들보다 해외작가들을 선호하기 때문이다. 2018년 3월에 열린 '아트바젤 홍콩' 관람객 8만 명 중 한국 사람은 3천 명 수준인 것으로 집계됐다. 이런 점을 감안한다면 위에서 언급한 수치보다는 한국 그림시장 규모가 더 클 것으로 짐작된다.

선진국일수록 그림시장이 대체투자의 하나로 발달한다. 한국도 향후 그림시장이 점진적으로 발전할 가능성이 높다. 그렇다면 쉽게 물어보자. 그림은 돈이 되는가? 그림은 대체투자 수단이 될 수 있는가? 이 근본적인 의문에 해답을 찾아보자.

미술시장에는 화가, 컬렉터, 딜러, 갤러리, 경매회사, 아트 페어, 평론가, 큐레이터, 언론 등 여러 이해관계자들이 종사한다. 물론 우리가 여기서 이 모든 것을 다루진 않는다. 단지 1천만 원으로 그림투자를 해서 돈을 벌 수 있는지만 살펴보자.

그림투자에서 우리의 최대 관심사는 역시 그림 가격. 크리스티와 소더비 경매에서 최고 낙찰가가 이루어질 때마다 요란한 언론보도가 뒤따른다. 인기 있는 미술품은 왜 그렇게 높은 가격이 형성될까? 가령 피카소처럼 오래전부터 작품성도 인정받았고 이미 사망하여 희소성까지 더해진 소수의 작가들이 높은 가격을 인정받는 것은 그나마 이해가 된다. 그러나 도무지 이해할 수 없는 기행적인 현대미술 작가들까지 높은 가격이 형성되는 이유는 무엇일까?

나의 그림 여행기

2011년 나는 훌쩍 유럽으로 떠났다. 무척 아끼던 가까운 친척이 어린 나이에 사고로 세상을 떠난 직후였다. 깊은 슬픔과 함께 한 치 앞도 못 보는 인간은 역시 현재에 충실해야 한다는 걸 통감했다. 불현듯 내가 한 번도 유럽에 가 보지 못했다는 사실을 깨달았다. 이래선 안 된다고 느꼈다. 느닷없이 연차휴가를 내고 7박 9일의 유럽 여행길에 올랐다.

유럽에선 본디 그럴 의도가 없었더라도 박물관이나 미술관 투어를 하게된다. 나 역시 별 준비 없이 찾은 유럽에서 뜻밖에도 많은 박물관과 미술관들을 접하게 되었다.

■ 파리 루브르박물관의 〈모나
리자〉와 로마 시스티나 성당
의 〈천지창조〉

그렇게 떠난 파리와 로마. 누
구나 찾아가 본다는 루브르박물관
의 〈모나리자〉라든가 시스티나 성
당의 〈천지창조〉와 〈최후의 심판〉
같은 작품을 보기 위해 별 생각 없
이 움직였다. 유리벽에 겹겹이 둘
러싸인 〈모나리자〉는 생각보다 작
은 사이즈, 머나먼 유리벽, 구름같

시스티나 성당 천장에 그려진 미켈란젤로의 천지창조

이 모여든 사람들로 인해 사진으로 봐 왔던 것과 별반 다르지 않았다. 게다가
그림에 대한 지식도 관심도 없었던 탓에 실망만 하고 지나친 기억이 난다.

그때만 해도 나는 미술을 전혀 몰랐다. 물론 지금도 썩 잘 아는 건 아니
다. 그런데 파리와 달리 로마 시스티나 성당에서 본 미켈란젤로의 천장화 〈천
지창조〉는 엄청난 충격을 줬다. 예술의 에너지가 넘쳐나는 공간에서 〈최후의
심판〉 벽화까지 감상하고 나니 온몸에 전율이 왔다. 나는 비로소 대가들의 작
품이 얼마나 위대한지를 약간이나마 느끼게 됐다.

■ 클림트를 찾아 빈으로, 그리고 에곤 실레까지

내가 본격적으로 그림에 관심을 가지게 된 건 2013년 우연히 그림 관련
수업을 들은 후다. 그때 그림의 역사를 조금 공부해 봤지만 만만치 않았다. 그

러던 중 2016년 여름 오스트리아 빈으로 여행을 가게 됐다. 준비를 하면서 오스트리아 역사도 공부하게 됐다. 당연히 오스트리아를 대표하는 구스타프 클림트Gustav Klimt를 건너뛸 수 없었다. 빈에 도착해서는 그렇게 알게 된 클림트의 발자취를 추적하며 여기저기 많이 돌아다녔다.

하지만 내가 정말로 충격을 받은 건 역시 저 유명한 대표작 〈키스〉를 직접 봤을 때였다. 그 그림을 처음 본 순간의 황홀한 느낌은 몇 년이 지났지만 여전히 생생하다. 그 금빛 찬란하게 보는 각도에 따라 다르게 빛나는 영롱한 네모 블록. 가슴이 먹먹해지는 엄청난 아우라. 정말 직접 보지 않고서는 설명이 안 되는 걸작이었다. 오스트리아는 클림트 때문에 행복해 보였다. 그의 그림을 보러 오는 여행객도 많았다. 훌륭한 예술가 한 명이 얼마나 국격國格을 높이는지, 확인할 수 있는 대표적인 사례다.

클림트의 〈키스〉에 몰두하는 관람객들. 〈모나리자〉와 달리 유리벽이 없어 가까이 접근할 수 있다.

이렇게 빈의 클림트를 찾아다니다 보면 결국 레오폴트 미술관에 이르게 된다. 거기선 클림트의 또 다른 작품 〈삶과 죽음〉을 감상할 수 있으며, 이어서 자연스럽게 에곤 실레Egon Schiele를 만날 수밖에 없다. 레오폴트 미술관에는 실레의 작품이 엄청 많기 때문이다. 28살에 요절한 에곤 실레는 예술과 외설의 경계를 넘나드는 오스트리아의 에로티시

즘 화가다. 클림트의 표현주의적인 스타일을 더 발전시켰다는 평을 받는다.

■ 프라하에서 만난 알폰스 무하

2016년 유럽여행은 의도와는 달리 사뭇 건전한 예술 수업이 되었다. 그럴 수밖에 없었던 것이, 첫날부터 호텔 욕조에서 넘어져 눈가가 찢어졌기 때문이다. 10바늘 이상을 꿰매 준 응급실 의사는 준엄한 음주금지령을 내렸고, 덕분에 내 일정은 미술관 순례로 둔갑했다.

그렇게 난 프라하에서 체코 화가 알폰스 무하Alphonse Maria Mucha를 만났다. 19세기말 파리 미술아카데미에 다니며 자투리 시간에 제작한 독특한 스타일의 포스터가 대히트를 치면서 유명세를 얻었다. '무하 스타일'로 알려진 아르누보 양식의 대표다. 장식적인 문양, 풍요로운 색감, 젊고 매혹적인 여성의 묘사로 유명하다. 나는 프라하 무하 박물관에 들러 무하 스타일을 원도 없이 감상했다. 나중에는 밝고 경쾌한 그림만 그린 줄 알았던 무하가 〈슬라브 서사시〉라는 어둡고 묵직한 그림도 그렸다는 사실도 알게 됐다.

무하의 〈슬라브 서사시〉는 모두 20점인데, 뭔가 복잡한 사정으로 프라하에서는 그해 말까지만 전시된다고 해서 부랴부랴 국립미술관을 찾아 감상했다. 전혀 다른 스타일의 그림을 보며 만감이 교차했다. 하지만 여전히 나에게는 그림을 보는 안목이 거의 없었다.

프라하의 알폰스 무하 박물관 전경

■ 프리다 칼로가 왜 부다페스트에?

2018년 여름, 헝가리 부다페스트에 놀러 갔다가 우연히 멕시코 화가 프리다 칼로^{Frida Kahlo}의 전시회를 보게 됐다. 관광코스의 하나인 부다 왕궁을 보러 갔는데, 거기 부다페스트 국립미술관이 있었고 우연히 프리다 칼로 전시회가 열리고 있었던 것이다.

라틴아메리카 미술의 대가 프리다 칼로는 18살 때 버스와 전차가 충돌하는 교통사고로 온몸에 파편이 박혀 평생 온전치 않은 몸으로 살았다. 게다가 유명한 화가 남편의 문란한 사생활에서 오는 정신적 고통과 삶에 대한 강한 의지를 작품으로 승화시켰다. "나는 아픈 것이 아니라 부서진 것이다! 하지만 내가 그림을 그릴 수 있는 한 살아 있어 행복하다." 칼로는 그렇게 고통받는 여성들에게 용기를 불어넣은 것으로도 유명하다.

부다페스트 부다 왕궁에서의 프리다 칼로 전시회

멕시코도 아닌 부다페스트에서 이처럼 프리다 칼로를 만나다니, 무슨 묘한 인연이었을까? 우연이나 운명이란 게 모든 일에 존재하는 걸까? 어쨌든 이것이 내가 해외에서 본 마지막 전시회가 되었다. 그러나 굳이 일부러 찾아가지 않아도 예술은 늘 우리 곁에 있다. 조금만 관심을 가진다면 다양한 작품을 구경할 기회도 널려 있다.

현대미술; 변기도 예술품! 정말?

현대미술의 진수를 보여주는 미술품. 내 관점에서는 도저히 납득하기 어려운 작품들. 어떤 게 있을까? 하나만 고르자면 역시 미술사적으로도 가장 충격으로 꼽히는 마르셀 뒤샹Marcel Duchamp의 〈소변기〉 아닐까. 뒤샹은 1917년 남성 소변기를 뒤집어 세워 서명을 하고 〈샘Fountain〉이라는 제목을 붙여 뉴욕 독립미술가 전시회에 출품했다. 그야말로 하나의 '사건'이었다. 소변기는 전시되지 않고 퇴출됐다. 하지만 시간이 흐르면서 미술사적으로 굉장히 의미 있는 작품으로 인정받게 된다. 심지어 나중에 만들어진 복제품이 1999년 소더비 경매에서 1,700만 달러(190억 원)에 낙찰되는 파란을 일으키기도 했다.

뒤샹의 획기적 발상으로 현대미술은 과거와 완전히 다른 길을 가게 된다. 직접 만들지 않아도 작가의 생각이 담긴 예술품이라면, 당당히 예술작품으로 인정받게 됐다. 하지만 사람들이 정말로 소변기를 예술작품으로 받아들일까? 심지어 작가가 만들지도 않고 사인만 한 물체를?

그저 '그림 잘 그린다고' 인정해 주는 개념을 현대미술은 진즉에 초월했다. 일반인 관점에서는 도저히 이해할 수 없는 작품이라도 미술사적으로 인정받기만 하면 다 용서된다. 작가가 대가의 반열에 드는 순간부터 그의 작품은 고가에 낙찰되는 게 상식이다. 뒤샹 이후로 현대미술

뱅크시의 풍선과 소녀

에는 정말 별난 작품들이 많이 나왔다. 최근의 가장 흥미로운 사건을 들라면 뱅크시Banksy의 〈풍선과 소녀〉 사건을 꼽겠다. 물론 이 사건 또한 순수하게 보기 어렵다. 주목만 끌면 성공인가, 그런 게 현대미술인가, 하는 생각도 든다.

〈풍선과 소녀〉는 2018년 10월 소더비 경매에서 어느 전화 참가자에게 104만 파운드(약 15억 원)에 낙찰됐다. 그런데 낙찰된 이후 갑자기 그림 절반이 파쇄된다. 이 파쇄 퍼포먼스로 뱅크시의 인지도는 급상승했다. 이 그림의 작가 뱅크시가 직접 파쇄기를 설치했고 리모컨을 통해 파쇄한 것으로 알려졌다.

미술 작품이 터무니없이 높은 가격에 거래되는 경매 현장을 뱅크시가 항상 비판해 왔다는 점은 하나의 아이러니다. 이후 2018년 10월, 파리의 경매에 출품된 뱅크시의 〈검문 검색〉이 6만5천 유로(약 8천5백만 원)에 낙찰됐다. 이것은 《오즈의 마법사》 주인공 도로시가 경찰한테 검문 받는 장면을 묘사한 석판화다. 그럴 능력만 있다면 나라도 낙찰 받고 싶다. 돈 되는 게 뻔히 보이니까. 내 예산 1천만 원을 훌쩍 넘지만 작가의 인지도 상승으로 볼 때 5년 뒤에는 가격이 2배 이상 폭등할 것이 확실하다. 이게 현대미술의 법칙 혹은 마법이다.

95%는 안 된다는 그림시장에서 5% 고르기

〈은밀한 갤러리〉를 쓴 도널드 톰슨Donald Thompson은 이렇게 말했다. "동네 갤러리나 아트 페어에서 구입한 작품 중 80퍼센트는 구매한 지 10년 정도가 지나면 제값을 받지 못한다. 그러나 정말 마음에 들어 집에 걸어 두려고 구입한 비싼 작품의 경우에는 가격이 상승할지도 모른다는 희망을 가져 볼 수 있다." 어느 전문가가 쓴 저서에도 이런 글이 나온다. "시장에서 거래되는 그림이라고 해서 모두 투자할 만한 가치가 있는 것은 아니다. 예술을 업으로 하는 작가들은 무수히 많지만 그림투자를 성공으로 이끌어 줄 작가, 2차 시장에서 지속적으로 재거래됨으로써 수익을 안겨 줄 작가는 아주 한정적이다. 지난 10년 동안 한국의 주요 경매에서 작품이 거래된 화가의 수는 4,235명으로 전체 예술가의 약 2%에 불과했다. 경매 외에도 시장에서 꾸준히 되풀이 거래되는 작가, 어느 정도 시장 인지도를 형성하고 있는 작가를 헤아린다면 그 수는 더 적어진다."

그렇다면 결론은 명백하다. 상당한 안목을 가지고 투자하지 않는 한 그림투자로 수익을 얻는 것은 어렵다. 전체 작가 중에서 상위 5% 내외의 작가만 투자할 가치가 있다. 하물며 1천만 원 미만의 적은 돈으로 높은 수익을 얻을 가능성은 더욱 낮다. 물론 소수의 성공적인 그림들은 5년 후 10배도 오를 수 있겠지만 다수의 그림들은 10년 후에 거래조차 안 되는 장롱 그림이 된다. 그나마 감상할 수 있는 실물(그림)이 남으니까 최악은 아니다. 하지만 이 책의 주제는 감상이 아니라 투자다. 당연히 나중에 가치가 올라갈 수 있는 작가의 그림을 구매하는 것을 목표로 해야 한다.

그렇다면 투자자는 시장에서 성공하는 5% 작가들 그림을 골라야 하는데, 정말 쉬운 일이 아니다. 더구나 그림시장엔 정보가 많지 않아, 일반인이 그런 작가들을 찾아내기란 지극히 어렵다. 인지도 있는 작가들의 그림은 이미 초보 투자자들이 투자할 수 있는 한도를 훌쩍 뛰어넘기 마련. 이미 시장의 주목을 받고 있는 블루칩 작가의 작품은 가격이 더 오를 가능성이 높지만, 그런 블루칩 그림 중에 1천만 원 내외는 거의 없다.

이 부분이 아이러니다. 그림투자에 5천만 원, 1억, 아니 몇 십억 원을 투자할 수 있는 사람은 극히 드물다. 이 책은 그런 거액 자산가들의 투자를 도우려는 것도 아니고, 그 정도의 전문지식으로 쓴 것도 아니다. 1천만 원 정도를 들고 있는 당신에게 구사마 야요이의 5억짜리 호박 그림을 사면 5년 내에 2배 이상 오른다고 외쳐 봐야 공허할 뿐이다.

서울대학교에서 미술경영학을 연구한 손영옥 박사는 《아무래도 그림을 사야겠습니다》란 저서에서 '월급쟁이가 투자를 겸한 목적으로 미술품을 사려면 도대체 얼마를 들고 시작해야 할까?'라는 질문을 던졌다. 여기서 출발해 '500만 원을 들고 작품을 사러 나선 여정을 기록한 셈'이라고 본인의 저서를 소개했다. 나의 궁금증에 꼭 들어맞는 그 책은 읽는 내내 무척 흥미로웠다. 그런데 손영옥 박사는 과연 어떤 그림을 샀을까? 지금도 무척 궁금하다.

1천만 원으로 할 수 있는 최상의 인테리어

아파트를 구입하면 가장 먼저 고민하는 것이 인테리어다. 저렴하게 벽지와 장판만으로 마무리하는 경우도 있고, 취향에 따라 몇 천만 또는 몇 억 원을 인테리어에 쓰기도 한다. 그런데 아무리 그럴듯하게 꾸며 놓아도 인테리어는 시간이 지날수록 감가상각되기 마련이다. 5년쯤 뒤 아파트를 팔 때 매수자가 인테리어 비용을 높게 쳐 주는 경우는 없다. 시간이 흐르면 인테리어에 사용한 돈은 그냥 없어져 버린다. 벽지만 해도 최고급이라면 500만 원이 훌쩍 넘는데 말이다. 만약 다른 비용을 줄이는 대신 거실에 멋진 그림 한 점을 걸어 놓는다면 어떨까?

그림이란 본디 감상하기 위해 산다. 그런데 정말 비싼 그림은 감상하지도 못하고 꽁꽁 싸서 신주단지 모시듯 넣어 둔다. 10억 원짜리 그림을 거침없이 거실에 걸어 두겠는가. 그림투자는 고급 벽지 대신 그림으로 인테리어한다는 생각으로 가볍게 접근하는 게 좋겠다. 그리고 그런 정도의 그림은 사람마다 다르겠지만 대략 1천만 원 내외가 적당하다고 생각된다. 보통 인테리어아이템은 시간이 흐르면 감가상각되지만 그림에 투자하면 시간이 지날수록 가치가 올라갈 가능성이 높으니 이래저래 좋은 투자가 아닐까.

앞서 현대미술의 난해함을 빈정댔지만 사실 현대미술에는 장점도 많다. 현대미술 작품의 가장 큰 장점은 역시 '작가와 내가 동시대인'이라는 점이다. 꼭 그럴 마음만 있다면 작가와 직접 대화를 나눌 수도 있다. 현대미술의 또 다른 장점은 '가짜' 논란에서 자유롭다는 점이다. 경매 등에서 예외적인 일도 생길 수 있지만, 화랑에서 공개되는 따끈따끈한 신작에 가짜가 있을 리 없다.

그렇다면 현대미술 작품에 투자하면 돈이 될까? 그림 가격이 오르는 것은 희소성과 인플레이션 때문이다. 물론 모든 그림이 다 비싸지는 건 아니다. 2차시장인 경매시장에서 원활하게 거래되는 검증된 작가들의 그림만 희소성과 인플레이션의 위력에 힘입어 장기적으로 오른다.

10년 전에 1천만 원을 주고 산 그림이 지금 2차시장인 경매시장에서 원활하게 거래된다면, 2~3배 혹은 경우에 따라 10배씩 오르기도 한다. 희소성과 인플레이션 때문이다. 2차시장에서 활발히 거래되는 그림의 가격은 물가상승률을 훌쩍 뛰어 넘는다. 그뿐이랴, 그림 작가가 생존해 있다면, 아무리 이익이 많이 나도 세금이 전혀 없다. 흥미로운 보너스다.

에르메스나 샤넬 핸드백의 10년 전 가격이 어땠는지 생각해 보라. 하물며 그림시장은 훨씬 더 인플레이션에 예민하다. 단 2차시장에서 활발히 거래되고 검증된 그림에 한해서 그렇다. 어차피 아무도 사지 않는 장롱그림은 인플레이션과 무관하다. 그래도 아쉬워할 것 없다. 그림은 남아 평생 감상할 수 있으니까.

그런데 그림투자의 정석은 바로 치열한 미술사 공부다. 어느 미술전문가는 저서에서 '일단 그림투자에서 가장 기본이 되고 근간이 되는 투자방식은 미술사를 기반으로 투자하는 것이다. 글로벌 컬렉터들의 컬렉션 선정 기반은 수백 년에 걸쳐 확립된 미술사라는 학문이다.'라고 말했다.

하지만 인테리어 목적으로 거실에 걸어 둘 그림에 1천만 원을 투자하려고 이탈리아 르네상스 시대, 로코코, 아카데미즘, 신고전주의, 낭만주의, 사실주의, 인상파, 상징주의, 입체파, 표현주의, 모더니즘 같은 미술사를 모두 공부해야 한다니! 나처럼 귀찮은 걸 싫어하는 투자자들에게는 무척이나 부담스러운 일이다.

그렇다고 그냥 화랑이나 딜러의 말을 100% 신뢰하여 무명작가 그림에 1천만 원을 투자하는 것도 뭔가 아쉬움이 있다. 그래서 좀 더 캐주얼하게 1천만 원을 투자하기 위해 나는 다른 방법을 생각해 냈다. 그건 바로 향후 글로벌 유명배우가 될 것이 확실시되는 '하정우 그림'에 투자하는 방법이다.

11,000,000 DIGEST

1 그림투자의 장점은? 1. 실물투자 2. 세금을 안 내거나 적게 낸다. 3. 가격 상승률이 크다.

2 2018년 한국의 미술품 경매시장, 사상 처음 연간 거래액 2천억 원 돌파.

3 2017년 세계 미술시장 거래 규모는 약 637억 달러(71조 원).

4 뱅크시의 〈풍선과 소녀〉 2018년 10월 소더비 경매에서 약 15억 원에 낙찰.

5 전체 작가 중에서 상위 5% 내외의 작가만 투자할 가치가 있다.

02 하정우 그림, 돈 될까요?

넷플릭스와 한류의 수혜자들

다시 넷플릭스와 유튜브를 소환해 보자. 이들의 등장으로 한국에서 혜택을 보는 것은 어떤 사람들일까? 네 가지 유형으로 분류해 볼 수 있다.

첫째, 대형 기획사 및 콘텐트 제작사들: 빅 엔터테인먼트, SM, JYP, YG 같은 대형 기획사는 유튜브의 가장 큰 수혜자다. 2019년 1월 누적조회 수 20억 뷰를 돌파한 방탄소년단이나 트와이스, 블랙핑크 등 유튜브 스타들이 이런 기획사 소속이기 때문이다. 또 스튜디오 드래곤 같은 드라마 제작사는 넷플릭스의 수혜자다. 과거와 달리 드라마를 만들면 국내뿐만이 아니라 넷플릭스에 판권을 매각해 전 세계 유통이 가능하기 때문이다. 〈미스터 선샤인〉처럼 아예 제작비를 먼저 지원받기도 한다.

그러나 사람 관리가 쉽지 않다는 측면에서 기획사나 드라마 제작사들의 안정적인 수익 예상에는 조심스러운 면이 있다. 또한 당장은 유튜브나 넷플릭스의 수혜자이지만 장기적으로는 그들의 콘텐트 하청업체로 전락하지 않게끔 많은 노력이 필요할 것으로 보인다.

둘째, 유명 스타작가들: 김은숙, 박지은, 송재정 등 톱 클래스 작가들의 몸값은 훌쩍 높아졌다. 김은숙은 〈시크릿 가든〉, 〈상속자들〉, 〈태양의 후예〉, 〈도깨비〉 등으로 이미 중국 대륙에서도 유명하다. 최근 〈미스터 션샤인〉의 경우 넷플릭스가 투자하고 글로벌 유통까지 맡아 그의 몸값은 더욱 치솟고 있다.

〈내조의 여왕〉, 〈푸른 바다의 전설〉로 유명한 박지은은 특히 〈별에서 온 그대〉로 중국 대륙을 강타하며 '치맥' 열풍을 일으킨 장본인. 송재정 작가는 〈거침없이 하이킥〉, 〈W〉, 넷플릭스가 글로벌 유통을 맡은 〈알함브라 궁전의 추억〉 등 놀라운 상상력의 드라마를 보여주었다. 그러나 일반인들이 이런 유명한 드라마 작가들에게 투자할 방법은 없다.

셋째, 유명 스타 감독들: 봉준호, 최동훈, 김용화 등 한국의 스타 감독들은 세계의 스타 감독으로 검증되어 있다. 봉준호는 〈괴물〉, 〈설국열차〉, 〈옥자〉 등으로 유명하다. 특히 〈옥자〉는 넷플릭스가 제작비 550억 원을 시원하게 투자해 오리지널로 단독 개봉했다. 제작비 스케일로 볼 때 감독에게도 탁월한 대우를 해 줬을 것이다.

최동훈의 영화도 만드는 족족 대히트를 친다. 〈범죄의 재구성〉, 〈타짜〉, 〈전우치〉, 〈도둑들〉, 〈암살〉 등 주옥같은 작품들이 그의 손에서 태어났다. 김용화 감독은 〈국가대표〉, 〈신과 함께-죄와 벌〉, 〈신과 함께-인과 연〉으로 유명하다. 특히 〈신과 함께〉 시리즈는 한국영화로는 보기 드물게 1탄-2탄 동시 촬영과 '쌍천만' 관객 달성, 헐리우드급 특수효과로 화제를 모았다. 하지만 이런 감독들에게 일반인들이 직접 투자할 방법 또한 없다.

넷째, 연기력이 검증된 유명 배우들: 넷플릭스 같은 초대형 회사는 제작비도 아낌없이 쏟아 붓는다. 판돈이 커지면서 신인배우로 모험하는 것은 회피한다. 그래서 이미 연기력이 검증되고 얼굴이 알려져 팬들을 몰고 다니는 유명 배우들의 몸값이 더 치솟을 수밖에 없다.

한류의 명성에 어울리게 한국에는 주옥같은 유명 배우들이 많다. 너무 많다. 남자로는 이병헌, 하정우, 현빈, 송중기, 김수현, 강동원, 송강호, 황정민 등, 여자로는 전지현, 하지원, 손예진, 박신혜, 송혜교, 한효주, 전도연, 김혜수 등 일일이 나열할 수 없을 정도다.

2018년 넷플릭스가 투자한 〈미스터 션샤인〉에서 주연 이병헌의 회당 출연료가 1억5천만 원으로 알려지며 화제가 된 적이 있다. 중국 여배우 판빙빙은 딱 사흘 영화를 찍고 100억 원을 받았다는 소문도 있다. 국내 제작사들끼리 경쟁할 때는 제한된 자금력 때문에 적당한 선에서 결정되지만, 넷플릭스 같은 글로벌 플레이어가 나서면 톱스타의 몸값에는 상한선이 사라진다.

배우들은 몸값뿐만 아니라 글로벌 인지도까지 덩달아 오른다. 이병헌만 해도 글로벌 동영상 유통 공룡인 넷플릭스 덕분에 출연료도 올랐지만, 글로벌 영화시장에서의 인지도도 높일 수 있었다. 물론 넷플릭스도 이병헌 덕분에 콘텐트 경쟁력이 높아졌겠지만.

K팝, K무비, K드라마의 강력한 콘텐트 경쟁력, 거기에 글로벌 1등 기업

들의 투자나 협업이 계속되면서 국내 유명 배우들은 이래저래 혜택을 입게 된다. 그렇다고 일반인들이 이 인기인들에게 투자할 수가 있을까? 거의 없다. 그런데 스타급 배우 중 한 명에게는 간접 투자의 방법이 있다. 그 배우의 이름은 바로 하정우다.

하정우, 그림에 소질 있는 연기자

이 단락에서 일단 여러분에게 분명히 해 둘 것이 있다. 나는 하정우 그림을 몇 점 사서 보유하고 있다. 그래서 그의 그림을 긍정적으로 전망하게 된다. 그림시장은 너무 작고 하정우 그림은 많지 않다. 그래서 나의 긍정적인 견해가 시장에 영향을 미칠 수도 있다. 그 점은 미리 감안해 주기 바란다.

데뷔 17년차가 된 하정우는 한류 콘텐트의 인기로 득을 보는 유명 배우 중 한 명이다. 한국 영화사상 세 번째로 '1억 관객 동원'을 돌파한 매력 만점의 국민배우다. 소처럼 일하는 스타일로, 1년에 2편씩 성실히 영화를 찍는다. 영화를 고르는 눈 또한 탁월해 보인다. 그가 출연해 흥행에 성공한 영화의 속편도 서너 편 예정돼 있고, 새로이 그가 주연을 맡을 영화도 열손가락이 모자랄 정도로 잡혀 있다. 하늘 높은 줄 모르는 그의 인기를 감안하면 그 대부분이 벌써 (글로벌) 성공을 예약해 둔 것만 같다. 그가 향후 10년간 매년 2편씩 촬영할 경우 모두 20편의 영화가 아시아 및 글로벌 시장에 풀리면서 하정우의 인지도와 몸값은 더 높아질 것이다.

그런 그가 그림을 그린다는 사실은 알 만한 사람은 다 안다. 그것이 한낱 재미나 심심풀이로 그리는 그림이 아니라 예술적인 가치를 부여해 줄 만

한 그림이라는 사실 또한 알 만한 사람은 다 안다. 바로 이게 요점이다. 이 배우에 대해서만큼은 당신도 직접 투자를 할 수 있다는 얘기다. 하정우의 그림에 베팅하는 것은 곧 하정우에 베팅해 돈을 벌 수 있는 길이나 다름없다.

하정우는 10년 전부터 꾸준히 그림을 그려 왔다. 개인전도 11번이나 개최할 정도로 그림에 애정이 많다. 그의 그림 실력은 어떨까? 나는 전문가도 아니고 그의 실력을 평가할 정도로 높은 안목도 없다. 단지 하정우 그림이 내 취향에 맞는 편이라고 말할 수는 있다. 그의 그림은 내가 좋아하는 팝 아트 성격이다. 나는 하정우 그림에서 거친 듯한 자유와 강렬한 에너지를 느낀다.

유명 연예인이 그림을 그리면 대개 두 가지의 양극화된 평가를 받게 된다. 그저 유명하다는 이유로 일반 화가들보다 수월하게 높은 평가를 받는 경우가 있다. 반대로 원래 전문 화가가 아닌 연예인의 그림이어서 예술성이 낮다는 선입견 아래 평가받을 수도 있다. 이런 장점과 단점 모두 유명인이기 때문에 어쩔 수 없이 받는 이익과 불이익이라 생각된다.

전문가의 평가는 어떨까? 2018년 3월 TV방송(MBN의 〈아궁이〉)에서 스타들의 이색 취미로 '하정우 그림'이 언급된 적이 있다. 이 프로그램에 출연했던 홍경한 미술평론가는 대략 아래와 같은 의견을 제시했다.

- 유명 배우나 가수들의 그림을 좋아하는 분들, 또 그런 그림들을 수집하는 분들이 많다. 그 쪽 라인에서는 하정우가 주목받는 아트테이너.
- (하정우 그림의 경매 낙찰가) 1,400만 원을 비싸다고 할 수는 없다. 물론 취미로 그림을 그리는 배우치고는 고가지만 거품이라고 말할 순 없다. 하정우를 엄청 좋아하는 팬이라면 10억도 아깝지 않을 수 있다.

- 사람들의 하정우 작품에 대한 평가는 자유롭다, 에너지가 넘친다, 그런 정도인 것 같다.

- 작품성과는 별도로 결국 배우가 갖고 있는 브랜드의 가치가 미술품 가격에 적용되는 케이스다. 하정우가 은퇴하지 않는 한 그림 가격은 지속적으로 조금씩이라도 오르지 않을까 싶다.

하정우의 그림은 예술성 외에 작가의 유명세까지 결합해서 평가할 수 있다는 게 핵심 내용이다.

2016년 아이옥션 경매에서 1,400만 원에 낙찰된 하정우 그림 〈킵 사일런스〉

톰 크루즈만큼 유명해진다면?

하정우의 그림 가격을 결정하는 요소가 '예술성+유명세'라고 하자. 그의 유명세는 앞으로 어떻게 될까? 2019년 3월에 있었던 팬미팅에서 하정우는 넷플릭스의 8부작 드라마 참여를 검토 중이라고 언급했다. 만약 현실화된다면 하정우가 글로벌 시장에서 더욱 유명해질 수 있도록 넷플릭스가 도와줄 것이다. 하지만 얼마나? 톰 크루즈만큼이나?

〈미션 임파서블〉, 〈탑 건〉, 〈마이너리티 리포트〉, 〈우주전쟁〉 등으로 대표되는 미국 배우 톰 크루즈. 군이 설명이 필요 없는 천하의 배우다. 1981년에 데뷔해서 37년간 무려 44편의 영화를 찍었다. 하정우가 과연 크루즈만큼 글로벌 시장에서 유명해질 수 있을까? 관객 동원 실적이나 글로벌 인지도만 따진다면 사실 하정우를 톰 크루즈에 비견할 수야 없다. 그러나 하정우는 아직 젊다. 지금도 해마다 2편의 영화를 꾸준히 내놓는다. 크루즈 정도의 경력이 쌓일 때쯤이면 70편은 너끈히 찍을 기세다. 넷플릭스 같은 글로벌 플랫폼의 도움으로 글로벌하게 유명해질 기회는 얼마든지 있다. 한류의 힘은 과거와 사뭇 다르다.

하정우가 톰 크루즈만큼 유명해지느냐의 여부 자체가 중요해서 물어본게 아니다. 그의 그림 가치를 결정할 중요한 요소가 배우로서의 유명세라고 했기에 생각해 본 것이다. 이런저런 이유로 하정우가 세계적 배우가 될 가능성은 배제할 수 없다. 당신이 지금 그의 그림에 1천만 원을 투자(투기)할 것인가를 고려한다면 그 점도 계산에 넣어야 할 것이다.

하정우 그림을 거실에 걸어 놓는다면

2018년 7월 하정우의 11번째 개인전이 열렸다. 그가 내놓은 그림들은 어떤 가격대에 팔렸을까? 사이즈에 따라 700~2,500만 원 사이의 가격이 책정됐다. 캔버스 유화 20호(76cm×61cm) 사이즈의 가격이 700만 원 수준이다. 2018년 가을 KIAF 국제 아트 페어 때도 동일한 가격으로 출품됐었다.

물론 화랑에서 판매하는 가격은 1차시장 가격이다. 객관적이지 않다. 그림들이 2차시장인 경매에서 원활히 거래가 되어야 믿을 수 있고 객관적인 시장의 평가를 받을 수 있다. 아직 하정우의 그림은 2차시장에서 활발히 거래되는 상황이 아니다.

내 거실에 1천만 원 내외의 그림을 사서 걸어 놓는다고 가정해 보자. 그정도 가격대 그림의 작가라면 아직 지명도가 아주 높지는 않을 것이다. 손님들이 그림을 보고 작가를 물어본다면, 내가 알려 줘도 누군지 모를 가능성이높다. 물론 이 무명작가의 그림이 10~20년 뒤엔 10억 원짜리로 둔갑할 수도있지만, 그럴 가능성은 높지 않다. 내 취향에 맞으니 그냥 거실에 걸어 놓고감상할 뿐이다.

그럼 하정우 그림을 거실에 걸어 놓는다면? 작품의 완성도나 예술성 등은 취향과 안목에 따라 천차만별이라 치자. 그래도 손님들한테 작가를 밝히면, 최소한 그를 모르는 사람은 없을 것이다. 그들은 적어도 한 번쯤은 그림을다시 볼 것이다. 물론 작품에 대한 호불호는 보는 사람마다 다르겠지만 말이다. 주인 입장에서는 나쁘지 않은 모양새다.

미국의 전설적인 팝아트 작가 앤디 워홀이 이렇게 말하지 않았던가. "일단 유명해져라, 그러면 사람들은 당신이 똥을 싸도 박수를 쳐 줄 테니까." 한 국에서만 그렇게 퍼져 있을 뿐, 워홀은 전혀 그런 말을 한 적이 없다는 얘기도 있다. 어쨌든 지명도가 높은 사람이 된다면 일단 유리한 건 사실이다. 거기다 실력까지 겸비했다면 더욱 인정받기 쉬울 것이다.

팝아트 형식으로 표현된 앤디 워홀의 얼굴

어느덧 10년 넘게 꾸준히 그림을 그리고 개인전을 개최해 온 유명인 하정우. 시작은 미미했을지 몰라도 이 정도의 꾸준함이라면 쉽게 포기할 것 같진 않다. 앞으로의 10년에도 틈틈이 그림을 그리는 하정우를 보게 될 것이다.

아시아 그림시장의 중심은 홍콩과 중화권이다. 홍콩 아트 페어는 매년 매출 신기록을 경신하며 훨훨 날고 있다. 나는 개인적으로 10년 안에 하정우의 그림이 홍콩이나 대만에서 좋은 가격에 팔릴 날이 오리라고 믿는다. 그의 영화, 특히 〈신과 함께〉가 중화권과 동남아시아에서 흥행에 성공하며 그의 명성을 높였기 때문이다. 사드 미사일을 둘러싼 냉기류만 아니었다면 중국에서도 홈런을 터뜨렸을 텐데 아쉬움이 많다. 하정우 그림 자체의 작품성과 더불어 '팬심'에서라도 그의 그림을 수집하는 아시아 컬렉터들이 늘어날 것을 기대한다.

그림은 공급이 극도로 제한된 상품이다. 하정우가 매년 20~30점을 그린다 해도 그가 평생 공급할 수 있는 그림의 양은 한정적이라는 사실을 쉽게 짐작할 수 있다.

아시아를 포함한 전 세계에서 확대되는 하정우의 인지도, 팬들의 확산, 그의 그림에 대한 열정, 점차 커지는 아시아 중산층의 구매력을 고려할 때 이 투자는 해 볼 만하다고 생각한다. 혹시 실패해도 하정우의 그림은 영원히 거실에 남을 것이고.

피어스 브로스넌, 그의 그림은 무려 15억 원

영화사상 최장수 영화 시리즈는 007로 알려진 제임스 본드 시리즈일 것이다. 1962년에 〈007 살인면허〉로 시작, 53년 동안 25편의 본드 영화가 만들어졌고, 주인공 본드를 연기한 배우는 모두 6명이었다. 지금 소개하려는 피어스 브로스넌Pierce Brosnan은 5번째 제임스 본드로 모두 4편에 출연했다. 그리고 내가 그에게 관심을 가진 이유는 바로 이 영국 배우가 잘 알려진 '배우 겸 화가'이기 때문이다.

그가 1987년에 그린 〈밥 딜런Bob Dylan의 초상화〉란 그림은 30년 뒤 2018년 5월에 에이즈 연구재단이 주최한 자선경매에 나와, 무려 140만 달러(15억 원)에 낙찰되면서 세상을 놀라게 했다. 물론 이건 크리스티나 소더비 같은 전통 경매가 아니라, 에이즈 퇴치를 위한 기금마련 행사이긴 했다. 그림을 산 억만장자가 순수하게 그림의 가치를 15억 원으로 평가한 것도 아니었을 것이다. 자선의 목적과 브로스넌을 향한 '팬심'도 작용했을 듯. 아니나 다를까, 전문가들의 의견도 분분했다.

그러나 중요한 사실은 두 가지다. 하나는 피어스 브로스넌이 유명하기 때문에 이렇게 그림을 팔 기회를 얻었다는 점. 또 하나는 어쨌든 그의 그림이 실제로 15억 원에 팔려나갔다는 점이다. 브로스넌은 이번 경매 결과에 고무되어 파리에서 개인전 준비를 하고 있다고 한다. 그가 인기 배우가 아닌 순수한 화가로서의 입지를 앞으로 얼마나 잘 다질지 관심을 가지고 지켜볼 일이다.

2018년 프랑스 칸느의 amfAR(에이즈 연구재단) 자선 경매 행사에 참가한 피어스 브로스넌 부부

수익도 수익이지만 행복하잖아?

그림이나 엔터테인먼트를 대상으로 하는 투자에는 수익뿐만 아니라 행복감이란 요소도 있다. 하정우의 그림을 오로지 예술성·작품성만으로 평가해 구매하는 사람도 있을 것이다. 또한 하정우가 좋으니 하정우 그림을 갖고 싶어 구매한 사람도 있을 것이다. 어느 경우든 그림투자자는 행복하다. 하정우 그림을 매일매일 감상할 수 있는 즐거움, 주식이나 부동산과는 또 다른 기쁨이 있다. 게다가 손님이라도 올 때면 하정우 그림을 자랑하는 것 또한 소소한 기쁨일 터이다.

그런데 소위 팬심을 낮게 평가하는 사람들도 많다. 투자가치를 팬심으로 평가하는 게 온당하고 논리적이냐고 묻는 거다. 게다가 팬심으로 투자하는 사람들은 구매력이 높지 않을 것 같다는 선입견도 있다. 그러나 엔터테인먼트나 스포츠계의 유명인들을 향한 구매력 있는 팬들의 실제 투자 사례를 살펴본다면, 그런 선입견은 섣부른 측면이 있다.

어쨌거나 내가 마무리하면서 지적하고자 하는 내용은 그림이나 엔터테인먼트에 대한 투자는 수익뿐 아니라 만족과 행복감도 가져다줄 수 있다는 점이다. 내가 사랑하는 배우의 작품에 투자하고, 내가 열광하는 가수가 소속되어 있는 기획사의 주식을 구매하는 행위는 수익과 더불어 적지 않은 행복감을 선사한다.

앞으로 하정우 그림의 예술성이 어디까지 발전할지는 아무도 모른다. 하정우 그림의 작품성을 지금 평가하는 것은 섣부르다. 그럼에도 그의 그림에 대한 지금의 투자는 결코 나쁘지 않아 보인다. 언젠가 그의 그림이 작품성

마저 인정받게 된다면 이 투자가 창출할 수익과 행복감은 몇 배로 늘어날 것
이다.

주의사항

1. 이 책의 모든 내용은 저자의 개인적인 의견일 뿐, 저자가 재직하고 있는 미래에셋
   대우의 공식의견이 아닙니다. 이 점을 특히 주의해 주시기 바랍니다.
2. 해외주식과 국내주식 및 미술품은 모두 원금보장상품이 아닙니다. 투자의 판단
   및 투자 결과에 대한 모든 책임은 투자자 자신에게 있습니다.

12,000,000 DIGEST

1 데뷔 17년차가 된 하정우는 한류 콘텐트의 인기로 득을 보는 유명 배우 중 한 명.

2 하정우는 10년 전부터 개인전도 11번이나 개최할 정도로 그림에 애정이 많다.

3 하정우의 그림은 예술성 외에 작가의 유명세까지 결합해서 평가할 수 있다.

4 하정우는 톰 크루즈 정도의 경력이 쌓일 때쯤이면 70편은 너끈히 찍을 기세다. 넷플릭스 같은 글로벌 플랫폼의 도움으로 글로벌하게 유명해질 기회는 얼마든지 있다.

5 "일단 유명해져라, 그러면 사람들은 당신이 똥을 싸도 박수를 쳐 줄 테니까."

6 피어스 브로스넌의 〈밥 딜런의 초상화〉는 140만 달러(15억 원)에 낙찰.

7 내가 사랑하는 배우의 작품에 투자하고, 내가 열광하는 가수가 소속되어 있는 기획사의 주식을 구매하는 행위는 수익과 더불어 적지 않은 행복감을 선사한다.

참고자료 · 참고문헌

유튜브보다 넷플릭스 많이 본다는데…이대로 괜찮은 걸까 (서울경제 2018.10.16)

넷플릭스의 글로벌 진출 현황 (네이버레터 2015.6.19)

넷플릭스 공포…'약한고리'부터 깨진다 (전자신문 2018.4.10)

3위 업체 손잡고 대작 투하… 넷플릭스, 韓시장도 잠식하나 (서울경제 2019.01.07)

'콘텐츠 공룡' 넷플릭스는 왜 아시아에 주목했나 "뛰어난 이야기꾼 찾아 투자할 것" (경향신문 2018.11.8)

OS 안 깔린 '깡통 노트북' 잘나가는 까닭 (중앙일보 2014.3.10)

MS가 트렌드를 놓친 이유, 前CEO 스티브 발머 '아이폰' 비웃었다 (OSEN 2014.3.5)

윈도10 이후 새 버전이 안 나오는 까닭 (매일경제 2017.6.8)

엑스박스 없이 엑스박스 게임 즐기는 스트리밍 기술 내놓은 MS (아시아경제 2018.10.21)

글로벌 유통업계에 아마존 공포 (이투데이 2017.6.22)

세상을 집어삼키는 아마존 성공의 4원칙 (한국경제 2017.10.17)

베이저스, '40조짜리 이혼'…부인에 아마존 보유 지분 25% 넘겨 (서울경제 2019.4.5)

"그냥 걸어 나가세요"…무인 편의점 도입 가속화 (헤럴드경제 2017.11.27)

서점 · 편의점 · 마트… 오프라인까지 집어삼키는 아마존 (조선일보 2018.10.08)

초등학생 선호 직업 5위 유튜버 · 2위 교사…그럼 1위는? (동아일보 2018.12.13)

유튜버 되면 돈 많이 벌까… 확률 낮은 '대박' 꿈은 금물 (중앙일보 2018.12.16)

스마트홈 생태계 열 올리는 구글 vs 아마존 (조선일보 2019.1.14)

초대형 데이터센터 전세계 400여개 육박…한국은? (디지털데일리 2018.1.3)

실종소동 100일 만에 등장한 판빙빙 "깊이 반성… 벌금 1437억 꼭 내겠습니다" (조선일보 2018.10.4)

'행방 묘연' 제주신화월드 양즈후이 회장 경영 복귀 (파이낸셜뉴스 2018.11.28)

"35세 때까지 가난하면 당신 탓" 발언 진실은? (미디어오늘 2014.9.28)

중국 지도부도 기뻤을까…광군제 또 사상최대 매출 (한겨레 2018.11.12)

알리바바의 신유통이 '수산시장' 같았던 이유 (머니투데이 2018.2.12)

'알리페이'운영 앤트파이낸셜, 국내 4대 금융지주 시총의 3배 (매일경제 2019.1.8)

'게임 공룡' 텐센트, 전방위 투자로 세계를 삼킨다 (조선일보 2018.7.4)

'포트나이트' 맥 못 춰, '리그오브레전드' '배틀그라운드' 인기 굳건 (비즈니스포스트, 2018.12.14)

中 "청소년 시력 보호 위해 게임 규제 · 숙제량 제한" (한국일보 2018.9.9)

천하를 수중에 넣은 위챗, 모바일앱 다운로드 1위, 중국은 위챗 공화국 (뉴스핌 2017.7.7)

SNS 사업가 '웨이상' 고소득 직종으로 부상, 억대 연봉도 거뜬 (뉴스핌 2018.4.11)

의사도 병실도 부족 겉으로만 공공의료… 혼돈의 中 의료시스템 (한국일보 2018.10.2)

핀테크 발달로 공동구매 활성화…1만원에 피카소 작품 소유 (세계일보 2018.11.5)

'대세 합류' 하정우도 넷플릭스行 (일간스포츠 2019.4.2)

이지영 《작은 돈으로 시작하는 그림 재테크》 위즈덤하우스, 2016

도널드 톰슨 《은밀한 갤러리》 리더스북, 2010

손영옥 《아무래도 그림을 사야겠습니다》 자음과 모음, 2018

김기홍 《적대적 M&A의 협상전략 연구 : Icahn과 KT&G의 사례를 중심으로》 월드레포트, 2007

황재원 《행동주의 투자자의 아시아 공격과 대응방안》 한국경제연구원 2017

문성길 《넷플릭스하다》 스리체어스, 2017

토마스 슐츠 《구글의 미래》 비즈니스북스, 2016

스콧 갤러웨이 《플랫폼제국의 미래》 비즈니스북스, 2018

차두원 《이동의 미래》 한스미디어, 2018

김동하 《엔터테인먼트 산업혁명》 웰북, 2018

브래드 스톤 《아마존, 세상의 모든 것을 팝니다》 21세기북스, 2014

다나카 미치아키 《아마존 미래전략 2022》 반니, 2018

김지헌, 이형일 《Day1》 북스톤, 2015

이필상 《아시아 투자의 미래》 미래에셋은퇴연구소, 2018

로버트 킨슬, 마니 페이반 《유튜브 레볼루션》 더퀘스트, 2018

사티아 나델라 《히트 리프레시》 흐름출판, 2018

천펑취안 《텐센트 인터넷 기업들의 미래》 이레미디어, 2015

마윈, 알리바바그룹 엮음 《마윈, 내가 본 미래》 김영사, 2017

박파랑 《큐레이터와 딜러를 위한 멘토링》 아트북스, 2012

박파랑 《어떤 그림 좋아하세요?》 아트북스, 2003

손재호, 이태훈, 나종호 《적대적 M&A》 매일경제신문사, 2006

미래에셋대우 리서치센터 자료

1천만 원부터 진짜 재테크

초판 1쇄 2019년 5월 30일
초판 2쇄 2019년 6월 27일

지 은 이 한태봉
펴 낸 이 권기대
펴 낸 곳 베가북스
총괄이사 배혜진
편 집 장 김창헌
편   집 박석현, 강하나
디 자 인 박숙희
마 케 팅 황명석, 연병선

출판등록 2004년 9월 22일 제2015-000046호
주   소 (07269) 서울특별시 영등포구 양산로3길 9, 201호
주문 및 문의 (02)322-7241 팩스 (02)322-7242

ISBN 979-11-86137-96-3 03320

이 도서의 국립중앙도서관 출판예정도서목록(CIP)은 서지정보유통지원시스템 홈페이지(http://seoji.nl.go.kr)와
국가자료종합목록시스템(http://www.nl.go.kr/kolisnet)에서 이용하실 수 있습니다. (CIP 제어번호:CIP2019019357)

홈페이지 www.vegabooks.co.kr
블로그 http://blog.naver.com/vegabooks.do
인스타그램 @vegabooks 트위터 @VegaBooksCo 이메일 vegabooks@naver.com